高等院校小学教育专业系列教材

教师口语

JIAOSHI KOUYU

主　审　蒋　蓉
主　编　李晖旭　胡斯可
副主编　杨昭昭　李　颖　周桂诗洋
　　　　黄敦明　郭　晶
参　编　陈　静　陈　洁

南京大学出版社

图书在版编目(CIP)数据

教师口语 / 李晖旭,胡斯可主编. —— 南京：南京大学出版社,2023.1(2024.1重印)
ISBN 978-7-305-26392-7

Ⅰ.①教… Ⅱ.①李…②胡… Ⅲ.①汉语—口语 Ⅳ.①H193.2

中国版本图书馆CIP数据核字(2022)第244407号

出版发行　南京大学出版社
社　　址　南京市汉口路22号　　　　邮　编　210093
书　　名　**教师口语**
　　　　　JIAOSHI KOUYU
主　　编　李晖旭　胡斯可
责任编辑　曹　森　　　　　　　　编辑热线　025-83686756
照　　排　南京南琳图文制作有限公司
印　　刷　南京人民印刷厂有限责任公司
开　　本　787 mm×1092 mm　1/16　印张 14.25　字数 352 千
版　　次　2023年1月第1版　2024年1月第2次印刷
ISBN　978-7-305-26392-7
定　　价　45.00元

网址：http://www.njupco.com
官方微博：http://weibo.com/njupco
官方微信号：njupress
销售咨询热线：(025) 83594756

* 版权所有,侵权必究
* 凡购买南大版图书,如有印装质量问题,请与所购
　图书销售部门联系调换

前　言

师范教育是我国高等教育体系的重要组成部分,承担着为教育事业培养高素质教师的重要使命。教师口语,也称教师职业口语,是指教师在从事教育教学活动的过程中所使用的专业口头用语,它是教师开展教育教学最基本、最重要的手段,是教师劳动的工具。它的课程特色是在必需、够用的理论知识基础上进行系统的学习和专业技能的训练。《教师口语》是研究教师口语运用规律的一门应用语言学科,是在理论指导下培养学生在教育教学等工作中口语运用能力的实践性很强的课程,本课程是培养师范专业学生教师职业技能的必修课。

本书根据师范教育特点,基于教师工作过程中的各项必备口语技能,以提高学生的基本能力和素质为目标,按模块化结构组织教学内容,内容设置注重分析和解决问题的方法及思路的引导,注重理论与实践的紧密结合,突出"实际性、实用性、实践性",旨在帮助学生通过学习了解教师口语的整体内容,掌握训练的基本方法,并把知识应用到实践中去,最终具备朗诵、讲故事、演讲、辩论、教育教学、教态展现等教师的基本素质能力。

全书共分九章,分别是教师口语概说、教师发声技能训练、教师朗读技能训练、教师讲故事技能训练、教师演讲技能训练、教师辩论技能训练、教师职业口语训练、教师态势语及礼仪训练、中小学教师资格考试中的面试技巧训练等内容。书中除阐述理论知识以外,根据实际需要提供了大量的案例分析、技能实训,操作性强。相关视频资源可扫描书中的二维码获取,每章附有思考题与拓展阅读项目。本书由李晖旭(湖南第一师范学院)、胡斯可(湖南第一师范学院)担任主编,由杨昭昭(湖南第一师范学院)、李颖(湖南第一师范学院)、周桂诗洋(景德镇学院)、黄敦明(湘中幼儿师范高等专科学校)、郭晶(湖南第一师范学院)担任副主编,由陈静(湖南第一师范学院)、陈洁(湖南第一师范学院)担任参编。最后由蒋蓉(湖南第一师范学院)主审全书、李晖旭(湖南第一师范学院)负责统稿。本书既可作为高等院校师范类各专业的本、专科生学习的教材,也可供需要报考教师资格的读者和有志于从事教师职业的读者学习参考。

由于编者水平有限,书中的纰漏在所难免,恳请读者给予批评指正。

编者于长沙

2022 年 11 月

目 录

第一章 教师口语概说 / 1
第一节 教师口语定义及作用 / 2
第二节 教师口语的要求 / 5
第三节 教师语言风格 / 11

第二章 教师发声技能训练 / 16
第一节 用气发声训练 / 17
第二节 共鸣控制训练 / 22
第三节 吐字归音训练 / 28
第四节 嗓音的保护 / 33

第三章 教师朗读技能训练 / 37
第一节 朗读概说 / 38
第二节 朗读者内部心理感受的运用 / 45
第三节 朗读的语音表达技巧训练 / 55
第四节 诗歌的朗读训练 / 65
第五节 散文的朗读训练 / 71
第六节 小说的朗读训练 / 75
第七节 寓言的朗读训练 / 80

第四章 教师讲故事技能训练 / 84
第一节 讲故事前的准备 / 84
第二节 讲故事时的声音特点 / 88
第三节 讲故事时的态势语言 / 91

第五章　教师演讲技能训练 / 99
　　第一节　演讲概说 / 100
　　第二节　命题演讲 / 107
　　第三节　即兴演讲 / 117

第六章　教师辩论技能训练 / 124
　　第一节　辩论概说 / 125
　　第二节　辩论赛及辩论技巧训练 / 127

第七章　教师职业口语训练 / 136
　　第一节　教师职业口语概说 / 137
　　第二节　教学口语训练 / 144
　　第三节　教育口语训练 / 159

第八章　教师态势语及礼仪训练 / 173
　　第一节　教师态势语概说 / 174
　　第二节　教师手势语训练 / 177
　　第三节　教师表情语训练 / 181
　　第四节　教师身姿语训练 / 184
　　第五节　教师礼仪概述 / 186
　　第六节　教师工作中的礼仪训练 / 190

第九章　中小学教师资格考试中的面试技巧训练 / 195
　　第一节　中小学教师资格考试中的面试介绍 / 196
　　第二节　考情分析及备考技巧 / 200
　　第三节　试讲表达技巧 / 205

附录一 / 213

附录二 / 217

主要参考文献 / 221

第一章　教师口语概说

章首语

随着知识经济社会与信息化时代的到来,全球化进程日益加快,教育也面临着严峻的挑战。教师作为教育工作的主力军,他的发展既关系到每一位学生的未来,又是推动教育改革走向纵深的中坚力量。而教师口语则是教师从教的必备技能。教师口语能力的强弱,直接影响教育工作的成效。深刻而富有感染力的交谈,能启迪学生的心灵,激励他们上进,而枯燥粗暴的言语往往会破坏学生的情绪,导致教育的失败。因而教师的发展必定离不开教师口语的锤炼。

本章提要

本章主要帮助学生了解教师口语的定义及作用;明确教师口语的要求及教师口语的风格类型;最后确定教师口语培养途径,从而树立作为未来人民教师的职业认同感。

情景导入

教师口语是教师从事教育、教学工作时运用的口语。古人云:"工欲善其事,必先利其器。"苏霍姆林斯基也曾经说过:"教师的语言修养在较大程度上决定着学生在课堂上的脑力劳动的效率。"在计算机和网络普及的时代,现代教育技术被广为推崇。即使如此,现代教育技术也不能完全取代教师,取代"口耳相传"的传统教学形式。教师口语能力的强弱,直接影响教育工作的成败。深刻而富有感染力的口语交流,能启迪学生的心灵,激励他们上进。因此教师口语能力在提高教育教学质量、开发学生潜能、为学生提供良好示范及融洽师生关系等方面具有重要意义和作用。

第一节 教师口语定义及作用

语言是人与人沟通、交流思想的主要方式。在教学中,正是语言架起了教与学之间的桥梁。教师主要运用语言向学生传道授业解惑。教师的语言表达是教学艺术和魅力最重要的组成部分,它直接影响着教育教学的效果和学生的成长。深刻而富有感染力的交谈,能启迪学生的心灵,激励他们上进,而枯燥粗暴的言语往往会破坏学生的情绪,从而导致教育的失败。

一、教师口语的定义

相信大家眼前会有这样的画面——法庭开庭前,坐在听众席的听众正在窃窃私语,这时书记员起身宣布:"请公诉人、辩护人入庭。全体起立,请审判长、人民陪审员入庭!"庄严的声音在法庭上空回荡,瞬间法庭安静下来,所有听众肃静起立。这是因为书记员的言语,可能没有华丽的辞藻却透露着国家法规的威严性,代表着法律神圣不可侵犯。可见,用以有声表达的口头语言,受制于人们职业的诸多要素影响,而具有显而易见的个性化倾向。因此,认识教师语言必须和教师的职业特点联系起来。《中华人民共和国教师法》第三条规定,教师是履行教育教学职责的专业人员,教师承担着教书育人、培养社会主义事业建设者和接班人、提高民族素养的使命。教师职业的特点决定了教师语言与一般语言的差异。教师口语是一种职业语言,是一般语言在教师行业中的变化形式。教师口语具备一般语言的一切特点,并遵循一般语言的所有规律。但由于教师职业的特殊性,使得教师口语又有着自身的独特性。

(一)表达主体的职业性

教师口语表达的主体是教师,教师是受过专门教育和训练,并在教育(学校)中担任教育、教学工作的人员,所以教师与一般人员不同。教师的自身素质,包括思想感情、个性气质、兴趣爱好、审美意识、文化学识、生活阅历、价值取向、年龄层次和性别特征等在很大程度上影响着教师职业口语的形成。

(二)接受主体的专属性

教师口语的接受主体主要是学生,教师对学生的教育、教学工作主要通过口语表达来实现。学生的年龄特征、个性心理、文化素养、生活经验等,与教师口语表达的目的、要求、方式方法等关系密切。

(三)表达内容的教育性

教育教学内容的性质、特点直接影响着教师口语的选择和运用。如不同学科有不同的特点,不同的年级教学内容有不同的特点,不同学段的学生有不同的特点,这些都直接影响着教师职业口语的形成。

(四) 教书育人的目的性

教师口语以传授知识、增强教学效果为目的,以培养学生良好的道德情操为目的。也就是说,教师口语的运用是为教学服务,为教育活动服务的。离开了这个目的,教师口语的运用就成为空谈,毫无价值。

因此,根据对教师职业特点的认识,我们把教师口语界定为教师从事教育、教学工作过程中所使用的所有语言的总称。它是教师实施教育教学工作最基本、最常用的手段。它既包括有声的语言,也包括无声的语言。

二、教师口语的作用

教学是一门艺术,教师的语言更应体现艺术的美感。教师每上一节课都应该精心设计,这其中自然包括教学语言的设计。苏霍姆林斯基曾提醒教育者:"在拟订教育性谈话的内容的时候,你时刻也不能忘记,你施加影响的主要手段是语言,你是通过语言打动学生的理智与心灵的。然而,语言可以是强有力的、锐利的、火热的,也可以是软弱无力的。"教师锤炼自身语言、提升语言表达水平的价值,在于提升教育教学的效果,更好地为教育教学服务。教师语言质量的高低会给教育教学带来截然不同的效果。具体而言,教师语言的作用主要体现在以下几个方面。

(一) 教学中育德,提升学生思想素养

语言是精神文明的一部分,是人内在品质的外化。对学生进行教育、说服,帮助他们形成健全人格,养成良好的道德情操,是教师一项重要的教育任务。教师的语言,传达出教师高尚的情操,体现出较深的文化素养以及娴熟的口语表达技巧。教师对学生进行思想教育的效果如何,与教师的语言表达直接相关。苏霍姆林斯基说:"教师的语言是什么东西也不可取代的感化学生心灵的一种手段。教育的艺术首先包括说话的艺术——跟人的心灵打交道的艺术。"因此,无论在内容还是形式上,教师口语都应该是一种高层次的语言形象,应该成为学生的楷模。那种粗声哑气或低俗不堪的污言秽语和教师的形象是不相符的。教师口语训练,可有意强化学生语言行为的文明与规范,矫正言谈举止中的不良习惯,教他们说文明话,做文明人。良好的语言习惯,在潜移默化中使学生的心灵得到净化、性情得到陶冶、修养得到加强、人格得到完善。

(二) 教学中启智,提升学生文化素养

爱因斯坦说:"一个人的智力发展和形成概念的方法在很大程度上是取决于语言的。"文化主要是以语言为载体。汉民族语言积淀了民族五千年的文明和进步,融入了极为丰富的文化内涵。中小学阶段,正是学生学习、掌握语言的重要时期。心理语言学家研究认为,儿童学习语言,获得语言能力,大部分是通过没有强化条件下进行的观察和模仿。社会语言示范性对儿童语言发展具有重大的影响,也自然会受到民族文化的熏陶。如果没有语言范型,儿童语言就不可能得到正常的发展。"师者,人之楷模也。"在学校中,教师的语言无疑是学生模仿的对象、学习的范型。学生对教师的一词一句、一腔一调都非常的敏

感。可以说，无论是哪一学科、哪一年级的教师，在教育教学的过程中，他们的语言客观上都在起示范作用，这是儿童语言发展的重要因素。

(三) 提供语言示范，提升学生思维和语言素养

语言既是交际工具也是思维工具。明确的语言取决于明确的思想。口语表达能力的培养，核心在于思维能力的培养。口语表达的"即兴"特点，不仅要求思维的条理性、开阔性、新颖性，更要求思维的敏捷性和灵活性。思维无不与创造能力相关，创造也无不源于想象。每个学生都有创造的禀赋，关键在于如何去发现、引导并加以发展。课堂上教师的语言，要给学生以思考和想象的空间，为他们提供一个崭新的创造天地。"我们绝不可低估教师对学生语言的影响，这也是一种'潜移默化'。"特级教师于漪说："语文教师带领学生学习规范的书面语言，如果自己的口头语言生动、活泼、优美，就能给学生以熏陶，大大提高学习效果。"事实上，受语言水平高的教师长期熏陶的学生，其语言能力显然要强于一般学生。

(四) 在美的熏陶下育美，提升学生审美、创美素养

审美素质是一种高层次素质。教师口语应蕴含美育功能。教师口语本身就具有规范性、示范性和美感效应。良好的教师语言，无不是音、形、义、情的和谐统一。教师的课堂用语是学生接受语言教育和感受美的直接范本，教师通过有声或无声的语言向学生展示美。教师端庄大方的仪态、悦耳动听的声音、纯美流畅的话语、自然得体的举止以及美的情感的真切流露，无疑对学生形成美的感召、美的宏观导向。比如朗诵训练时，教师清晰响亮的吐字，自然畅达的语句以及高低快慢、轻重缓急的节奏语调，甚至一个精彩的表情和动作，无不从听觉和视觉上给学生以美感，从而使学生沉浸在对美的欣赏与积极效仿之中。同时，学生还从不同内容、不同文学样式的作品中领略形象美、自然美、意境美等。学生在发现美、感受美的同时，必然产生对美好事物的热爱、向往与追求，定会产生创造美、表现美的冲动。在对美的长期体验与顿悟中还会提高学生评价美、鉴赏美的能力。

(五) 融洽师生关系，营造和谐的学习氛围

学生学习需要一个好的环境，学习环境是教育教学活动的重要外部条件。学习环境包括的因素很多，师生关系是其中的一个重要因素。师生关系好坏直接影响学习环境的好坏，进而影响学生学习积极性的高低、师生关系的建立，而这些主要是通过语言交流手段来实现的。如果教师语言亲切易感，则容易建立起良好的师生关系。反之，教师出口伤人，则会引发师生矛盾。课堂教学中，教师的语言会给学生营造不同的学习环境。如果教师语言过于严肃，整个课堂气氛就会很沉闷。相反，如果教师的语言很幽默，整个课堂气氛就会相对活跃。

第二节　教师口语的要求

教师肩负传道授业解惑的责任,传授知识是其重要职责,所以教师教学是语言形式和知识内容的统一表现。语言本身不等于知识,但知识必须依赖语言表达。古人云:"工欲善其事,必先利其器。""器"不"利","事"如何能"善"? 以"舌耕为业"的教师,无论教哪门课,都无一例外地首先是一位优秀的口语教师。因此,教师在努力提高职业口语水平时应注意达到以下要求。

一、规范性

教师的职业要求中有重要的一项——为人师表,因此,教师的语言必须具有规范性,以期产生语言的正面示范效应。教师语言的规范性,首先表现在教师必须使用标准的普通话进行教学,教师要力戒方言土语,说话要语音标准,措辞要适当贴切,组织语言要符合语法规则。语音的规范性是教师语言的重要特点之一,普通话是教师的职业语言,标准的普通话语音是教师准确传达话语信息的重要保证。发音准确、吐字清晰、停连恰当、语速适中,这是教师语言在语音方面的基本要求。中小学生正处于语言学习的黄金期,如果这个阶段能接触到规范、标准的普通话语音,将受益一生。反之,如果受到了不标准语音的影响,则积习难改,贻害终生。推广普通话是我们的重要国策,学校是推广普通话的重要阵地,教师对推广普通话担负着不可推卸的责任,推广普通话理应从教师做起。

在用词方面,教师应当对用词进行斟酌加工,力求规范。由于教学语言不是纯粹的口语,一定程度上具有书面语的色彩,所以教师对用词应有所选择,进行适当地锤炼加工,力求准确、贴切。同时要求概念准确,判断合理,推理合乎逻辑,解说符合实际,不能出现知识性错误。如一位教师在教授《狐假虎威》一课中的"窜"这个词时,解释说:"'窜'就是'跑'的意思。"这个说法是不科学的。如果说窜就是跑,那运动会上鼓励运动员向前跑,能否说成向前窜呢? 显然不行。其实,"窜"固然有"跑"的意思,但"窜"不是一般的跑,它是指逃跑、乱跑,含有贬义,常用的词语如"四下逃窜""抱头鼠窜"等。

在语法方面,教师语言要规范,要符合普通话的语法规则和表达习惯。要尽量避免使用一些特殊的句式,如倒装句、动名词短语作宾语及中心语前有多种修饰成分的书面句式。宜用句法结构简单、语义表达明晰的句子,如正常的陈述句和疑问句、完整的主谓宾句和设问句、反问句等,既能使教师的表达语句通顺、逻辑清楚,又能帮助学生更快地理解知识和掌握规范的语法。

王子木在《课堂教学中的教师语言与仪表美》一书中,针对目前教学语言中存在的语言不健康现象,提出了八个戒条,以促其规范化,进而达到纯化、优化、美化的境界。

一戒病——念错字,生造字词,文理不通。

二戒俗——低级趣味,挖苦讥笑,街谈巷议,猥琐亵语,婆婆妈妈。

三戒蛮——居师自恃,语气咄咄逼人,强词夺理耍威风,令人听而生畏。

四戒游——离题万里,漫无边际,言无余,语无旨,令人茫然。

五戒吹——自吹自擂,大言不惭,虚张声势。

六戒玄——故弄玄虚,不看对象,掉书袋,卖关子,故作艰涩,满口术语,玄乎其玄。

七戒废——长篇大论,又长又臭,拖泥带水,拉里拉杂。

八戒套——"教八股",陈词滥调,老生常谈,标语口号,照本宣科。

总而言之,教师的工作性质决定了教师必须表达规范,要求教师用标准或比较准的普通话,发音清晰,语流通畅,节奏明快,语调自然。词汇、语法规范要求教师遣词造句符合现代汉语的语法习惯。

案例分析

《黄河是怎样变化的》的教学片段

师:课文学到这里,我想问一下同学们,对于水土流失造成的恶性循环,你们有什么感想?

生:破坏大自然,就要受到大自然的惩罚。

生:要爱护大自然,爱护大自然就等于爱护自己。

……

师:对!正如这篇课文要告诉我们的道理一样,人类与大自然是相互依存的关系,人类只有保护好自己赖以生存和繁衍的大自然,保护好生态环境,才能有幸福美好的家园。如果我们对自己赖以生存的环境肆意破坏,比如乱倒垃圾、随意毁坏树苗、进行水气污染、胡乱垦荒放牧等,就一定会受到大自然的惩罚。所以我们每个人都应该为保护、改善和美化人类的生存环境而努力。

这位教师的语言紧扣教材内容,在学生理解黄河变化的原因的基础上,对课文的主旨进行论述,这既有助于学生深入理解课文的思想内容,又有助于学生树立自觉保护大自然的意识。用词恰当、条理清楚、表达得体。

二、启发性

英国教育家威廉·亚瑟说:"平庸的教师只是叙述,好的教师讲解,优秀的教师示范,伟大的教师启发。"课堂教学的目的,不仅是向学生传授知识,而且要发展学生的智力。教育家布鲁纳说:"帮助学生获得最好的智慧发展,应作为教育的最一般的目的。"所以,教学口语不应当只是对相关知识的精到细致的讲解,还应该注意通过多种方式方法,设置悬念、引疑求趣,创设良好的氛围,激发学生的积极思维和探求知识的精神。教师使用语言进行教学,不只是简单地向学生灌输知识,还要激发学生积极思考问题,让学生主动地随着教师语言思考、分析问题,在共同的思维活动中,弄懂道理、掌握规律。

案例分析

《猫》教学片段

针对"……用身子蹭你的腿,把脖子伸出来要求给抓痒"的教学片段

师:能说说"蹭"在这儿的意思吗?

生:是"摩擦"的意思。

师:那老舍先生为什么不用"摩擦"而用"蹭"呢?请大家再读读课文,体会其中的不同。

生1:我觉得用"摩擦"的话,文中的猫就没有可爱的那种感觉了。

生2:我也有这种感觉,就是猫好像不再温柔可亲了。

师:看来,"蹭"虽然有摩擦的意思,但绝不仅仅是"摩擦"那么简单。大家联系上下文,看看对这个"蹭"字还能找到什么新的感觉。(学生自由读课文)

生3:我觉得"蹭"是一种轻轻的"摩擦"。因为如果擦得很重的话,老舍爷爷会不舒服的。

生4:我觉得"蹭"是一种温柔的"摩擦"。因为课文中说,猫高兴的时候,能比谁都温柔可亲。猫蹭主人的腿,那是在向主人表示亲热呢。

生5:我觉得"蹭"还有一种撒娇的味道。猫在老舍爷爷面前撒个娇,要求给抓抓痒。这说明猫和老舍爷爷的关系特别好。

师:体会得真好!大家看,猫这样轻轻地、温柔地、撒娇似地蹭着老舍爷爷的腿,还蹭出了什么呢?

生6:蹭出了可爱。猫的样子实在是太可爱了。

生7:蹭出了友谊。

生8:蹭出了顽皮。

生9:蹭出了它的天真活泼。

生10:蹭出了乖巧。

生11:蹭出了相互之间的感情。

师:说得多精彩啊!同学们,一个"蹭"字,不仅让我们感受到了猫的可爱,而且让我们看到了一幅"人爱猫,猫爱人"的动人画面。是的,在老舍爷爷看来,猫就是他的孩子;同样,在猫的眼中,老舍爷爷就是它最可信赖的亲人。

教师通过适时、适度地巧问妙点,启发、引导学生感悟隐含在句中的深刻内涵和众多信息,从而使学生对课文的理解更为深入。

三、情感性

苏霍姆林斯基说:"在知识的活的身体里,要有情感的血液在畅流。"他还说:"请你在任何时候都不要忘记,你面对的是学生极易受到伤害的、极其脆弱的心灵。学校里的学习不是毫无热情地把知识从一个头脑里装进另一个头脑里,而是师生之间每时每刻在进行

的心灵的接触。"学习就是心灵的接触,因为只有心灵方能直达心灵,知识的传授也不能脱离心灵的轨道。师生情感交流最主要的途径便是语言。教师的话可能像一股清泉流入学生心田,也可能使学生的心灵受到伤害。因此,教师在课堂上要力求触及学生的理智和心灵,这不仅是课堂教学本身的需要,也是教师素养的重要体现。情感性是教师语言极为重要的因素,它直接影响学生的情感变化,影响学生对教学信息的认识和理解。积极的情感性语言能使学生在情绪的感染中全神贯注地接受教学信息,它像纽带一样把教学内容和学生有机的沟通起来。因此,教师应当针对学生的不同思想情况,根据不同的需要以及所要达到的目的,正确选择和运用情感性语言。

首先,要以真情的语言影响学生。教育心理学的相关理论认为,情感是追求真理的动力,是智力发展的重要因素。捷克教育家夸美纽斯说:"孩子们求学的欲望完全是由教师激发起来的,假如他们是温和的,是循循善诱的,不用粗鲁的方法去使学生疏远他们,而用仁慈的感情与言语去吸引学生;假如他们和善地对待学生,他们就容易得到学生的好感,学生就宁愿进学校而不停留在家里了。"课堂上,老师那饱含着浓郁情感的语言往往会对学生产生极强的感染力;课后教师那亲切和蔼、真情流露的语言,亦可以化解学生心中的一切心结。教师语言风格中所表现出来的高尚圣洁的情感,本身就是一种强烈而不可抗拒的教育力量。

其次,要用真挚的语言打动学生。列宁说:"如果人们没有人类的情感,那么过去、现在、将来都将永远不能寻找到人类的真理。"我国唐代大诗人白居易还说过:"感人心者,莫先乎情。"教师只有运用丰富而有情感性的语言,教育学生感染学生,才会使学生感到愉悦,消除逆反心理,从而愿意和老师亲近。教师要把灵感和思想融入自己的话语中,使情动于衷,而言溢于表,从而打动学生的心,使学生产生强烈的共鸣,受到强烈的感染。语言的美离不开言辞的热情,教师将美的心灵和思想贯彻到自己的话语中,从而对学生产生强烈的感染。学生是有头脑、有情感的,教师是讲真话还是假话,是讲实话还是讲虚话,是用心讲授还是应付敷衍,是真情实感还是虚情假意,学生必定有所鉴别,继而会做出不同反应,从而产生不同效果。正所谓"情深方能意切,感人全在真情"。老师要想使自己的语言具有感人的魅力,一定要做到有情有理,理在情中。有理而无情就谈不上生动形象和感人魅力。

案例分析

《再见了,亲人》教学片段

师:同学们都预习了《再见了,亲人》这一课,还提出了许多有意思的问题。比如,志愿军为什么把朝鲜人民叫作亲人？志愿军跟朝鲜人民告别时,为什么那样依依不舍？这些都提得很好。

《再见了,亲人》这篇课文是在怎样的情况下写的？作者为什么要写这篇文章呢？1950年6月25日,美帝国主义发动了侵略朝鲜的战争,并把战火烧到了我国东北边境。为了抗美援朝,保家卫国,中国人民派出了自己的优秀儿女组成中国人民志愿军,于同年10月25日雄赳赳、气昂昂地跨过鸭绿江,与朝鲜人民一道抗击美国侵略者,给敌人以沉重的打击,迫使美帝国主义于1953年7月27日在停战协定上签了字。在这场战争中,中朝人民并肩战斗结下了深厚的友谊。《再见了,亲人》就是在志愿军即将离开朝鲜分批回国,与日夜战斗在一起的朝鲜人民告别时写成的。当时是怎样激动人心的场面呢?

离别的日子终于来临了,行李装上了汽车,大车套上了骡马,大炮穿好了炮衣。这一夜,多少朝鲜亲人没有合眼,他们黎明前三点钟就起床了,走出家门等待着欢送亲人志愿军回国。

出发号响了,人们举起了火红的枫叶,孩子们撒着纸屑的雨花,"万岁"的口号声响彻云霄。志愿军的脚步移动了,人们的眼睛潮湿了,当战士们握着老妈妈的手,叫一声"再见了,阿妈妮!"时,老妈妈再也忍不住了,紧紧地握着战士的手哭出了声,接着是孩子们、姑娘们,连男人们也低声地抽泣起来……战士们简直是在朝鲜人民送行的泪雨中行进。这不是眼泪,这是中朝人民用鲜血凝成的战斗友谊的象征。在这友谊的巨流中,半小时过去了,一小时过去了,战士们还没有走出半里地。志愿军又是怎样跟朝鲜人民依依惜别的呢?这就是我们今天要学的第20课《再见了,亲人》。

教师通过语言将朝鲜人民和志愿军分离的场景刻画了出来,饱含真情的表述必然能打动学生的心,从而使学生产生强烈的情感共鸣,也为接下来的教学开了一个好头。

四、生动性

教学口语是针对特定的教学对象为达到特定的教育目的而运用的口语,其效果如何,很大程度上取决于学生感知与接受的情况。因此,教学口语必须充分考虑不同学科、不同教学目标的特点,并根据学生的年龄特征、心理需求及知识水平,使言语表达呈现出不同的教学风格,让学生易于接受、乐于接受。要化深奥为浅显,寓抽象于形象,同时要饱含充沛、真挚的情感。教学过程本身就是一种创造的过程,教师要将教材中抽象的科学文化知识、陌生的情节内容,变成风趣生动的教学语言,让学生在轻松活泼的气氛中学会知识、增长能力、提升思想。为此,教师的讲解、叙述要生动形象,活泼有趣。学生接受各科知识总是始于具体的形象,教师在教学时应尽量使用各种方法,让语言生动、形象化。拟人状物绘声绘色,描述事物细腻感人,叙述情节活泼有趣,力求画文为鉴,让学生产生视觉效应。教师可以充分运用排比、拟人、比喻等修辞手法,发挥形象思维和逻辑的力量,使教学语言生动形象,富有感染力。

案例分析

《花喜鹊和小乌鸦》教学片段

《花喜鹊和小乌鸦》是一首轻快而诙谐的儿童寓言歌曲。歌词是一个寓言,用拟人化的对比手段评价花喜鹊与小乌鸦的品格,前者不讲真话"报喜不报忧"却"还真有人夸",后者说真话"不掺半点假可却有人讨厌他"。某教师在教学《花喜鹊和小乌鸦》时,先讲了一个寓言故事——《蜗牛的故事》:据说蜗牛原来是动物世界中的长、短跑双料冠军。可是千篇一律、日复一日的刻苦训练使蜗牛同志深感不耐。于是它给自己放了个长假好好睡上几觉,过了几个月,一头豹子来和蜗牛比赛,结果豹子赢了,蜗牛说:"没什么,狗还比我差得远呢!"说完就呼呼大睡了。又过了几个月,一只狗来和蜗牛比赛,结果狗赢了。蜗牛说:"没什么,猪还比我差得远呢!"说完又呼呼大睡了。又过了几个月,一头猪来和蜗牛比赛,怎么敲门,蜗牛都没有应答,原来蜗牛犯了嗜睡病,已经很难叫得醒了。现在蜗牛爬得这么慢,那是因为它是在边走边睡呢!这个故事告诉我们:专找比你差的人作参照物,就是自己越来越差的原因。

教师通过绘声绘色地叙述《蜗牛的故事》,使学生轻松愉快地进入角色,为新课的导入做了很好的铺垫,也有效地调节了课堂气氛,可以更好地带学生进行课堂学习。

第三节 教师语言风格

教师语言风格是教师在长期的教学生涯中刻苦磨炼、不断创造而逐步形成的相对稳定的、积极独特的言语风格和言语格调。它是教师在教学和教育中语言运用稳定成熟的重要标志，也是教师教学风格的重要组成部分。由于形成教师语言风格的主、客观因素纷繁复杂，以及教师语言艺术的多姿多彩和鉴赏角度的各不相同，因此，教师语言风格千姿百态、异彩纷呈，每个教师的语言都要呈现出各自独有的特征。

一、教师语言风格类型

教师语言风格千差万别，形成的原因也是多方面的，教师的性格倾向、文化素养、情感的投入程度等都是影响教师语言风格的重要因素。想要形成一套具有特色、受学生欢迎的教学风格，需要教师在长期教学实践中逐步形成，也是其一贯的教学观点、教学技巧和教学作风独特结合的产物，是教学工作个性化的稳定状态的标志。教师的语言风格是教师个性化的标签，而教师的语言类型从话语风格倾向的角度来看，大致可以分为沉稳型和活泼型两大类。

（一）沉稳型语言风格

沉稳型语言风格是教师在教育教学活动中所表现出的一种语言风格。其主要特征是语言的音色温和，语调平缓少变；选词较为常见，多使用基础词汇和口语词汇；句子语法趋于简单化，一般使用短句、常式句；较少使用比喻、夸张、排比等修辞格。这种风格的教师语言往往表现出质朴自然、平易亲切、严谨周密、庄重典雅的特色。

1. 质朴自然型

列夫·尼古拉耶维奇·托尔斯泰说："如果世界上有优点的话，那么质朴就是最重大、最难达到的一种优点。"要具备这种优点，"难"就难在以实物原本的色彩显示一种自然的、质朴的美。教师的语言艺术要具有这样的优点更"难"，要不修饰、不雕琢、不渲染，却要显示教育教学语言的基本格调——不贫乏、不呆板、不单调。因此，朴实是教育教学语言风格的基本格调，朴质平实的叙事、状物、说理是一种没有丰富的教学经验、没有较高的语言修养，难以企及的语言风格。

2. 平易亲切型

当今的教学理念提倡以学生为主体、以教师为主导。这意味着教师不再是课堂上至高无上的权威，而是整个教学过程中的引导者。作为一个引导者，教师不能以"命令"来"压迫"学生学习，而应该让学生在教师的激励和引导下自主获取知识。教师把自己和学生看作平等的群体，借助平易、亲切、干净利落的语言来教导学生，在语言中融入对学生的尊重和情感。这类教师语言的表达往往音色柔和、语调平缓，表达简单直接，不拖泥带水，柔和的音色加上平缓的语调,减少了话语中的"权威性",让学生听起来有如沐春风般的温暖。

3. 严谨周密型

这类风格以简明扼要、言简意赅为特点,讲究语句的斟酌,以尽可能少的语言表达尽可能多的意思,并做到严谨周密,查无疏漏,表达中极少形容铺排、力戒冗词赘语,有时也用一些诸如省略跳脱、成分共用、短小的排比、精辟的比喻等修辞手法。简约严谨的风格一直为古今教育家所提倡,《学记》中所谓的"约而达,微而臧,罕譬而喻",实际上指的就是这样一种语言风格。叶圣陶先生也大力提倡教师的语言要简约周密。教师语言要做到严谨、周密,尽量避免疏漏,这必须在准备充分、熟悉教材、了解学生的基础上才能做到。

4. 庄重典雅型

庄重典雅的语言,在教学中的运用也十分广泛,其风格独特,具有高度艺术性,表现出正规之美、稳重之美、清晰之美。庄重典雅风格的教师,讲课的态度庄重朴实,语言脱俗文雅,语音沉稳厚实,用词严谨不拘,意蕴丰富;善于引用典故、诗词、成语等,有着浓厚的书卷气;多用整句,讲究语句的对称美,语调平稳,音量适中,让学生在教师的娓娓而谈中获得知识,得到美的享受。这种风格还表现在庄重典雅的词汇、严密齐整的语法构建及精妙适宜的修辞上。庄重严肃的教态、沉稳严肃的语气,奠定了"庄重典雅"的基础,脱俗文雅的词汇提供了丰富的"典雅"原材料,严密齐整的语法构建了"庄重典雅"的基础框架,引用、对比等修辞手法则对语句进行了精加工,使语句充分显现出"庄重典雅"的特征。此外,庄重典雅的语言风格还表现在教师善用抒情、升华哲理、巧用名言、力求诗意等。言语中很少用俚语俗语,而偏重用书面语,还不时杂有文言文、文言句式等,韵味醇厚。

(二)活泼型语言风格

与沉稳型语言风格相比,活泼型语言风格显得更加生动,富于变化。活泼型语言风格总体的特征是语音高低变化突出,选词生动活泼,以贴切形象为主,语法形式灵活多变,陈述、疑问、祈使、感叹等句式交替使用,多用比喻、拟人、排比、夸张、层递等修辞手法。具体来说,有以下几种风格类型。

1. 诙谐幽默型

钱仁康老先生曾说:"幽默是一切智慧的光芒,照耀在古今哲人的灵性中间。凡有幽默的素养者都是聪敏颖悟,他们会用幽默手段解决一切困难和问题,而把每一种事态安排得从容不迫,恰到好处。"可见,能做到机智幽默的人,必是生活的智者和语言运用的强者。幽默感也是教师语言魅力的一个组成部分。教师在课堂上一句生动幽默的语言,往往会激起层层的波浪。它既是一种教学艺术,也是一种教学风格,能使师生之间的关系更加和谐融洽,缩小师生间的心理差距,引发学习兴趣,消除教学中师生的疲劳,振奋精神,改善课堂氛围,有助于培养学生乐观开朗的个性,发展学生的创造力,使原本生硬的课堂在宽松的气氛中变得活泼生动起来。这类教学语言风格的特点是教师用词精妙有趣,讲课谈笑风生、诙谐幽默、寓庄于谐,话语睿智鲜活,妙语连珠,课堂里不时传出愉快会心的笑声,课堂气氛非常活跃。教师往往在合适的语境中选择立意新颖、独特、创新的词汇,加之灵活的修辞方法以产生不同的语言表达效果。一个极平常的词,由于用得巧妙,就会妙趣横生,既让人忍俊不禁,又含义深刻。当学生收敛笑容时,便会领悟到其中蕴含的智慧和哲理。

2. 声情并茂型

这类语言风格的教师讲课情绪饱满,长于抒情,语调抑扬顿挫,节奏调控有效,具有音韵美、情感美。或热情洋溢,或深沉凝练,或慷慨激昂,或婉转曲折。教师善于抓住动情点,讲到动情之处,往往情绪高涨、慷慨激昂、滔滔不绝、扣人心弦,给人以震撼心灵的力量,可以引起学生强烈的情感共鸣。教师将对科学的热爱和追求融于对学生的关心、教导和期望之中,对学生充满高度的尊重和信赖。师生之间在理解、沟通的前提下,共同营造出一种渴求知识、探索真理的热烈气氛。在这样的教师引导下,学生所获得的不仅仅是知识的价值,还包括人格、情感的陶冶价值。

3. 雄浑豪迈型

这类语言风格的教师语音上富于变化,节奏感强,凸显情感,语调高亢激昂,大气磅礴。句子表达中多用反复、反问、排比等修辞手法,句式回环,波澜壮阔,体现出声情并茂、铿锵激昂的特点,表现出一种雄浑的境界和磅礴的气势。在中小学课本中,不乏对金戈铁马、惊心动魄的战争场面的描写;对视死如归、慷慨激昂的豪情壮志的抒发;对江河奔腾、惊涛骇浪般的自然景观的展示;对"烈士暮年、壮心不已"的雄图大略的展现;对"鞠躬尽瘁、死而后已"的高尚人格的颂扬。这些内容都可以让教师豪迈奔放、雄健刚强的语言风格大显身手。教师可以运用刚劲有力的语言,饱含深情地将其淋漓尽致地演绎传达出来。但要注意的是,不管是什么教学内容,教师雄浑豪迈的语言风格都应源自教师对教学内容的深刻体会,并由此而产生的炙热情感。缺少了这个前提,喷薄而出的气势就失去了感情的基础。

二、教师口语的修养途径

优秀教师的口语不仅体现在语言内容饱含积极的思想和健康的情感上,还体现在语言本身的教育作用上。好的教师口语可以说是一种创造性的语言运用艺术,它是指教师在教育教学情境中选择和运用精妙有效的话语传授知识、培养能力、启迪智慧的高超语言表达艺术。而要达到艺术的境界,首先必须要提高自身的道德修养和语言修养。常言道,修辞先修身。教师口语艺术是奠基在对教育事业、对教育对象的高度负责和热爱之上的,而丰富的知识积累则是教师口语艺术的"源头"。有效提升教师口语的修养有以下几种途径。

(一) 有正确的教育理念

教师语言的策略作为其教育理念的主要表现形式,与其教育理念之间有着重要的联系。教育理念的是教师行为规范和教育语言的主要实施依据。作为教师如果只有优秀的语言素质但是没有完整而先进的教育理念的话,其教育理念就无法指导语言的实际应用,教育效果自然也就大打折扣。教师在具体的教学过程中有正确的教学理念作为指导,才能减少语言的使用过程中出现主观性的错误,进而有效提升教学效果。

(二)重视科学的发声训练

教师口语是音义结合的符号系统,其美感首先诉诸学生的听觉。教师要善于运用自己的声音,在语音的音色、音强、音高、音长等表达方面对自己提出更高的要求。同时,语调的抑扬顿挫、轻重缓急表现着细腻的情感,覆盖着丰富的信息。所以,科学的发声训练必不可少。教师要善于运用语调细致入微的变化表情达意,要注意随表达内容的不同确定语调,要把握分寸,力求做到朴实自然、恰如其分。

(三)重视一般交际口语训练

教师工作处于多变的动态语境中,在意想不到的问题面前如何摆脱困境,把学生的思维引到正确的方向,有效地掌控课堂,推进教学活动有序进行,除了依靠正确的教育方法,教师的教育智慧及优美的表达也是非常重要的。而这一切都与一般交际口语中的朗读、讲故事、演讲、辩论等息息相关。只有坚持相关语言训练,才能做到思维敏捷、反应快速、表达合理。

本章小结

教师口语是教师用以完成特定的教育教学任务的工具,因此它要符合教育教学的一般规律,符合学生个性心理特征与认知发展规律,符合特定的教育教学要求。教师口语修养的高低直接影响着教育教学工作的成败。

当前我们国家提倡实施的素质教育是培养和造就全面发展、适应现代社会需要的复合型人才的教育。从这个意义上说,教师口语课的综合性特点,使它在推进素质教育、促进学生全面发展方面有着得天独厚的优势。

思考训练

1. 教学口语有哪些特点?
2. 根据教学口语的要求,分析下列教学实例中的教师语言。

(1)品德课上,教师指导学生学习"学会怎样去爱人"这一内容。不料,一个顽皮爱捣乱的学生站起来向老师提出一个难堪的问题:"老师,你有爱人吗?"顿时,全班同学都哈哈大笑。教师想一想,说:"这位同学问我有没有爱人,谢谢你的关心。现在,我可以响亮地告诉你们,我有许多的爱人。首先,你们这些学生是我所爱的人。其次,社会上一切善良的人(包括同事、朋友、亲戚……)也是我所爱的人。再次,我还有一位家庭爱人,他就是你们的好叔叔。不过,我今天要说的'学会怎样爱人'是讲这个意思吗?"全班同学异口同声地回答:"不是。"然后教师因势利导给学生们讲怎样学会去爱身边的人。

（2）师:(板书冬眠)"冬眠"是什么意思？

生:"冬眠"就是冬天睡觉。

师:照这么说,我们今天所讲的《冬眠》一课就是冬天睡觉了。我们冬天睡觉就叫"冬眠"了。("冬眠"两字加重语气,教室里发出笑声)

生:本课讲的是动物在冬天不吃不喝,只是睡觉。

师:噢——骑兵部队的战马到了冬天都不吃不喝睡觉去了,敌人来了怎么办？（笑声）

生:只有一部分动物在冬天不吃不喝睡觉去了。

师:加上"一部分"这个词就说得比较准确,比较严密了。

拓展阅读

（一）理论拓展

查阅下列书籍与文章进行拓展学。

[1] 程培元. 教师口语教程[M]. 北京:高等教育出版社,2004.

[2] 国家教育委员会师范教育司组. 教师口语(试用本)[M]. 北京:语文出版社,1998.

[3] 郭起明,赵林森. 教师语言艺术(修订本)[M]. 北京:语文出版社,2002.

[4] 鄢月钿. 教师的语言艺术[M]. 长春:吉林大学出版社,2007.

（二）实训拓展

1. 扫描右侧二维码观看一节小学教学录像,体会教师教学口语的艺术。

2. 选择小学语文或数学教材中的一项教学内容,备课后分组进行微格教学,注意教学口语的相关要求,教后与组内同学一起结合教学口语的相关要求进行讨论、点评。

扫码查看
资源链接

第二章　教师发声技能训练

章首语

科学的发声方法对于教师而言十分重要。掌握科学的发声方法和发声技能,能够让教师语音响亮、持久、圆润不衰。通过用气发声、共鸣控制和吐字归音等发生技能的训练,了解科学的教师用声方法,为提高教师的口语表达能力打下坚实的基础。

本章提要

本章主要帮助学生了解发声的基本原理,学会用科学的发声方法进行口语表达。掌握科学的呼吸方法——有控制的胸腹式联合呼吸;学会以口腔共鸣为主,中、高、低三腔共鸣的方式;熟练吐字归音技巧,要求字正腔圆、清晰饱满。

情景导入

李玉同学报名参加了学校组织的朗诵比赛。在练习时她发现自己的气息总是不够用,别人一口气可以读一整句,可是她读一句却要吸好几口气。而且同学们都说她声音很小,明明自己已经很用力了,嗓子都喊哑了,可是大家说坐在教室后面根本听不到她的声音。马上就要比赛了,她该如何有效地练习呢?

第一节　用气发声训练

在口语交际过程中,人们都希望自己的声音准确、清晰、响亮、圆润,并具有一定的魅力,尤其是以有声语言为主要表达手段的教师,更希望能很好地驾驭自己的声音。但在现实生活中,人们并不是都能做到这一点。有些人,说话时间稍长,便会感到口干舌燥,声音嘶哑;而有的教师,人未老,声先衰,尽管知识丰富,却有口难开。这种现象是不懂得科学的发声方法造成的。因此,掌握一些发声技巧,经常性地做一些发声基本功的训练是非常必要的。

气乃声之源。呼吸是发声的原动力。掌握科学的呼吸方法是发声训练的根本。日常生活中有三种常见的呼吸方式。胸式呼吸又可以称为浅呼吸,吸气浮浅,通气量小;腹式呼吸是一种深呼吸方式,吸入的气体虽多,但不便于控制;第三种是胸腹联合式呼吸,这是胸腹两种呼吸方式的结合,在实践中显示出前两种呼吸方式不可替代的优势。

一、常见的三种呼吸方式

(一) 胸式呼吸

胸式呼吸又可以称为浅呼吸。吸气时抬肩是这种呼吸方式的标志。胸式呼吸吸气浮浅,通气量小。利用胸式呼吸方式发出的声音,窄细、轻飘,声音强度不大且变化较小,容易呈现肩胸紧张、喉部负担重、易疲劳以及声音僵化等问题。

(二) 腹式呼吸

腹式呼吸是一种深呼吸方式。吸气时腹部放松外突是这种呼吸方式的标志。它主要靠降低膈肌、扩大胸腔的上下径来吸气。这种呼吸方式,由于不注意两肋的展开,吸进的气少而弱,不能控制,声音无力,不能持久。

(三) 胸腹联合式呼吸

胸腹联合式呼吸是在吸气时全面扩大胸腔的容积,吸气量最大;充分调动胸、膈、腹呼吸肌肉一齐运动,增强了呼吸的稳健感,便于控制;运用胸腹联合呼吸方式可以有效地减轻声带负担,易于产生坚实、响亮的音色,增强有声语言的表达能力。但没有控制的胸腹联合式呼吸的吸气量大,排出也快。因此,教师最理想的呼吸方式是有控制的胸腹联合式呼吸法。它的突出特点是气息下沉,两肋打开,小腹微收。如图2-1:

正确的呼吸方式不仅能使呼吸、振动、共鸣、吐字等器官肌肉的能量消耗减少,而且也能使发声器官与下腹肌肉之间的配合更协调。掌握了正确的呼吸方式可以使声音圆润饱满、刚柔相济。但有控制的胸腹联合式呼吸不是一朝一夕就可以掌握的,必须经过一定时期的训练,使之成为呼吸习惯。习惯成自然,这样即使长时间用声也不会感觉到累。

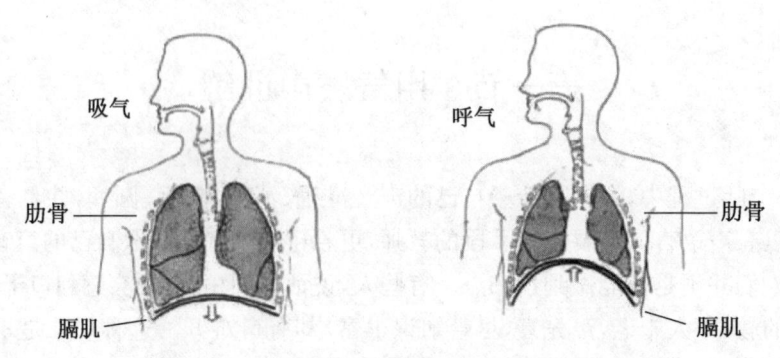

图 2-1 呼吸时肋骨和膈肌位置的变化示意图

二、有控制的胸腹联合式呼吸的特点

有控制的胸腹联合式呼吸法是胸腹两种呼吸方式的结合,在实践中显示了前两种呼吸方式不可替代的优势。

第一,胸腹联合呼吸在吸气时全面扩大了胸腔的容积,吸气量最大。

第二,充分调动了胸、膈、腹呼吸肌肉一齐运动,增强了呼吸的稳健感,便于控制。

第三,运用胸腹联合呼吸方式有效地减轻了声带负担,易于产生坚实、响亮的音色,增强了有声语言的表达能力。

三、有控制的胸腹联合式呼吸训练

(一)吸气训练

正确掌握吸气方法,口鼻同时进气,气息集中于丹田。

吸气时,双肩放松,吸气肌肉群收缩,口鼻同时进气。随着气息的吸入,打开两肋,增加胸腔的前后径。把气深吸进肺的底部,膈肌下降;腹部肌肉向小腹的中心位置(丹田)收缩,气息集中于丹田,便于控制。此时感觉腰部发胀、腰带渐紧,小腹随之逐渐收缩。

(1) 半打哈欠。不张大嘴地打哈欠,体会吸气的感觉。因为半打哈欠时进气最后一刻的感觉同有控制的胸腹联合呼吸的吸气最后一刻相似。

(2) 深吸气,闻花香。在你的面前,好像有一盆香气四溢的鲜花,深吸一口气,将气吸入肺底,仿佛香气浸润了整个肺部。

注意:要吸得深入、自然、柔和。

(二)呼气训练

正确掌握呼气方法,有控制地匀速呼气。

呼气时,吸气肌肉群并没有放松,而是继续工作,小腹保持收缩的状态以维持两肋的扩张。

同时,呼气肌肉群做回弹式的全面收缩。当收缩力超过扩张力时,两肋才缓慢回缩,膈肌缓慢上升,气息缓缓流出,小腹也随之放松。

呼气的过程是使用气息的过程,因此一定要有控制。要学会有控制地、均匀平稳地呼气。

(1)"春蚕吐丝"

慢慢吸好一口气,保持片刻,嘴微张,声带不发声,细而匀地从齿缝中发出"s——"音。

(2)"吹灰尘"

想象你的桌面上满是灰尘,要把这个灰尘都吹下去,又不能让尘土飞扬起来,要轻缓,均匀。

(三)腹肌、膈肌训练

在这个训练中可以体会膈肌和腹肌的作用。

增加腹肌力量,感受腹肌的弹跳。

(1)平时坚持做"仰卧起坐""坐椅子前沿举腿"等训练,增加腹肌的力量。

(2)弹发训练。用腹肌爆发弹力将气集中成束送至口腔前部,发出哈、嘿、嚯、呵等音。

注意:腹肌弹发和舌根发 h-a 的配合,声音要有力度。

(3)反复弹发 hèi、hà、huò,体会膈肌和腹肌的作用。

技能实训

一口气数不了二十四个葫芦。一个葫芦两块瓢,两个葫芦四块瓢,三个葫芦六块瓢,四个葫芦八块瓢,五个葫芦十块瓢,六个葫芦十二块瓢,七个葫芦十四块瓢,八个葫芦十六块瓢,九个葫芦十八块瓢,十个葫芦二十块瓢,十一个葫芦二十二块瓢,十二个葫芦二十四块瓢。

这个绕口令是练习气息持久性的。在练习的时候,不能使用胸式呼吸。也就是说,吸气的时候胸部和肩膀都不要抬起来,腹部也不能收得太紧,应该保持放松的状态。呼气时腹部要稍稍鼓起,吸满气息。然后一口气说完。

练习的时候,如果一口气说不完,就要停止再从头开始,不能不管不顾往后练习。每一次练习的时候都要鼓励自己尽量多数几个葫芦。这样,经过多次训练,就可以一口气数完二十四个葫芦。

案例分析

王晓在朗读课文时,总觉得自己的气息不够用,尤其是遇到长句子,一口气根本说不下来,而且总觉得自己连喘气都不会了,你能帮帮她吗?

王晓需要进行换气训练,掌握了换气的要领,无论是多长的句子都可以轻松驾驭了。

1. 换气的总体要求

句首换气应无声到位,句中换气要小量补气,句子之间换气要从容,句子结尾换气应余气托送。

2. 换气的基本状态

保持两肋支撑感时调节腹肌的吃力状态控制气息。

3. 补换气息

(1) 偷气:极隐蔽、不为人察觉地迅速进气。常用于句子当中的小量补气和紧凑的句首换气。

北京人民广播电台。//各位听众,/现在播送//北京市气象台/今天晚上六点钟/发布的//北京地区天气预报。

要点:腹肌瞬间松弛。

(2) 抢气:毫无顾忌地明抢气口。专用于内容表达较为紧凑,情感表达较为激动时。

一个枣,两个枣,//三个枣,四个枣,五个枣,六个枣,//七个枣,八个枣,九个枣,十个枣。

要点:迅速吸气,明抢气口。

(3) 就气:虽有停顿,并不进气,而是调动体内的余气进行补贴。

在你身后落了一地的,/朋友哇,那不是花瓣,那是我//凋零的//心。

要点:停顿而不进气,运用余气补足。

换气时,要注意四个要点:① 句子开头的换气要无声到位,② 句子之间的换气要从容不迫,③ 句子当中的换气要小量补充,④ 句子结尾的换气要自然放松。

思考训练

1. 吸气训练。

假设你现在饿极了。突然,窗口飘来一阵饭菜的香味。是烧肉? 还是煎鱼? 请大家闻闻看,究竟是什么味道?

2. 呼气训练。

吹蜡烛:模拟吹灭生日蜡烛,深吸一口气后均匀缓慢地吹,尽可能时间长一点,达到25~30秒为合格。

3. 膈肌训练。

弹发喊口令操。

吸一口气,弹发"1、2、3、4",换一口气发"2、2、3、4",再换气发"3、2、3、4","4、2、3、4"……声音要饱满、有力、干脆。

4. 用力吸一口气,读下面的绕口令。

出东门过大桥,大桥底下一树枣。拿着竿子去打枣,青的多,红的少。一个枣,两个枣,三个枣,四个枣,五个枣,六个枣,七个枣,八个枣,九个枣,十个枣;十个枣,九个枣,八

个枣,七个枣,六个枣,五个枣,四个枣,三个枣,两个枣,一个枣。

5. 换气训练:读下面长句子,注意换气要领。

我没有忘记在25年中我作为威尔士亲王和后来作为国王力图为之尽力的国家和帝国——《爱德华八世退位演讲》

6. 有控制的胸腹联合式呼吸综合训练:

找到腰部发力,头部放松的气息使用状态,大声朗读下面的文章。

(1)没有一片绿叶,没有一缕炊烟,没有一粒泥土,没有一丝花香,只有水的世界,云的海洋。

(2)宁静的夜晚,只有那天上的星星正在窃窃私语。绿油油的草被风吹弯了腰。油蛉在低唱,蟋蟀们在弹琴。

(3)当日子成为旧照片,当旧照片成为回忆。我们成了背对背行走的路人,沿着不同的方向,固执地一步一步远离。没有雅典没有罗马。再也没有回去的路。

7. 选一些易于上口的短小的诗歌,第一遍一口气读一句;第二遍一口气读两句;第三遍全部读出,要读得平稳、舒缓、流畅。

8. 气息体操。

双目微闭,以站立姿势为宜。整套体操分为10节:

第1节:快吸快呼。第2节:慢吸慢呼。第3节:快吸慢呼。第4节:慢吸快呼。第5节:深吸浅呼。第6节:浅吸深呼。第7节:鼻吸鼻呼。第8节:口吸口呼。第9节:鼻吸口呼。第10节:口吸鼻呼。

提示:可安排在早晨进行练习。

第二节 共鸣控制训练

在日常生活中,人们仅靠声带讲话的情形是不存在的。声带发出的声音既小又不优美,只有经过各共鸣腔体扩大音量、美化音色之后,才传出体外,听到优美的声音。

共鸣能够用最小的力量发出最响亮的声音,从而减轻声带的负担,减轻气息对声带的摩擦力和压力,能够保护声带并且使声音更加持久不疲乏。共鸣训练还能够扩大和加强声音,不但听起来更加清晰,而且能够使声音传得比较远。

一、共鸣器官及作用

气息是发声的原动力,也是共鸣的基础。声带本身发出的声音是很微弱的,必须借助于共鸣器官。

发音器官有很多空心的腔体参与发声的过程,当我们的气息催动声带,声带的频率和共鸣器官频率接近或相等的时候,声音就会得到美化和放大。

人体的共鸣器官有五个:

(1) 喉腔。它是人体的第一个共鸣腔。喉部肌肉的收缩可以扩大喉室,使喉口变细,声门以上的气压升高,从而减轻声带肌对声门下压的负担。因此,它的形状变化对于音质有较大的影响。

(2) 咽腔。咽腔是声波必经的管道和三叉路口,对声音的扩大和美化都起着很大作用,是人体发声的重要共鸣腔。

(3) 口腔。口腔是最复杂、动作最灵活的腔体。口腔的开合以及舌头的伸缩、软腭的升降都可以改变口腔的形状,对共鸣产生很大的影响。

(4) 鼻腔。鼻腔属固定的不可调节的共鸣器。但鼻窦下是由鼻腔向周围骨质膨出的含气骨腔,有小孔与鼻腔相通。在发高音的时候,起共鸣作用。

(5) 胸腔。胸部能张能缩,对声音也有共鸣作用。尤其是在发低音的时候,会感到胸腔有一较明显集中的振动点,叫作响点。这种振动造成的共鸣,可以使音量扩大,声音浑厚有力。如图 2-2 所示。

其中,中音共鸣腔主要是喉腔、咽腔、口腔,高音共鸣腔是头腔、鼻腔,胸腔是低音共鸣腔。

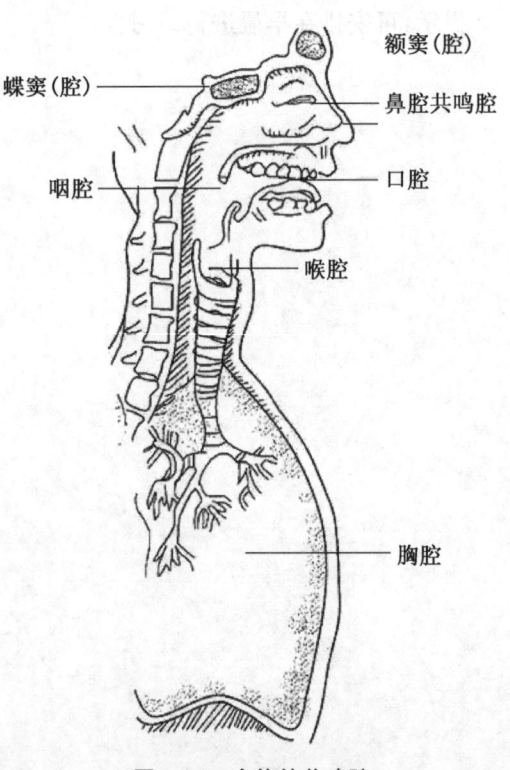

图 2-2 人体的共鸣腔

二、"三腔共鸣"的共鸣方式

一般说来,在口语表达中,人们主要运用的是以口腔为主,高、中、低三腔共鸣的方式。高音共鸣过多,声音显得单薄、漂浮;低音过多,会使声音发闷,影响字音清晰。因此,"以口腔为主,三腔共鸣"的方式,才是应主要采用共鸣方式。这样发出来的声音,将具有坚实、明亮、深厚、圆润等特色。良好的口腔共鸣可以使声音明亮结实,圆润动听,良好的鼻腔共鸣能够让声音更高亢、响亮,良好的胸腔共鸣可以让我们的声音更低沉、更浑厚、更有质感。

三、共鸣控制训练

(一)共鸣控制训练的要点

(1)脊背要挺直而舒展,颈部放松,不要前探或后坐,保持咽管通畅,以利于更好地发挥咽腔共鸣。

(2)胸部要放松,吸气不要过满。气吸得过多,往往导致气息流动不畅,造成胸廓僵硬,不利于调节胸腔共鸣。发音时放松胸部,主观感觉声音从胸部响点透出,有利于增强胸腔共鸣。

(3)适当打开后槽牙,使槽牙间有一定的距离。下颌活动灵活,使声音能通畅地到达口腔,形成较好的口腔共鸣效果。

(4)感觉经口咽出来的声束,沿上腭中线前行,向硬腭前部流动冲击,从而有声音"挂"于硬腭上部的感觉。这样发出的声音明朗、润泽,发音省力。

(二)改善口腔共鸣的训练

(1)放松下巴,下巴处于放松、"从动"的状态。打开后槽牙,后槽牙向上提起,上下牙呈"⊂"形。提颧肌,颧肌用力向上提起。挺软腭,抬起上腭,如同"半打哈欠"。发"ai、ei、ao、ou"。也可调节颈部姿势,使后咽壁竖起来,发单韵母"i、u、e、o"。

(2)唇齿贴近,提高声音的亮度。发音时,尽量收紧双唇,使双唇贴近上下齿,提高声音的亮度。用这种感觉发"ba、bi、bu、pa、pi、pu、ma、mi、mu",体会声束集中冲击硬腭前部的感觉和声音的力度。

(三)加强胸腔共鸣的训练

(1)放松胸部,用较低的音弹发音节"hā",感觉声音在胸部有一个较为集中的响点。由低到高一声声地弹发"ha"时,可以体会到胸部响点的上移;再由高到低弹发,可以体会到胸部响点的下移。

(2)用低音读韵母"a、i、u",由低至高逐渐上升,然后由高至低逐渐下降,体会胸腔共鸣的感觉。或选一句话,在自己感觉舒适的音域内,先用低音说,再一级一级地升高,然后一级一级地下降。声音要稳定、坚实、有力。

(四) 鼻腔共鸣的训练

鼻腔共鸣可以使声音明丽、高亢，它的作用主要是对声音的包装处理，不宜过多，会使声音浑浊、不自然。

(1) 体会鼻腔共鸣

抬起软腭将元音部分鼻化，i—a—ng

(2) 交替发口音 a 和鼻音 ma，最后发 a—ma—a—ma。

注意：区分鼻音和鼻腔共鸣。

(五) 三腔共鸣控制的综合训练

(1) 假定一个目标在 80~100 米处，呼唤："老——王——，等——等——！""苗——苗——，快——回——来！"呼唤时注意控制气息，并注意体会延长音节时"三腔"共鸣的感觉。

(2) 喊口令的范围感训练

不同人数要使用不同的气息强度并控制音节的长短。

① 一百人（一个连） ② 三百人（一个营） ③ 一千人（一个团）

全体集合——立正——向右看——齐！向前——看！

向右——转！齐步——走！一二一！一二一！一、二、三、四！一二三、四！

跑步——走！一二一、一二一、一、二、三、四……立定，稍息！立正——解散！

军人的口令要坚定而响亮。不同人数又要有音量大小的区别。由气息的控制产生出音强与音长的变化。

(3) 大声朗读一些较响亮的词语，夸大声音，体会"三腔共鸣"的感觉，如山明水秀、身强体壮、阳光明媚、乘风破浪。

技能实训

杨阳每天早读时总觉得自己的声音好像有点沙哑，和平时不大一样。可是本学期的班干部竞选，他好不容易当上了早读班长，每天早上要领着同学们读课文，他担心早上自己的声音不好听，你能帮帮他吗？

杨阳需要在带读前做几个小练习，这样能够起到"开嗓"的作用，而且还能够缓解声带紧张，让声音更加响亮。

1. "狗喘气"——活动横膈膜。声音传得远不远，这要看横膈膜的弹力。横膈膜的力量是可以训练的。我们早上醒来时声带、横膈膜还没睡醒，不先活动活动就开始练声、朗读，嗓子很容易受伤。可以通过"狗喘气"的方法进行练习，有效唤醒身体的发音器官。除了早上起来，也可以每次用嗓前练习。

2. "气泡音"——活动声带。把声带从睡眠状态中柔缓地推醒，就像赛跑前活动韧带。每次用声以后做"气泡音"，可起按摩的作用。做法：嘴巴微微张开，声带放松，用匀缓的气流轻轻不断地拂动声带，发出细小的抖动声，像小孩撒娇、生气时喉咙里发出的那种声音。开始可能没有声音,多做一会儿,自然会响。

  3. 声音的圆润和响亮,与口腔发音状态有密切的关系。共鸣器官的空间大,声音自然就大。在有声语言表达中,口腔的开口度比平时说话时要大。开口度大,并不等于单纯地张大嘴,张大嘴巴时口腔的开口形状呈"前＞后"的状态。按要求打开口腔:口腔的前后部都要打开,呈"前＞后"型,上腭部分用力、上抬,并且放松下巴。这是通过"提颧肌、打牙关、挺软腭、松下巴"四个环节合作完成的。

思考训练

一、口腔共鸣训练

1. 词语训练——a

ba pa ta da

丈量 仿佛 凉爽 繁忙

昂扬 商场 上方 螳螂

千山万水 灿烂朝霞

2. 韵母训练——圆唇音

ao ou iao iou

ua uan un uei

uang ueng ong

üan üe ün

结合气息做韵母拼合练习

① bā dā gā pā tā kā

② pēng pā pī pū pāi pāi pū pī pā pēng

③ b-a—bā p-a—pā b-an—bān p-an—pān

3. 句段练习

  天空变成了浅蓝色,很浅很浅的;转眼间天边出现了一道红霞,慢慢儿扩大了它的范围,加强了它的光亮。

  她是有丁香一样的颜色,丁香一样的芬芳,丁香一样的忧愁,在雨中哀怨,哀怨又彷徨。

二、胸腔共鸣训练

加强胸腔共鸣的练习,使声音变得浑厚、结实、有力。

1. 适当增强胸腔共鸣,朗读下列词语

反叛 武汉 计划

到达 白发 出嫁

2. 句段练习

用适当的声音练习下面的短诗,注意加强韵脚的胸腔共鸣。

(1) 春眠不觉晓,处处闻啼鸟。夜来风雨声,花落知多少。

(2)小柳树,满地栽,金花谢,银花开。

(3)树,有时孤零零的一棵,直挺挺把臂膊伸展。花,有时单个个一朵,静默默把微香散播。唯独草,总是拥拥挤挤,长到哪儿,哪儿就蓬蓬勃勃。一片片、一丛丛,有着烧不尽的气魄。

(4)我看樱花,往少里说,也有几十次了。在东京的青山墓地看,上野公园看,千鸟渊看……雨里看,雾中看,月下看……日本到处都是樱花,有的是几百棵花树拥在一起,有的是一两颗花树在路旁水边悄然独立。春天在日本就是沉浸在弥漫的樱花气息里。

三、鼻腔共鸣练习

1. 发口音"bā、pā、dā、tā",再发鼻音"mā、mi、mu、māo",感受鼻子振动的明显不同。

2. 拼合练习

b-ang—bāng(帮)　　p-ang—páng(旁)

m-ang—máng(忙)　　b-ai—bái(白)

3. 十六个鼻韵母中主要元音与鼻辅音做拆合练习。练习时发准元音,再发鼻辅音,然后合并来发。

an—a—n　　　en—e—n　　　ang—a—ng

ian—i—a—n　　ün—ü—n　　uang—u—a—ng

4. 大声朗读词语练习

妈妈　买卖　小猫　隐瞒　出门　戏迷

四、三腔共鸣

共鸣控制综合训练

1. 大声对话练习。

来啦,来啦——

我来啦——

我—来—啦

场景设置:教室里→教学楼→图书馆→宿舍

2. 学布谷鸟叫、乌鸦叫。这里虽然是两个高低不同的音,但都需要提上腭,声音位置靠后靠上,不能落下来跑到前面。

布谷,布谷,咕咕咕咕,哇——哇——哇

3. 大声朗读一些较响亮的词语,夸大声音,体会"三腔共鸣"的感觉。

如:英勇顽强　笨鸟先飞　开门见山　心旷神怡。

4. 诗歌练习,使用夸张的共鸣方式大声朗读下列诗歌。

《登鹳雀楼》
唐·王之涣

白日依山尽,(口腔共鸣)

黄河入海流。(鼻腔共鸣)

欲穷千里目,(胸腔共鸣)

更上一层楼。(三腔共鸣)

5. 三腔共鸣方式进行句段练习。

(1) 人人尽说江南好,游人只合江南老,春水碧于天,画船听雨眠。垆边人似月,皓腕凝霜雪。未老莫还乡,还乡须断肠。

(2) 其实幸福和世界万物一样,有它的征兆。幸福常常是朦胧的,很有节制地向我们喷洒甘霖。你不要总希望轰轰烈烈的幸福,它多半只是悄悄地扑面而来。你也不要企图把水龙头拧得更大,那样它会很快地流失。你需要静静地以平和之心,体验它的真谛。

(3) 在历史时代,国家间经常发生对抗,好男儿戎装卫国。国家的荣誉往往需要以自己的生命去换取。但在和平时代,唯有这种国家之间大规模对抗性的大赛,才可以唤起那种遥远而神圣的情感,那就是:为祖国而战!

第三节　吐字归音训练

吐字清晰准确、字正腔圆有助于更好地进行口语交际,要做到这一点,就要注意吐字归音。

一、关于吐字归音

吐字归音是我国传统戏曲声乐艺术的发音方法,它根据汉语语音的特点,把一个音的发音过程分为"出字""立字""归音"三个阶段。

"出字"是对字头的处理。所谓字头,就是指一个音节的声母(有介音的字还包括介音)。字头是一字之头,对它的处理影响着整个音节的质量。"字正腔圆"的"字正"就是指字头部位要准确。发音时要控制好声母的发音部位,发音部位要保持一定的紧张度,形成着力点。"出字"要叼住弹出,所谓的"嘴字如嘴虎,吐字如吐珠"就是说咬字要有一定的力度,但不能满口用力,而应把力度集中在相应部位的中纵部。吐字时要轻捷而有力,像弹珠弹出,不黏不滞,不拖泥带水。

"立字"要拉开立起。音节的主要元音在口腔中开口度最大,声音最响亮,因而发音时要明亮充实、饱满圆润、清晰有力。字腹仿佛能在口腔中"立"起来一样。

"归音"是指一个音节的字尾的处理。字尾的归音要鲜明干净,不拖泥带水,唇舌的位置要到位。发韵尾时,口腔由开到闭,肌肉由紧到松,声音由强到弱,字尾要弱收到位。说唱艺人用"枣核形"来形容吐字归音的过程,形象地说明了吐字归音的"玉润珠圆"的状态,如图2-3所示。

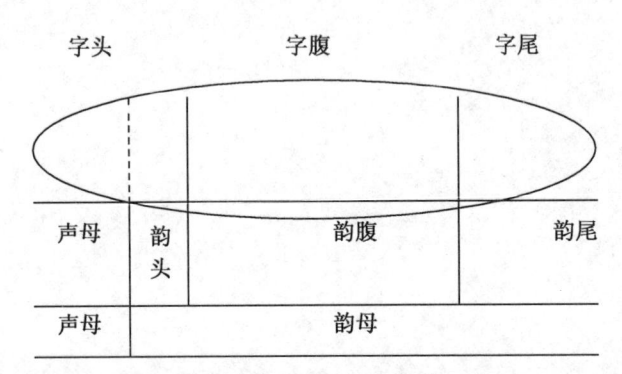

图2-3　吐字归音"枣核形"示意图

从发音的过程来看,字的中间发音响亮,动程大;两头发音轻短,动程小。

总之,在平时的词语练习中,要做到"字头摆得准,字腹响度大,字尾收到家"。

二、吐字归音的要求

字正腔圆、清晰饱满是口语交际中发声的基本要求。清晰,是指发音时吐字要清晰。准确,是指发音时,字音要准确而规范。圆润,是指发音时要有共鸣,声音悦耳动听,字音饱满圆润。集中,是指声音集中,这样可以更清晰,更易传入人的耳朵,打动人心。

三、吐字归音训练

(一) 音节训练

用较慢的语速读"变""跳""欢"三个音节,体会"枣核形"发音过程;然后用正常语速读"变化""跳远""欢快"三个词语,体会"枣核形"发音过程对有字头、字腹、字尾音节的美化作用。

(二) 口腔操练习

口腔操主要练习唇舌力量。经常练习可以增加唇舌肌肉力量,并且可以提高唇舌的灵活度。

1. 双唇练习

喷:将双唇闭紧,把力量集中在唇中央三分之一处,唇齿相依,不裹唇,阻碍气流,感受气流被堵住,然后突然爆破发音,声带不发声,用力地发声母[p]—[p]—[p]的本音,感受气流冲破阻碍的瞬间。

咧:将双唇闭紧,力量集中并向前噘起,停留2~3秒,再将嘴角向两边拉开(咧嘴),停留2~3秒。双唇噘起和咧开交替反复练习。

撇:将双唇闭紧,力量集中并向前噘起,然后将噘起地双唇向左歪、向右歪、向上抬、向下压。前期可以左右、上下交替进行。

绕:将双唇闭紧,力量集中并向前噘起,然后做顺时针或逆时针的360°转圈运动。

2. 舌部练习

刮舌:舌尖抵住下齿背,舌面贴住下齿背,张开嘴巴,用上齿齿沿刮舌叶和舌面,从下向上刮,使舌面逐渐隆起。再回到原位,从下向上反复练习。要想刮舌的面积更大,可以适当增加口腔开度,这一练习也可扩大口腔空间,所以口腔开度不够的可以多加练习。

顶舌:双唇自然闭上,用舌尖用力顶左内颊,注意力量集中,像有棒棒糖在嘴里鼓出,停留2~3秒,然后用舌尖用力顶右内颊,同样注意力量集中,停留2~3秒。顶左边、顶右边交替练习。

伸舌:将舌头伸出,舌尖向前、向左、向右、向上、向下用力伸展。注意力量集中,反复练习。

绕舌:双唇自然闭上,把舌尖伸到唇后齿前的位置,顺时针或逆时针方向环绕360°,注意力量集中,可交替进行。

立舌:先将舌尖向后贴住左侧槽牙齿背,将舌沿着齿背推到门齿中缝处,将舌尖向右侧用力翻。再做反方向练习。

舌打响:① 将舌尖顶住硬腭,用力并保持阻碍,然后突然弹开,发出类似声母"d"的响声。② 舌尖顶住上齿龈,用力发"da"音时舌尖与上齿龈成阻、持阻、除阻时的动作。然后用舌尖抵住上齿龈阻碍住气流,再突然放开,爆破发出声母"d"的本音。③ 舌根抬起至软硬腭交界处,体会用力发"嘎""ga"音,舌根与软硬腭交界处成阻、持阻、除阻时的动作。然后,像声母 g k 一样,舌根与软硬聘交界处连续做"阻气—突然打开—阻气—突然打开……"的打响动作。

捣舌:将枣核状物体(如枣核、橄榄核等)尖端对准口腔前后纵线并放在舌面,舌面配合挺起将其翻转。

(三)分阶训练

1. 字头——出字

喷崩法:在咬字时吸足气息,双唇紧闭,然后突然打开爆破成音。可用于发 b、p 作声母的字。

弹舌法:用舌头的弹力将字音有力地弹发出来。可用来练习 d、t 作声母的字。

开喉法:发音时用力打开口腔后部,蓄足气流,吐发有力,可用于发 g、k、h 作声母的字。

震牙法:吐字时气流强烈冲击牙齿,使之震颤,以求字音响亮有力。练习 j、r 作声母的字,牙齿有明显的震动之感。

口诀:叼住弹出,部位准确;气息饱满,结实有力;短暂敏捷,干净利落;定形标准,准确自然。

2. 字腹——立字

字腹发音的圆润饱满需要口腔开度适当扩大,以使元音间保有明显的对比,口腔随字腹立起而打开。

字、词练习:注意保持韵腹主要元音的圆润、响亮、饱满,主要元音应该"声挂前腭"。

打开口腔的练习:在朗读时,以第一个音节打开口腔带后面的音节,使后面的音节也能尽量打开口腔发音。

口诀:拉开立起,气息均匀;音长声响,圆润饱满;窄韵宽发,宽韵窄发;前音后发,后音前发;圆唇扁发,扁唇圆发。

3. 字尾——归音

尾音是 i 的词语,归音时要做到嘴唇微展,唇形扁平。尾音是 o、u 的词语,归音时应做到嘴唇聚拢,唇形微圆。尾音是 n 的词语,归音时要做到舌尖上抵,但不要抵得太死。尾音是 ng 的词语,归音时让气息灌满鼻腔。

口诀:尾音轻短,完整自如;避免生硬,突然收住;归音到位,送气到家;干净利落,趋向鲜明。

技能实训

1. 绕口令训练

吃葡萄不吐葡萄皮,不吃葡萄倒吐葡萄皮。

会炖我的炖冻豆腐,来炖我的炖冻豆腐,不会炖我的炖冻豆腐,别胡炖乱炖,炖坏了我的炖冻豆腐。

一个胖娃娃，画了三个大花活河蛤蟆，三个胖娃娃画不出一个大花活河蛤蟆。画不出一个大花活河蛤蟆的三个胖娃娃，真不如画了三个大花活河蛤蟆的一个胖娃娃。

用力夸张、一字一顿地做以上的绕口令练习。

2. 吐字归音词语训练

万里长征　大好河山　金玉满堂　海阔天空　皆大欢喜　愚公移山　壮志凌云
学富五车　英雄豪杰　欣欣向荣　喜闻乐见　天高地厚　人来人往　江山如画
一诺千金　五湖四海

用成语进行吐字归音的综合训练，要求出字有力清晰，归音圆润到位。

案例分析

学校马上就要进行部门竞选，黄云非常想进入学生部，可是竞选首先要进行宣讲，她平时普通话就不是很标准，平翘舌偶尔会分不清楚，还经常吞字，她该怎样练习才能让自己吐字更加清楚呢？

嘴巴"松"经常是因为受到方言的影响，这时一定要注意每个音节发音完整，而且要多做口部操，增加唇舌力度。

（四）训练要求

1. 到位练习

口型和发音器官操作到位的练习。韵母在形成口形时作用最大，讲话中的每一个音节都离不开韵母。在讲话时嘴巴懒，没张到应有的程度，或者嘴、齿、舌、鼻、喉、声带等器官动作不够协调，都会出现"吃字""隐字""丢音"或含混不清、音量过小、吐字不准等现象，如有人将"公安局"念成"官局"等。所以，发音不到位容易造成歧义，产生误解，不能准确表情达意。

2. 速读法

速读法是锻炼语音准确、吐字清晰的有效方法，这是因为速读不仅能够练习咬字清晰度、发音准确度，而且能练习思维的敏捷度和反应的快速度。速读法练习的优点是不受时间、地点的约束，无论何时、何地，只要手头有一篇文章就可以练习，不需要别人的配合，一个人就可以独立完成。练习时可以把速读录下来，自己听一听，从中找出不足，进行改进。

3. 读句练习

吐字归音训练与读句训练是紧密相连、相辅相成的。读句训练，就是选择一些有一定难度的语句、段落，进行快读训练。要求做到把音读准，不增减字词，不重不断，停顿自然，有节奏，连贯流畅。读句训练的目的是使朗诵时语句干净利索，出口成章，不拖泥带水，把习惯性的口头语逐渐减少,直至完全消除。练习时可以把读的录下来,反复对比进行纠错,因为很多时候自己并不知道读错了。

4. 绕口令练习

选择一些绕口令,可以从简单的开始,由慢到快反复练习。注意以准为主,其次才是快。

思考训练

1. 口腔开合度训练

(1) 张嘴像打哈欠,闭嘴如啃苹果。

(2) 连续发"za……da……zha……jia……"的声音,发音时,注意舌的活动,口腔开度要适当,保证每个声音响亮、清楚、有力量。

2. 唇力度练习

张伯伯,李伯伯,饽饽铺里买饽饽。

张伯伯买了个饽饽大,李伯伯买了个大饽饽。

拿回家里喂婆婆,婆婆又去比饽饽。

也不知是张伯伯买的饽饽大,还是李伯伯买的大饽饽。(双唇力度)

3. 舌力度练习

门口吊刀,刀倒吊着。(反复重复第一句,锻炼舌的顶力)

门前有四辆四轮大马车,

你爱拉哪两辆就拉哪两辆,

拉两辆,留两辆。(反复说后两句,锻炼舌的弹力和灵活度)

长虫围着砖堆转,

转完了砖堆钻砖堆。(反复说,锻炼舌尖的灵活度)

4. 绕口令快速练习,增加弹射度

八百标兵奔北坡,炮兵并排北边跑,炮兵怕把标兵碰,标兵怕碰炮兵炮。

调到敌岛打特盗,特盗太刁投短刀,挡推顶打短刀掉,踏盗得刀盗打倒。

哥挎瓜筐过宽沟,赶快过沟看怪狗,光看怪狗瓜筐扣,瓜滚筐空哥怪狗。

5. 综合训练

要求出字有力清晰,归音圆润到位。

学好声韵辨四声,阴阳上去要分明;部位方法需找准,开齐合撮属口形;

双唇班报必百波,舌尖当地斗点丁;舌根高狗坑耕故,舌面积结教坚精;

翘舌主争真知照,平舌资则早在增;擦音发翔飞夏,送气查柴产彻称;

合口呼午枯胡古,开口河坡歌安争;撮口虚学寻徐剧,齐齿衣优摇业英;

前鼻恩因烟弯稳,后鼻昂迎中拥王。咬紧字头归字尾,阴阳上去记变声;

循序渐进坚持练,不难达到纯和清。

第四节　嗓音的保护

嗓子是人们进行口语交际的重要"工具"。不会科学地用嗓护嗓,会使声音沙哑无力,甚至"失声"。许多人特别是教师,由于缺乏嗓音的保健知识,都不同程度地患有声带疾病。这不仅会影响口语交际,也会给自己带来痛苦。因此,我们要有爱护嗓音的意识。

一、科学地发声、用声

在口语交际以及教育教学活动中,除了要掌握前面所谈到的用气发声、共鸣控制、吐字归音等科学发声的方法外,还应该注意科学地用声。我们要从实际出发,选择自己声区中的最佳音域与最佳音量,扬长避短、科学发声,切忌超过发声器官的承受能力,刻意模仿别人的声音,追求过亮的音色,或在嗓音疲劳的状态下长期工作。

二、养成良好的生活习惯

睡眠不足很容易引起声带疲劳,烟、酒或辛辣、过冷、过热的食物很容易让咽喉受损,抵抗力下降也会影响声带的正常工作。因此,积极锻炼身体,保证必要的休息与睡眠,不抽烟喝酒,养成良好的生活习惯对嗓音保护很有好处。另外,要多喝开水以保持咽喉湿润,嗓音有病要及时找相关医生治疗。如有条件,最好能定期做嗓音检查。

三、注意调节心理

嗓音的好坏、发声的负荷程度如何,与一个人的心态有关。在口语交际过程中,要注意保持良好的心态。注意根据场地、人数、内容适当地调节嗓音。为一点小事便大声叫嚷,不仅是口语交际方法的失当,也是用嗓的大忌。

案例分析

刘琦已经进入了大四实习阶段,她到一所小学担任数学老师。每天要上四个班的数学课,有时还要进行课后辅导,不到一周,嗓子就哑了。现在她很着急,如果这样下去很快就会说不出话了,她该怎么做才能有效保护自己的嗓子呢?

科学的发声方法,不是通过大喊来改变声音,而是通过呼吸、共鸣等来改变声音,那些拼命喊叫的方式只能让声带的负担过重。应保持轻松自然的姿势说话,放松嘴巴、舌头、下巴、喉部、肩膀和胸口的肌肉,采用腹式呼吸发音,不要弯腰驼背,注意鼻腔共鸣,而不是从喉咙发声。

一是平时注意讲课方式,使用适当的语调和语速,尽量平和说话,大声说话时,可以使用扩音器来帮助。

二是上课前可以练练声,练声时,声音由小到大、从近到远、从弱到强、由高到低,避免一开始就大喊大叫损伤声带。

三是常喝温开水,保持喉部湿润,避免刺激性的饮食如酒、咖啡、浓茶及辣椒等,避免抽烟或二手烟,有胃酸过多现象的人应避免吃夜宵。

四是感冒时尽量少说话,因为声带可能已经水肿发炎,这时千万不可雪上加霜。

五是要生活规律,有充足的睡眠和休息,尽量放松心情,纾解情绪和减缓工作压力,多运动,用增加肺活量来提高音量,以减少用力嘶喊的需要。

六是上课以外的时间少说话,有机会多休息。同时好好控制自己的情绪。

七是不要用力清喉咙或咳嗽,尤其是清喉咙的习惯一定要改掉。

八是坚持锻炼身体,游泳和长跑是最有效的方法,注意使用正确的方法坚持练声,循序渐进。

思考训练

1. 请归纳用气发声、共鸣控制、吐字归音的要点。
2. 练习气泡音。
3. 每天进行用气发声、共鸣控制、吐字归音的练习10~15分钟。
4. 听一听名人的朗读和演讲,想想他是如何做到"以情运气,以气托声,以声传情"的。
5. 大声朗读绕口令《满天星》,注意气息的运用,注意吐字归音。

满天星

天上看,满天星,地下看,有个坑,坑里看,有盘冰。

坑外长着一老松,松上落着一架鹰,鹰下坐着一老僧,僧前点着一盏灯,

灯前搁着一部经,墙上钉着一根钉,钉上挂着一张弓。

说刮风,就刮风,刮的男女老少难把眼睛睁。

刮散了天上的星,刮平了地上的坑,

刮化了坑里的冰,刮断了坑外的松,

刮飞了松上的鹰,刮走了鹰下的僧,

刮灭了僧前的灯,刮乱了灯前的经,

刮掉了墙上的钉,刮翻了钉上的弓。

只刮得:星散、坑平、冰化、松倒、鹰飞、

僧走、灯灭、经乱、钉掉、弓翻还不停,

请来了玉皇大帝孙悟空,制服了风婆天下宁。

大家听,听分明,我说的是个绕口令,我说的是个绕口令。

6. 慢速朗读下面的诗歌或短文,要求打开共鸣腔,把每一个音节的出字、立字、归音按要领读好。

乡愁

小时候,乡愁是一枚小小的邮票,我在这头,母亲在那头。(母子别,上部共鸣)

长大后,乡愁是一张窄窄的船票,我在这头,新娘在那头。(新婚别,中部自然共鸣)

后来呀,乡愁是一方矮矮的坟墓,我在外头,母亲在里头。(生死别,胸腔共鸣)

而现在,乡愁是一湾浅浅的海峡,我在这头,大陆在那头。(故乡别,三腔共鸣)

念奴娇　赤壁怀古
苏　轼

大江东去,浪淘尽,千古风流人物。故垒西边,人道是,三国周郎赤壁。乱石穿空,惊涛拍岸,卷起千堆雪。江山如画,一时多少豪杰。遥想公瑾当年,小乔初嫁了,雄姿英发。羽扇纶巾,谈笑间,樯橹灰飞烟灭。故国神游,多情应笑我,早生华发。人生如梦,一尊还酹江月。

本章小结

本章介绍了发声的基本原理及科学朗读发声方法的定义、要求等基本知识。通过气息、共鸣、吐字归音训练,帮助大家更好地掌握说话发声的技巧,也让我们的语音更加清晰响亮,圆润动听。

拓展阅读

(一)理论拓展

查阅下列书籍与文章进行拓展学习。

[1] 付程.播音主持教学法十二讲[M].北京:中国传媒大学出版社,2005.
[2] 徐恒.播音发声学[M].北京:北京广播学院出版社,1992.
[3] 于根元.播音主持语言研究十篇[M].北京:中国经济出版社,2006.
[4] 张颂.情声和谐启蒙录[M].北京:北京广播学院出版社,2004.
[5] 张颂.中国播音学[M].北京:北京广播学院出版社,2003.
[6] 郑伟.21天让你的声音更有魅力[M].北京:机械工业出版社,2021.
[7] 刘海霞.汉语普通话情感语调实验研究[D].上海:上海师范大学,2009.
[8] 李晓华.新闻播音节律特征研究[D].北京:北京大学,2007.
[9] 刘现强.现代汉语节奏研究[D].北京:北京语言大学,2003.
[10] 李永志.浅议教师说话的发声方法[J].甘肃农业,2005(9).
[11] 高昕.巧妙用气科学发声——教师如何进行用气发声训练[J].中国校外教育,2010(18).
[12] 石勇.心理强大之路(连载九)[J].家庭医学(下半月),2011(2).

(二)实训拓展

1. 课后运用用气发声的知识,在小组间进行自我介绍。
2. 模拟几种不同的声音,分别说一说用气、共鸣、吐字归音的不同。
3. 同学们自行分组,练习正确地运用所学气息、共鸣和吐字归音等。由教师和学生担任评委,给各组打分并点评。

面朝大海,春暖花开
海　子

从明天起,做一个幸福的人

喂马,劈柴,周游世界

从明天起,关心粮食和蔬菜
我有一所房子,面朝大海,春暖花开

从明天起,和每一个亲人通信
告诉他们我的幸福
那幸福的闪电告诉我的
我将告诉每一个人

给每一条河每一座山取一个温暖的名字
陌生人,我也为你祝福
愿你有一个灿烂的前程
愿你有情人终成眷属
愿你在尘世获得幸福
我只愿面朝大海,春暖花开

扫码查看
资源链接

第三章　教师朗读技能训练

章首语

　　朗读能力是教师的职业基本功之一，也是教师口语训练的有机组成部分。朗读不仅可以提高普通话语音的标准程度，而且可以在朗读中逐渐熟悉科学的发声技巧，熟悉气息与声音共鸣的运用。通过朗读训练，可以积累丰富的词汇，为教师口语表达能力的提高打好基础。而朗读技巧的学习，是在有文字凭借的情况下锻炼有声语言的表现力。对于教师而言，从朗读训练开始训练教师口语表达，是一条省时省力、收效较快的途径。

本章提要

　　本章主要帮助学生了解朗读的含义、朗读前的准备、朗读技巧等基本知识；熟练掌握朗读的内在感受以及朗读的外部语音技巧，能够运用朗读技巧朗读各种文体；综合运用各种技巧朗读中小学的语文课文。

情景导入

　　喜爱朗读的人一定是心地柔软的人，喜爱朗读的教师一定是受欢迎的教师。当我们广泛接触优秀阅读材料的时候，面对的不仅仅是文字，而是文学，是深厚的文化，是修养的不断提升。所谓"博观而约取，厚积而薄发"，正是这样的体会。朗读让我们设身处地地去体会特殊年月、特殊背景下人的所思所想、所作所为，理解那个曾经在确定的历史时空点的柔软灵魂，与他们的心灵无限融合，让我们的精神不断走向丰厚、走向敞亮，在一个更加诗意、更加阳光、更加纯粹的舞台上，用我们的声音、用我们的灵魂去感化学生、传播文明、诉说家国情怀、表达对职业的敬畏和敬重。

第一节　朗读概说

朗读是用普通话把书面语言转化为有声语言的一种再创造的活动,是单向口语表达的一种基本形式。文学作品的文字符号,已经具备了文学的形象特性,而朗读的作用,就是通过朗读者的有声语言,传递出如临其境、如闻其声、如见其人、如晓其情、如明其理的形象感受,这就是对作品的再创造。同时,每一个朗读作品,除了具有文字语言所展示的表象意思以外,常常还包含许多深层的内涵,朗读者用声音理解和表现这种内涵,就能创造一种具有美学意义的东西,给人无限的艺术享受。

朗读不仅可以提高朗读者的阅读能力、强化理解能力,还可以培养朗读者对于语言敏锐细致的感受和鉴赏能力。朗读的过程,既是深入具体地理解文章的内容、体会作者的思想感情、潜移默化地受到思想教育与审美熏陶的过程,也是广泛汲取古今中外名家名作语言精华的过程。同时,朗读中坚持用普通话,有利于综合理解和运用普通话的声、韵、调语音知识,是学习普通话的重要途径。朗读中的表情达意和技能技巧的运用,也可以提高朗读者的口语表达能力。此外,成功的朗读还可以感染他人、引起共鸣,起到教育人、鼓舞人的作用。增强朗读能力,不仅可以更真实地再现原作品的全部思想与情感,还可以借助有声语言的诸因素,弥补原作品的某些不足。

朗读训练是普通话正音训练的继续,是说话能力训练的开始。同时,它是提高口语表达能力的有效方法,也是教师口语训练的捷径。因此,朗读训练是教师口语训练的有机组成部分。会朗读,既是对师范生的要求,也是对教师的要求。教师都应该具备这一项基本功。

一、朗读的基本要求

朗读既然是有声语言的再创造活动,它就不能是盲目的、随意的,而应该是有一定要求的。朗读的基本要求是要读得正确、流利、有感情。要达到这个要求,就应该注意以下几点。

(一) 语音规范,吐字清晰

所谓语音规范,包括两个层面的含义:一是在音节层面把字音发准确;二是在声、韵、调层面把字音读准。朗读时,应在声母、韵母、声调、轻声、儿化、连读音变以及语调等方面都符合普通话语音的规范。对于那些多音字、形近字、异读词的读音,一定要规范。特别要注意读好那些因为偏旁类推容易误读的字,注意普通话与方言在语音上的差异。

所谓吐字清晰,是指把每一个字都发得圆润饱满。朗读者平时要注意吐字归音的训练。朗读中,要注意根据吐字归音的要求,叼住字头,发响字腹,收全字尾。

(二)停连正确,语句流畅

首先,朗读要忠实于原作品,依据作品的一字一词、一句一段循序进行,不添字、漏字、改字、颠倒、回读。其次,要读出词语、句子之间的结构关系。停连恰当,词语、句子之间的逻辑清晰,朗读的内容才能让人听懂。朗读要流畅,因为只有流畅的朗读,听众才能听明白,读者自己也能准确理解朗读文章的意义。朗读者就像一位优秀的导游,带领读者进入文章中每一个风光秀丽的地方。不流畅,会给人一种难以言说的不适感。

(三)理解作品,传情达意

俄国著名作家列夫·尼克拉耶维奇·托尔斯泰曾尝试回答"什么是艺术",他说:"艺术是由这样一种人类活动所构成的,即一个人通过某种外在符号,有意识地把自己体验过的感受传达给别人,而别人为这些感受所感染,也体验到它们。"成功的朗读,一定是在充分理解作品的基础上,找到恰当的表达方法,用有声语言"有意识地把自己体验过的感受传达给别人",力求达到正确的思想感情和尽可能完美的有声语言表达技巧的统一,实现朗读者与听众之间的内心情感共鸣。

技能实训

匆 匆

燕子去了,有再来的时候;杨柳枯了,有再青的时候;桃花谢了,有再开的时候。但是,聪明的,你告诉我,我们的日子为什么一去不复返呢?——是有人偷了他们罢:那是谁?又藏在何处呢?是他们自己逃走了罢:现在又到了哪里呢?

我不知道他们给了我多少日子;但我的手确乎是渐渐空虚了。在默默里算着,八千多日子已经从我手中溜去;像针尖上一滴水滴在大海里,我的日子滴在时间的流里,没有声音,也没有影子。我不禁头涔涔而泪潸潸了。

去的尽管去了,来的尽管来着;去来的中间,又怎样地匆匆呢?早上我起来的时候,小屋里射进两三方斜斜的太阳。太阳他有脚啊,轻轻悄悄地挪移了;我也茫茫然跟着旋转。于是——洗手的时候,日子从水盆里过去;吃饭的时候,日子从饭碗里过去;默默时,便从凝然的双眼前过去。我觉察他去的匆匆了,伸出手遮挽时,他又从遮挽着的手边过去。天黑时,我躺在床上,他便伶伶俐俐地从我身上跨过,从我脚边飞去了。等我睁开眼和太阳再见,这算又溜走了一日。我掩着面叹息,但是新来的日子的影儿又开始在叹息里闪过了。

在逃去如飞的日子里,在千门万户的世界里的我能做些什么呢?只有徘徊罢了,只有匆匆罢了;在八千多日的匆匆里,除徘徊外,又剩些什么呢?过去的日子如轻烟,被微风吹散了,如薄雾,被初阳蒸融了;我留着些什么痕迹呢?我何曾留着像游丝样的痕迹呢?我赤裸裸来到这世界,转眼间也将赤裸裸的回去罢?但不能平的,为什么偏要白白走这一遭啊?

你聪明的,告诉我,我们的日子为什么一去不复返呢?

一九二二年三月二十八日

《匆匆》是现代散文家朱自清写的一篇散文。文章紧扣"匆匆",写了时光流逝的踪迹,表达了作者对时光流逝的无奈和惋惜。朗读这个作品,首先要注意读准其中的字词、句。如"藏 cáng""头涔涔 tóu céncén""泪潸潸 lèi shānshān""轻轻悄悄 qīngqing qiāo qiāo""挪移 nuóyí""旋转 xuánzhuǎn""遮挽 zhēwǎn""徘徊 pái huái""蒸融 zhēngróng"的读音,要注意读规范,读准确。其次要注意句子的停连断句。最后,作品表达的是一种对时光流逝的无奈和惋惜,要注意情感的表达。

二、朗读前的准备

（一）理解作品,把握情感基调

要朗读好一个作品,必须理解作品。如何理解作品？首先要联系写作背景,正确理解作品主题,把握作品的情感基调。

要理解作品,首先应了解作者当时的思想和作品的时代背景。作品的时代背景是作品产生的社会环境和生活土壤,创作意图以及作者的情感决定了朗诵者的情感走向。只有将作品的时代背景、思想情感、创作意图与基调韵味完全理解透了,才能做好朗读表达技巧上的处理,否则朗读技巧就会成为无源之水、无本之木。

其次要深刻理解作品的主题,这是深刻理解作品的关键。主题思想是朗诵作品的"灵魂"与"统帅",是用文章的全部材料表现出来的基本思想。在朗读中,所有表现技巧的使用,都要以主题为准绳,要服从主题的调遣。

最后还要根据不同体裁作品的特点,熟悉作品的内容和结构,从而懂得运用怎样的基调去朗读。什么是基调？基调是指作品总的感情、总的色彩和分量。不同的文学作品所含的情感不同,在朗读中的基调也要有所不同。如对于抒情性作品,要着重熟悉它的抒情线索和感情基调；对于叙事作品,应着重熟悉作品的情节与人物性格；对于论说文,要通过逐段分析理解,抓住中心论点和各分论点,明确文章的论据和论述方法,或者抓住文章的说明次序和说明方法。在中小学的语文教学中,不同体裁作品感情基调不一样。如《春》和《金色花》的感情基调是轻快欢畅的,《黄河颂》的感情基调是高亢爽朗的,《我爱这土地》的感情基调是深沉凝重的,《苏州园林》的感情基调是平实亲切的。

总之,只有深刻理解作品主旨,演绎出来的朗读才会更加动人,情感的真实表达才会更加完美,朗读的灵魂才会以生动的声音和情感呈现。

技能实训

赞 美

走不尽的山峦的起伏,河流和草原,
数不尽的密密的村庄,鸡鸣和狗吠,
接连在原是荒凉的亚洲的土地上,
在野草的茫茫中呼啸着干燥的风,

在低压的暗云下唱着单调的东流的水，
在忧郁的森林里有无数埋藏的年代。
它们静静的和我拥抱：
说不尽的故事是说不尽的灾难，
沉默的是爱情，是在天空飞翔的鹰群，
是干枯的眼睛期待着泉涌的热泪，
当不移的灰色的行列在遥远的天际爬行；
我有太多的话语，太悠久的感情，
我要以荒凉的沙漠，坎坷的小路，骡子车，
我要以槽子船，漫山的野花，阴雨的天气，
我要以一切拥抱你，
你我到处看见的人民啊，
在耻辱里生活的人民，佝偻的人民，
我要以带血的手和你们一一拥抱，
因为一个民族已经起来。

一个农夫，他粗糙的身躯移动在田野中，
他是一个女人的孩子，许多孩子的父亲，
多少朝代在他的身上升起又降落了
而把希望和失望压在他身上，
而他永远无言地跟在犁后旋转，
翻起同样的泥土溶解过他祖先的，
是同样的受难的形象凝固在路旁。
在大路上多少次愉快的歌声流过去了，
多少次跟来的是临到他的忧患，
在大路上人们演说，叫嚣，欢快，
然而他没有，他只放下了古代的锄头，
再一次相信名词，溶进了大众的爱，
坚定地，他看着自己溶进死亡里，
而这样的路是无限的悠长的，
而他是不能够流泪的，
他没有流泪，因为一个民族已经起来。

在群山的包围里，在蔚蓝的天空下，
在春天和秋天经过他家园的时候，
在幽深的谷里隐着最含蓄的悲哀：
一个老妇期待着孩子，许多孩子期待着

饥饿,而又在饥饿里忍耐,
在路旁仍是那聚集着黑暗的茅屋,
一样的是不可知的恐惧,
一样的是大自然中那侵蚀着生活的泥土,
而他走去了从不回头诅咒。
为了他我要拥抱每一个人,
为了他我失去了拥抱的安慰,
因为他,我们是不能给以幸福的,
痛哭吧,让我们在他的身上痛哭吧,
因为一个民族已经起来。

一样的是这悠久的年代的风,
一样的是从这倾圮的屋檐下散开的无尽的呻吟和寒冷,
它歌唱在一片枯槁的树顶上,
它吹过了荒芜的沼泽,芦苇和虫鸣,
一样的是这飞过的乌鸦的声音。
当我走过,站在路上踟蹰,
我踟蹰着为了多年耻辱的历史
仍在这广大的山河中等待,
等待着,我们无言的痛苦是太多了,
然而一个民族已经起来,
然而一个民族已经起来。

——1941年12月

初读《赞美》,因为不了解作品的写作背景,大家会读不懂,不知道用什么样的情感基调来读。这是九叶派诗人穆旦于1941年12月创作的一首现代诗。诗歌以"赞美"为题,以"一个民族已经起来"作为全诗的抒情基调,在中华民族抵御日本军国主义侵略的最艰苦的年代,唱出了一曲高昂的民族精神的赞歌,流露出诗人对历史耻辱的悲悯,对民族灾难与命运的忧虑和对人民力量的崇拜。从这个背景出发再读作品,就知道该运用怎样的情感基调来朗读作品了。

(二) 分析脉络,突出情感高潮

要想读好作品,还要注意把握作品脉络。首先可以对作品进行划分。划分段落层次,将长句子划分为一个个更小的"义团",也就是所谓的"归堆儿""抱团儿"。通过划分,文字作品的脉络清晰了,人物、事件的来龙去脉,观点、例证的前因后果,也会了然于胸。

情感表达是朗读的灵魂。朗读者深刻理解作品的思想与情感态度,深入分析作品的情感脉络,为朗读确立重点,突出作品的情感高潮。朗读的重点是指直接表现主题、体现目的、抒发感情、感染听众的地方。在朗读前,要认真分析重点,用语音手段突出重点,这样可以突显作品的情感高潮。

技能实训

我的"自白书"

任脚下响着沉重的铁镣,
任你们把皮鞭举得高高,
我不需要什么自白,
哪怕胸口对着带血的刺刀!

人,不能低下高贵的头,
只有怕死鬼才乞求"自由";
毒刑拷打算得了什么?
死亡也无法叫我开口!

对着死亡我放声大笑,
魔鬼的宫殿在笑声中动摇;
这就是我——一个共产党员的自白,
高唱凯歌埋葬蒋家王朝。

《我的"自白书"》的情绪是从压抑、愤怒逐步走向乐观昂扬的情感高潮的。因此最后一小节是作品的情感高潮。"对着死亡我放声大笑,魔鬼的宫殿在笑声中动摇",作者嘲笑死亡,嘲笑敌人的无能,充满了革命乐观主义和浪漫主义革命精神。诗人坚信自己顽强的斗争正是一曲雄壮的凯歌,它预示了蒋家王朝的彻底灭亡,也把诗中高亢的情感推向了顶端。在朗读时,要注意前两小节读得稍微内敛一点,最后一小节要用高昂的语调将作品逐步推向高潮。

(三)掌握朗读技巧,巧妙综合运用

朗读是对作品的再创造。要读得有感情,能用有声语言传达出原作品的主要精神和艺术美感,除了要语音规范、把握作品的基调之外,还要掌握一定的朗读技巧。只有掌握了朗读技巧,才能读得有感情。

朗读的技巧主要包括内部的心理感受运用的技巧与外部的语音技巧。这些朗读技巧不是单独存在的,综合运用这些技巧才能读好作品。

思考训练

1. 朗读艾青的作品《我爱这土地》，要求读得准确、吐字清晰。
2. 划分这篇作品的层次，注意句子的"抱团"处理。

我爱这土地
艾 青

假如我是一只鸟，
我也应该用嘶哑①的喉咙②歌唱：
这被暴风雨所打击着的土地，
这永远汹涌③着我们的悲愤④的河流，
这无止息地吹刮着的激怒的风，
和那来自林间的无比温柔的黎明……

——然后我死了，
连羽毛也腐烂在土地里面。
为什么我的眼里常含泪水？
因为我对这土地爱得深沉⑤……

(1) 注意下面字词，要读准确：

① 嘶哑 sīyǎ　　② 喉咙 hóu·lóng

③ 汹涌 xiōngyǒng　　④ 悲愤 bēifèn

⑤ 深沉 shēnchén

3. 说说这篇作品的朗读基调是什么？作品的重点是什么？如何突出高潮？

第二节 朗读者内部心理感受的运用

任何的表达方式都受朗读者内部心理感受支配。因此,作为朗读者,要注意内部心理感受的运用。朗读的内部心理感受的运用是指朗读者的内部心理状态,包括形象感受、逻辑感受、内在语、语气等。

一、形象感受的运用

朗读者的形象感受,是指朗读作品中的形象性词语时对朗读者内心产生刺激,从而让朗读者感触到客观世界的种种事物,以及事物的发展、运动状态,使表现情、景、物、人、事、理的文字符号在朗读者心中、眼前活动起来,引起朗读者对客观事物的感知、体会和思考,是朗读者"感之于外,受之于心"而形成的感受。它包括由语言文字符号引起的具体的视觉、听觉、味觉、嗅觉、触觉、空间知觉、时间知觉、运动知觉等,是由作品引起的各种感觉、知觉的内心体验。

(一)通过联想产生形象感受

朗读中如何运用好形象感受呢?朗读者要利用作品中的人、事、物产生联想。因为任何作品都是作者在生活中受某种事物的触动,情怀激荡、浮想联翩,然后构思而成的。因此朗读者也要善于联想,通过联想,在现实的此岸和想象的彼岸之间架起一条彩虹,把听众引入优美的境界,从而产生强大的感染力。

(二)抓住实词表达形象感受

要运用好形象感受,朗读者还要注意抓住文章中最能表达事物形象的实词。通过这些实词,让人仿佛看到、听到、嗅到、尝到、伸手就可得到,作品中的景、人、事、物、情能在朗读者内心跳动起来,好像亲眼看到、亲身经历一样,从而产生"内心视象"。朗读者有没有感受,感受的程度如何,直接影响他能否做到"以声绘形"。

技能实训

祖国啊,我亲爱的祖国

舒 婷

我是你河边上破旧的老水车,
数百年来纺着疲惫的歌;
我是你额上熏黑的矿灯,
照你在历史的隧洞里蜗行摸索。
我是干瘪的稻穗,是失修的路基;
是淤滩上的驳船

> *把纤绳深深*
> *勒进你的肩膀,*
> *——祖国啊!*
>
> 这首诗中的实词"破旧""疲惫""熏黑""蜗行摸索""干瘪""失修""驳船""深深""勒"是最能让人产生联想的词语。朗读时抓住这些实词传递的形象感,把"破旧""疲惫""熏黑""失修""驳船"等词语读得长而低沉,"蜗行摸索""深深""勒"等词语读得长而沉重有力,以表现"中国过去的贫穷和人民千百年来的梦想与苦难"。

如何才能形成形象感受?朗读者的自身经历、经验和知识积累,是形成"内心视象"的重要条件。朗读者要善于发挥记忆联想和再造想象的能力,以增强有声语言表达的强烈感染力。

(三) 如何获得形象感受

要获得丰富的形象感受,产生"内心视象",可以借助以下四个方面:

一是要借助生活经历,积极展开类似联想,让作品在我们心里、在我们眼前"活"起来,就像自己亲身经历了一样。

二是要借助一些电影、电视、戏剧、图画等图像来帮助自己展开想象。朗读时,脑海里不应是一些概念,而应是一个个生动具体的形象或一幅幅色彩丰富的图画。这样的朗读就会有意境,就会有生命。

三是要大胆借助幻想,对那些超现实的东西,要大胆向往、大胆追求。这样,生活中并不存在的"内心视象"才能产生,从而让我们的语言更具"神乎其神"的形象感。

四是要善于类比。在朗读的时候不仅可以通过本篇作品的文字来产生联想,还要借助类似作品中的意境描述,通过类比,丰富我们的想象,从而给听众传达更丰富的形象感受。

二、逻辑感受的运用

朗读时,作品中的概念、判断、推理、论证以及文章中各部分之间、各层次之间、各自然段之间、各句之间、句子中各词之间的内在关系在头脑中形成的感受,就是逻辑感受。朗读者要学会将作品中的主次、并列、转折、递进、对比、总括等"文路"在逻辑感受过程中转化为自己的朗读思路,进而形成内心的"语流",以增强有声语言表达的说服力。

(一) 逻辑感受的类别

逻辑感受主要是指作品中的逻辑关系,体现在各个层次、各个段落以及各个语句之间的内在联系中,包括主次感、并列感、递进感、总括感、转折感、对比感六种。

（二）逻辑感受的具体运用

1. 主次感的运用

要在朗读中运用好逻辑感受，首先要注意读出句子的主次感。对议论文来说就是抓论点，理清观点和材料的主次关系。

技能实训

你简单，世界就会对你简单

1990年，曼德拉在离开服刑27年之久的大狱时，说了这样一句意味深长的话："当我走出监狱大门的时候，早已把仇恨和愤怒留在了身后，否则，我将会把自己一直关在监狱里面。"出狱后他致力于民族调解与协商，2004年被选为"最伟大的南非人"。他的传奇经历说明了这样一个道理：要以简单的心态对待复杂的世界，你简单，世界终究会对你简单。

这一段话的主要观点是"要以简单的心态对待复杂的世界，你简单世界终究会对你简单"，材料是"1990年"到"2004年被选为'最伟大的南非人'"。材料是为说明论点服务的，因此，前面的陈述材料部分可以用平静的语言叙述，语速不快不慢，语气平缓自然，但后面的观点部分要用重音强调突出。这样才能读出文章的主次感。

2. 转折感的运用

转折感是指事情突然变化所带来的意料之外的感受，朗读时衔接的前后两分句之间应有明显区分。

技能实训

白杨礼赞

如果美是专指"婆娑"或"横斜逸出"之类而言，那么白杨树算不得树中的好女子；但是它伟岸，正直，朴质，严肃，也不缺乏温和，更不用提它的坚强不屈与挺拔，它是树中的伟丈夫！

这一段话歌颂了白杨树像"伟丈夫"一样的坚强不屈与挺拔。前面一句说的是白杨树不是"树中的好女子"，第二句话锋一转，说白杨树是"树中的伟丈夫"。也就是，第一句是"抑"，后一句是"扬"。因此，朗读前一句要语气低沉，后一句应该语调高扬，重点落在"伟丈夫"上面，以突出对白杨树热情的歌颂，这样才能读出文章的转折感。

3. 并列感的运用

并列感是指并列分句之间没有主次的区别，分句之间彼此平行。朗读这样的句子，要注意读出先后顺序,语气语调前后要一致。

> **技能实训**
>
> **读书人是幸福的人**
>
> 　　人们从《论语》中学得智慧的思考,从《史记》中学得严肃的历史精神,从《正气歌》中学得人格的刚烈,从马克思学得人世的激情,从鲁迅学得批判精神,从托尔斯泰学得道德的执着。
>
> 　　这一段话的六个句子语义彼此平行,共同说明人们从不同的书籍获得的不同精神。因此,朗读这样的句子,要注意读出平性感,要按照句子的先后顺序去读,六个句子语气语调要前后保持一致。

扫码查看
资源链接

4. 对比感的运用

　　对比感是指文章中所描写的内容、正反的客观事物给朗读者心理造成的感染。朗读时要用语气语调的对比来突出对比感。

> **技能实训**
>
> **国家荣誉感**
>
> 　　地球上的人都会有国家的概念,但未必时时都有国家的感情。往往人到异国,思念家乡,心怀故国,这国家概念就变得有血有肉,爱国之情来得非常具体。而现代社会,科技昌达,信息快捷,事事上网,世界真是太小太小,国家的界限似乎也不那么清晰了。再说足球正在快速世界化,平日里各国球员频繁转会,往来随意,致使越来越多的国家联赛都具有国际的因素。球员们不论国籍,只效力于自己的俱乐部,他们比赛时的激情中完全没有爱国主义的因子。
>
> 　　然而,到了世界杯大赛,天下大变。各国球员都回国效力,穿上与光荣的国旗同样色彩的服装。在每一场比赛前,还高唱国歌以宣誓对自己祖国的挚爱与忠诚。一种血缘情感开始在全身的血管里燃烧起来,而且立刻热血沸腾。
>
> 　　这两段话之间是转折的关系,朗读时,要注意读出对比感。第一段平静讲述,语调较平和;第二段语调高升,用高扬的语调读出与前一段不一样的爱国情感。

扫码查看
资源链接

5. 递进感的运用

　　递进关系是指能够表示在意义上进一层关系的,且有一定逻辑的词语。后面的分句比前面的分句向更重或更大、更深、更难的方向推进一层,分句间的关系是递进的。表示递进关系的常用关联词有:不但、不仅、不光、而且、并且、并、甚至、更、以至、何况、况且、尤其、还、甚至于等。递进感是指朗读中读出句子之间在意义上进一层关系的感觉。递进关系的总趋势是向纵深发展,感情逐步进入高潮。在朗读文章时最关键的是"进",朗读时声音可随着语义的"进"由低到高,语速由慢到快,直到递进部分的最"高潮"。例如《我爱这土地》中,作者通过描述自己生活在祖国的这块土地上,痛苦多于欢乐,"这被暴风雨所打击着的土地,这永远汹涌着我们的悲愤的河流,这无止息地吹刮着的激怒的风。"由此表达作者心中郁结着过多的"悲愤"与"激怒"。然而,这毕竟是生他养他的祖国,即使为她痛苦到死,也不愿意离开这土地——"死了"以后连"羽毛"也要"腐烂在土地里面",表达了作者一种刻骨铭心、至死不渝的伟大、深沉的爱国主义感情。朗读这三个递进句"这被暴风雨所打击着的土地,这永远汹涌着我们的悲愤的河流,这无止息地吹刮着的激怒的风"时,声音由低到高,语速由慢到快,直到"高潮"。

总之,朗读时要注重逻辑感受,语言链条要清晰准确,要明白前因后果。复句"因为……所以……""之所以……是因为……""不但……而且……"等的主次感、并列感、递进感、总括感、转折感和对比感都不能够含糊,需要朗读者在朗读前仔细研究。

作品中,最能体现语言脉络、文章层次的是文章中的虚词。因此,在朗读中,获得逻辑感受的最佳途径就是抓住这些起"鹊桥"作用的虚词,厘清它们的关系。

技能实训

论鲁迅(节选)

我们纪念他,不仅因为他的文章写得好,是一个伟大的文学家,而且因为他是一个民族解放的急先锋,给革命以很大的助力。他并不是共产党组织中的一人,然而他的思想、行动、著作,都是马克思主义的。

为什么要纪念鲁迅,是这段文字论述的中心。而贯通全文,给朗读者以强烈逻辑感受的虚词,是"不仅""而且""然而"几个词语。"不仅……而且……"组成一个递进复句,"……然而……"构成一个转折复句,这样就把纪念鲁迅的伟大意义透彻地表达了出来。因此,在朗读时要理解这些虚词在句子中的作用,注意用重音、停连等将它们表现出来,从而传递出作品的逻辑关系。可以看出,朗读作品时,决不能忽视在语言链条中起着重要作用的虚词,它们是体现文章逻辑关系的标志,也是我们运用好逻辑感受的关键。

(三) 内在语的运用

1. 关于内在语

内在语又叫潜台词,是滚动在文字之中的言外之意、话外之音。我们把语言所不能表露、不便表露或者没有完全显露出来的语句关系、语句本质称为"内在语"。生活中常说的"弦外之音""言外之意"、表演专业中的"潜台词"实际上都是内在语。

在朗读中,内在语就像一股巨大的潜流在滚动,赋予有声语言以思想、态度和感情色彩,从而使朗读更具生命力。读好作品中的内在语,可以让人们透过文字表面聆听思想的声音,可以使朗读显得更有深度、更耐人寻味。

2. 如何运用内在语

朗读时要运用好内在语,首先要注意内在语是有层次的。在篇章结构中,全篇的内在语是朗诵的目的,即这篇作品要告诉听众什么思想和情感。朗诵目的是靠语气来体现的。一篇作品的布局总是有主有次,在主要部分中有重点和非重点。朗诵的目的一般藏在主要部分和重点内容的背后。所以,在准备时首先要找出重点部分和主要层次,这就等于抓住了文章的要脉,再透过要脉追寻其精髓和灵魂。从语句的角度看,内在语就是具体态度。态度无非包括判断和评价,有是与非的区别,在是与非中还有分寸的差别,分寸的差别也就是态度的标志,所以许多作品通过不同的、具体语句的态度分寸来表达内在语。文章的层次和部分之间是有转承关系的,通过语句的衔接体现出来,实际上就是承前启后。所以,承前启后是层次转承的内在语。

内在语的运用一定要结合具体的语言环境和上下文来把握,在每个具体的语句中探察作者的态度和感情,要着重把握态度、情感的分寸。

技能实训

孔乙己(节选)

(孔乙己是个什么样的人呢?)孔乙己是站着喝酒而穿长衫的唯一的人。(他长着什么模样?)他身材很高大;青白脸色,皱纹间时常夹些伤痕;一部乱蓬蓬的花白的胡子。穿的虽然是长衫,(还有什么不一样吗?)可是又脏又破,似乎十多年没有补,也没有洗。(哦,这也太可笑了。)他对人说话,总是满口之乎者也,叫人半懂不懂的。(更有趣了!)因为他姓孔,别人便从描红纸上的"上大人孔乙己"这半懂不懂的话里,替他取下一个绰号,叫作孔乙己。//(孔乙己就是这样的一个人。看,他来了。)孔乙己一到店,所有喝酒的人便都看着他笑,(笑什么?)有的叫道:"孔乙己,你脸上又添上新伤疤了!"(是不是又偷东西了?)他不回答,对柜里说:"温两碗酒,要一碟茴香豆。"便排出九文大钱。(实在是个可笑的人。)他们又故意的高声嚷道:"你一定又偷了人家的东西了!"(你故作斯文?那我们就说说你最不愿意被大家说的丑事。果然他急了。)孔乙己睁大眼睛说:"你怎么这样凭空污人清白……""什么清白?我前天亲眼见你偷了何家的书,吊着打。"(哼,你不要不承认。果然)孔乙己便涨红了脸,额上的青筋条条绽出,争辩道:"窃书不能算偷……窃书!……读书人的事,能算偷么?"接连便是难懂的话,什么"君子固穷",什么"者乎"之类,(实在可笑吧?于是)引得众人都哄笑起来:店内外充满了快活的空气。

这篇文章是我国的现代文学巨匠鲁迅先生的著名小说。作者塑造了孔乙己这位被残酷地抛弃于社会底层,生活穷困潦倒,最终被强大的黑暗势力所吞没的读书人形象。而这一段,正是通过描写孔乙己那可怜又可笑的个性特征,通过人们对他的嘲笑,来表现人们的冷漠麻木以及社会对不幸者的冷酷无情。这一段可以分为两层(画//的地方是分层处)。朗读时,要注意层次的区别。同时,通过内在语的补足,就可以把那种众人一起麻木不仁地嘲笑一个潦倒的读书人的氛围表现得淋漓尽致,在欢笑中体味社会的冷酷。

内在语的运用还要结合具体的语言环境和上下文来准确把握语句深层的内在含义。一般说来,文字表达的语言方面的意思和内在含义是一致的。但有时字面意思与内在含义不一致,表面上是"这个"意思,但深挖一下,发现实际上它是"那个"意思,有时两个意思甚至是相反的。如有时人们会用"命令"的语气来劝说,用"恳求"的语气来命令,恋人之间可能用"讨厌"来表示喜欢等。这些都是包含在语句之中的另外的一种意思,这也是内在语。

技能实训

扫码查看
资源链接

卖火柴的小女孩(节选)

奶奶把小女孩抱起来,搂在怀里。她们俩在光明和快乐中飞走了,越飞越高,飞到那没有寒冷,没有饥饿,也没有痛苦的地方去了。

从文字表面的意思来看,这是说小女孩终于得到了温暖、幸福和快乐。但从故事的实际内容和思想主题来看,小女孩在大年夜被冻死了、饿死了,在当时的社会环境下,小女孩只有死亡才能彻底摆脱寒冷和饥饿。因此,在朗读时要注意把握这种反义的内在语,读出小女孩悲惨的结局。但也要把握好情感的分寸,毕竟从字面意思看小女孩并没有死,所以要让内在语在文字表面的意思下滚动,情感的表达要做到含而不露。

(四) 语气的运用

1. 语气的含义

语气是在朗读者的思想感情运动状态支配下的语句的声音形式。"语"是通过声音表现出来的"话语","气"是支撑声音表现出来的"气息状态"。

朗诵者可以从三个方面认识和把握语气:一是具体的思想感情在语气中处于支配的地位,它是语气的灵魂;二是语气要通过具体的声音形式来体现;三是语气以句子为单位,也就是语气是通过一个个句子展现它的不同风采或个性特征。语气中具体的思想感情包含两个方面:一是语气的感情色彩,二是语气的分量。它们是语气的灵魂。不同的感情色彩需要通过不同的声音形式来表现,两者之间是有一定规律可循的。朗读时,朗读者的感情、气息、声音状态同表达有着极为密切的关系。有什么样的感情,就会产生什么样的气息;有什么样的气息,就会有什么样的声音状态。只有将情、气、声三者融为一体,并能运用自如,才能增强有声语言的表现力。

2. 语气在朗读中的具体运用

张颂教授在《朗诵学》中对表现不同感情色彩的语气的不同特点进行了精辟的论述:
爱的感情是气徐声柔,发声时口腔宽松,气息深长;憎的感情是气足声硬,此时口腔紧窄,气息猛塞;悲的感情是气沉声缓,发声时口腔如负重,气息如尽竭;喜的感情是气满声高,发声时口腔似千里轻舟,气息似不绝清流;惧的感情是气提声凝,口腔的状态像冰封,气息像倒流;欲的感情是气多声放,口腔的状态积极敞开,气息力求畅达;急的感情是气短声促,口腔的状态似弓箭,飞剑流星,气息如穿梭;冷的感情是气少声淡,口腔的状态松软,气息微弱;怒的感情是气粗声重,口腔状态如鼓,气息如椽;疑的感情是气细声黏,口腔欲松还紧,气息欲连还断。

技能实训

1. 七根火柴(节选)

他蓦地抽回手去,深深地吸了一口气,用尽所有的力气举起手来,直指着正北方向,"好,好同志……你……你把它带给……"。

这句话是长征中一位红军战士临终前用尽最后一口气说出来的。朗读时,感情是悲壮的,气息是短促的,声音是虚弱的、断续的。最后一句的语气可以这样处理:"实声"停留在"它"字上,"带给"两字用气息托出来的"虚声"吐出。

2. 别了,我爱的中国(节选)

别了,我爱的中国,我全心爱着的中国!我倚在高高的船栏上,看着船渐渐地离岸了,船和岸之间的水面渐渐地宽了,我看着许多亲友挥着帽子,挥着手,说着:"再见,再见!"我听着鞭炮劈劈啪啪地响着,我的眼眶湿润了,我的眼泪已经滴在眼镜面上,镜面模糊了。我有一种说不出的感动。

这一作品描述了作者离开祖国时的所见所闻以及由此产生的联想,抒发了作者热爱祖国、报效祖国的强烈感情。在这一段中,表达了作者即将离开祖国时的依依不舍的离别深情。这里既有对祖国的爱,又有对离别的悲伤。朗读时,语气要低沉,声音要徐缓,仿佛负重,气息有些凝涩。

思考训练

1. 朗读下列句段,认真体会加点的词,朗读时注意形象感受的运用。

(1) 轻轻的我走了,
　　正如我轻轻的来;
　　我轻轻的招手,
　　作别西天的云彩。

　　那河畔的金柳,
　　是夕阳中的新娘;
　　波光里的艳影,
　　在我的心头荡漾。

软泥上的青荇,

　　油油的在水底招摇;

在康河的柔波里,

　　我甘心做一条水草!

(节选自徐志摩《再别康桥》)

(2) 茫茫的一片草海,一眼望不到边。大队人马已经过去了,留下一条踩得稀烂的路,一直伸向远方。

(节选自小学语文课文《草地夜行》)

2. 朗读下列短文,注意运用逻辑感受。

我常想读书人是世间幸福人,因为他除了拥有现实的世界之外,还拥有另一个更为浩瀚也更为丰富的世界。现实的世界是人人都有的,而后一个世界却为读书人所独有。由此我想,那些失去或不能阅读的人是多么的不幸,他们的丧失是不可补偿的。世间有诸多的不平等,财富的不平等,权力的不平等,而阅读能力的拥有或丧失却体现为精神的不平等。

(节选自谢冕《读书人是幸福的人》)

3. 朗读下列短文,注意内在语的运用。

我的自白书

陈　然

任脚下响着沉重的铁镣,

任你把皮鞭举得高高,

我不需要什么"自白",

哪怕胸口对着带血的刺刀!

人,不能低下高贵的头,

只有怕死鬼才乞求"自由";

毒刑拷打算得了什么?

死亡也无法叫我开口!

对着死亡我放声大笑,

魔鬼的宫殿在笑声中动摇;

这就是我——一个共产党员的"自白",

高唱凯歌埋葬蒋家王朝!

4. 朗读下列短文,注意语气的运用。

(1) 我不忍离了中国而去,更不忍在这个大时代中放弃自己应做的工作而去。许多亲爱的勇士正在用他们的血和汗建造着新的中国,正以满腔热情工作着,战斗着。我这样不负责任地离开中国,真是一个罪人!

然而,我终将在这大时代中工作的,我终将为中国而努力,而贡献我的身、我的心。我离开中国,为的是求得更好的经验,求得更好的战斗的武器。暂别了,暂别了,在各方面斗争着的勇士们,我不久将以更勇猛的力量加入到你们当中来!

(节选自郑振铎《别了,我爱的中国》)

(2)"好啦,谢天谢地!"我高兴地说,"马上就到过夜的地方啦!"

船夫扭头朝身后的火光望了一眼,又不以为然地划起桨来。

"远着呢!"

我不相信他的话,因为火光冲破朦胧的夜色,明明就在那儿闪烁。不过船夫是对的,事实上,火光的确还远着呢。

这些黑夜的火光的特点是:驱散黑暗,闪闪发亮,近在眼前,令人神往。乍一看,再划几下就到了……其实却还远着呢!……

(节选自柯罗连科《火光》,张铁夫译)

第三节　朗读的语音表达技巧训练

朗读既要受朗读者内部心理感受的支配,同时,朗读者的心理感受也必须通过外部的语音表达技巧得以实现。朗读的语音表达技巧包括语调、重音、停连、节奏等。

一、语调的运用

语调是指句子里声音高低升降的变化,是语气外在的快慢、高低、长短、强弱、虚实等各种声音形式的总和。语调一般与句子的语气紧密结合。朗读者在朗读时,如能注意语调的升降变化,语音就有了动听的腔调,听起来便具有音乐美,也能更细致地表达不同的思想感情。

语调丰富多样,主要有以下几种。

（一）高升调（↗）,前低后高,语势上升

高升调一般用来表示疑问、反问、惊异等语气,多在疑问句、反诘句、短促的命令句里使用,或者是在表示愤怒、紧张、警告、号召的句子里使用。如：

什么是永远不会回来呢？（↗）（林清玄《和时间赛跑》）（表疑问）

起来,不愿做奴隶的人们！（↗）（《国歌》）（表号召）

沉默啊！沉默！不在沉默中爆发,就在沉默中灭亡！（↗）（鲁迅《记念刘和珍君》）（表愤怒）

世界上还有比这样在敌人刑场上举行婚礼更动人的吗？（↗）（张义生《刑场上的婚礼》）（表反诘）

（二）降抑调（↘）,前高后低,语势渐降

降抑调一般用来表示肯定、坚决、赞美、祝福等感情,常用在感叹句、祈使句或表示坚决、自信、赞扬、祝愿等感情的句子里。表达沉痛、悲愤的感情,一般也用这种语调。朗读时,注意语调逐渐由高降低,末字低而短。如：

似乎每一片树叶上都有一个新的生命在颤动,这美丽的南国的树！（↘）（巴金《鸟的天堂》）（表感叹）

大嫂,请回吧！（↘）（魏巍《谁是最可爱的人》）（表祈使）

我是唯一找到真金的人！（↘）（陶猛译《金子》）（表肯定）

这些机器人这么聪明能干,看来真是果农的好帮手呢！（↘）（小学语文课文《果园机器人》）（表赞扬）

（三）平直调（→）,语调始终平直舒缓

平直调多用在叙述、说明或表示迟疑、思索、冷淡、追忆、悼念等句子里,表示庄严、悲痛、冷淡等感情。朗读时语调始终平直舒缓,没有显著的高低变化。如：

临近七月,波兰首都华沙和往年一样准备欢庆国庆节。(→)(小学语文课文《检阅》)(表叙述)

可是,我……我还没有向您请教呢……(→)(纪广洋《一分钟》)(表迟疑)

刘胡兰冷冷地回答:"不知道。"(→)(表冷淡)

(四) 曲折调(∧↗或者∨↘),句调弯曲,或先升后降,或先降后升

曲折调常用来表示讽刺、厌恶、反语、意在言外等语气,用来表示特殊的感情,如讽刺、讥笑、夸张、强调、双关、特别惊异等。朗读时句调弯曲,或先升后降,或先降后升,把句子中某些特殊的音节特别加重、加高或拖长,形成一种升降曲折的变化。如:

哟,金鱼游到他的纸上来了!(∧↗)一个女孩惊奇地叫了起来。(小学语文课文《鱼游到了纸上》)(表特别惊讶)

好个国民党政府的"友邦人士"!(∨↘)(鲁迅《友邦惊诧论》)(表讽刺)

也有解散辫子,盘得平的,除下帽来,油光可鉴,宛如小姑娘的发髻一般,还要将脖子扭几扭。实在标致极了。(∨↘)(鲁迅《藤野先生》)(表反语)

二、重音的运用

重音是指朗读或说话时,为了实现朗读目的,强调或突出的音节、词语或短语。重音可以引起听者的注意、突出重点、引发思考。重音是体现语句目的的重要手段。

(一) 重音的分类

重音有语法重音和强调重音两种。

1. 语法重音

语法重音是在不表示什么特殊的思想和感情的情况下,根据语法结构的特点,强调句子的某些部分。语法重音的位置比较固定,常见的规律是:

(1) 一般短句中的谓语部分常重读。

你的书买了吗?

全世界无产阶级,联合起来!

(2) 动词或形容词前的状语常重读。

他焦急地等着。

(3) 句子中的定语、状语、补语及兼语结构常常重读。

我这时突然感到一种异样的感觉,觉得他满身灰尘的后影,霎时高大了,而且愈走愈大,须仰视才见。而且他对于我,渐渐地又几乎变成一种威慑,甚而至于要榨出皮袍下面藏着的"小"来。

(4) 有些代词也常重读。

谁是最可爱的人。

(5) 如果一句话里成分较多,重读也就不止一处,往往优先重读定语、状语、补语等连带成分。

我们是怎样度过这惊涛骇浪的瞬息！（定语）

快把那炉火烧得通红。（补语）

值得注意的是，语法重音的强度并不十分强，只是同语句的其他部分相比较，读得比较重罢了。

2. 强调重音

强调重音又称逻辑重音或感情重音。它是为了表示某种特殊的感情和强调某种特殊意义而有意突出的音，目的在引起听者注意自己所要强调的某个部分。语句在什么地方该用强调重音并没有固定的规律，而是受说话的环境、内容和感情的支配。同一句话，强调重音不同，表达的意思也往往不同。如：

我去过上海。（回答"谁去过上海"）

我去过上海。（回答"你去没去过上海"）

我去过上海。（回答"北京、上海等地，你去过哪儿？"）

因而，在朗读时，首先要认真钻研作品，正确理解作者意图，才能较快、较准地找到强调重音之所在。

（二）强调重音与语法重音的区别

（1）从音量上看，语法重音给人的感觉只是一般的轻重区别，而强调重音则给人鲜明突出的印象。

（2）从出现的位置上看，强调重音可能与语法重音重叠，这时语法重音服从于强调重音。

（3）从确定重音的难易上看，语法重音较容易找到，在一句话的范围内，根据语法结构的特点就可以确定，而强调重音的确定却与朗读者对作品的钻研程度、理解程度紧密相连。

（三）重音的表现方式

重音不是"加重声音"的简称，重音的突出方式多种多样。重读、重捶是重音，轻读、轻拖也是重音。另外还可以用快中显慢、重中见轻、高低相间、虚实互转、前后顿歇等方法来突出重音。

技能实训

桂林山水

漓江的水真静啊，静得让你感觉不到它在流动；漓江的水真清啊，清得可以看见水底的沙石；漓江的水真绿啊，绿得仿佛那是一块无瑕的翡翠。

我们可以把"静、清、绿"三个最能让人产生形象感受的形容词读为重音。但根据作品的思想感情和意境，这三个词的重音突出方式不能用"重读"或"重捶"的方式，而应该选择"轻读"或者"轻拖"来突出，否则就会破坏漓江优美的意境。

此外，朗读者必须深入了解作品，要根据语意表达需要来确定重音。一句话中重音不宜过多，多了就会伤文害意。在朗读中，必须区分句子中哪些词是主要的，哪些词是次要的，并使次要的词从属于主要的词。一个独立完整的句子，只能有一个主要的重音。重音在语句中没有固定的格式。朗读者要从朗读目的、愿望出发，在深刻理解作品的内容和思想感情的基础上来确立重音的位置。在朗读中，要处理好重音与非重音、主要重音与次要重音的关系，要让它们体现在不同的层次上，朗读的时候要有层次感。

> **技能实训**
>
> 希望本无所谓有，无所谓无的。这正如地上的路；其实地上本没有路，走的人多了，也便成了路。
>
> 这一段话的主要重音可以放在"走的人多了"上，次要重音是"路"，非次要重音是"有""无""本没有路""成了路"。

三、停连的运用

停连是指朗读语流中声音的停歇和连接。它是有声语言表情达意的重要方法。停连一方面是朗读者在朗读时生理上的需要；另一方面是句子结构上的需要；再一方面是充分表达思想感情的需要；同时，也可给听者一个领略和思考、理解和接受的空间，帮助听者理解文章含义，加深印象。

（一）停连的分类

停连可分为生理停连、语法停连和强调停连。

1. 生理停连

生理停连即朗诵者根据气息需要，在不影响语义完整的地方做一个短暂的停歇。

> **技能实训**
>
> 遵义会议/纠正了在第五次反"围剿"斗争中/所犯的"左倾"机会主义性质的严重的原则错误，团结了党和红军，使得党中央和红军主力/胜利地完成了长征，转到了抗日的前沿阵地，执行了抗日民族统一战线的新政策。
>
> "遵义会议纠正了在第五次反'围剿'斗争中所犯的'左倾'机会主义性质的严重的原则错误"这句话太长，需要在"遵义会议、第五次反'围剿'斗争中"后面略停顿换气，这样并不会影响语义完整。

2. 语法停连

语法停连是句子、段落的语法关系所做的停连。一般来说，语法停连时间的长短同标点符号相关。如句号、问号、叹号后的停顿比分号、冒号长;分号、冒号后的停顿比逗号长;逗号后的停顿比顿号长;段落之间的停顿比句子停顿的时间长。

3. 强调停连

为了强调某一事物,突出某个语意或某种感情,在书面上没有标点、在生理上也可不做停连的地方做了停连,或者在书面上有标点的地方做了较大的停顿,这样的停连称为强调停连。强调停连是在仔细揣摩作品,深刻体会其内在含义的基础上安排的。如上例,"遵义会议"之后没有标点符号,但是为了突出"遵义会议"的地位,强调"遵义会议"在我党历史上的伟大意义,就应有一个停顿,而且比下面的其他强调停顿时间要长一些。"纠正了""团结了""使得""转到了""执行了"这些词语后面也没有标点,但为清楚显示"遵义会议"的伟大历史意义,应该停顿。

停连是朗读者思想感情的继续和延伸,而不是思想感情的中断和空白。它必须以思想感情的运动状态为前提,根据作品内容和语句目的安排停连。在朗读中,生理上需要的停顿(如换气),也必须服从于朗读的心理状态的需要,不能破坏文章意境的完美。学会停连的方法与技巧,做到"停到好处,连到妙处"可以增强有声语言的表达魅力。但如果不仔细揣度作品而任意停连,则容易使听者产生错误的理解。如:

来呵!让我们紧紧挽住雷锋的这三条刀伤的手臂吧!(贺敬之《雷锋之歌》)

有人在"三条"之后略作停顿,就会给听众造成"三条手臂"的错觉,影响理解的正确性。

我看见他对着摇曳的火头在点烟。

有人在"他"之后略作停顿,会使句子产生歧义,给听众造成"我""对着摇曳的火头在点烟"的错觉,其实不是我,是"他对着摇曳的火头在点烟"。

作品中的标点符号是朗读者安排停连的重要参考。但朗读实践告诉我们,朗读的停连不能完全受标点符号的制约。没有标点符号的地方有的也需要停连;有标点符号的地方有的则需要连接。因此,在一定的语境中,应该大胆突破语言的"标点符号",大胆根据朗读目的来停连,这样就可以克服一些固定的读书调,克服死板念字的弊病。扫码查看

> **技能实训**
>
> **和时间赛跑**
>
> 爸爸等于给我一个谜语,//这谜语/比课本上的"日历挂在墙壁,⌒一天撕去一页"使我心里着急/和"一寸光阴一寸金,⌒寸金难买寸光阴"还让我感到可怕;/也比作文本上的/"光阴似箭,⌒日月如梭"更让我觉得一种说不出的滋味。
>
> 这段话是说:这谜语比……使我心里着急和……让我感到可怕;也比……更让我觉得……滋味,如果我们只按标点符号来停顿,就会使句意不够连贯。因此,要打破标点符号所提示的停连。"日历挂在墙壁,一天撕去一页""一寸光阴一寸金,寸金难买寸光阴""光阴似箭,日月如梭"之间虽然都有逗号,但朗读时要尽量连读;而"这谜语"与"比

课本上的……"之间以及"使我心里着急"与"和'一寸光阴一寸金'还让我感到可怕……"之间虽然没有逗号,却要稍作停顿。

四、节奏的运用

节奏是在朗读中,朗读者由一定的思想感情的波澜起伏所形成的,在有声语言的表达上所显示的快与慢、抑与扬、轻与重、虚与实等种种回环交替的声音形式。节奏源于思想感情的运动状态。

(一)节奏的分类

根据声音形式的速度、力度和亮度方面的特点以及声音高低、轻重、疾徐三方面不同的对比组合关系,可以将节奏分为常见的六种类型。

轻快型:多扬,少抑,轻快,欢畅。

凝重型:多抑少扬,语音沉着,坚实有力。

低沉型:语势抑闷、沉重,语音缓慢、偏暗。

高亢型:语势向高峰逐步推进,高昂、爽朗。

舒缓型:气长而稳,语音舒展自如。

紧张型:急促、紧张,气急、音短。

技能实训

扫码查看

资源链接

1. 荷塘月色(节选)

月光如流水一般,静静地泻在这一片叶子和花上。薄薄的青雾浮起在荷塘里。叶子和花仿佛在牛乳中洗过一样;又像笼着轻纱的梦。虽然是满月,天上却有一层淡淡的云,所以不能朗照;但我以为这恰是到了好处——酣眠固不可少,小睡也别有风味的。

《荷塘月色》是舒缓型的节奏。在《荷塘月色》里,突出的是一种朦胧的美。在这恬静的月光下,作者让自己的思绪走得很远。朗读时可采用缓慢而又十分柔和的语调与作品所描绘的意境融为一体,表现出作者"淡淡的喜悦"与"淡淡的哀愁",使我们如见其人,如临其境。

2. 安塞腰鼓(节选)

看! ——捶起来就发狠了,忘情了,没命了! 百十个斜背响鼓的后生,如百十块被强震不断击起的石头,狂舞在你的面前。骤雨一样,是急促的鼓点;旋风一样,是飞扬的流苏;乱蛙一样,是蹦跳的脚步;火花一样,是闪射的瞳仁;斗虎一样,是强健的风姿。黄土高原上,爆出一场多么壮阔、多么豪放、多么火烈的舞蹈——哇安塞腰鼓!

《安塞腰鼓》是高亢型的节奏。如"骤雨一样,是急促的鼓点;旋风一样,是飞扬的流苏;乱蛙一样,是蹦跳的脚步;火花一样,是闪射的瞳仁;斗虎一样,是强健的风姿。"语言的编织密不透风,语势是起潮类的,一句紧接着一句,犹如大海中的波涛峰峰相连,一浪高过一浪,来势迅猛,不可阻挡。

节奏是立足于作品的全篇和整体的。每一种节奏类型都是对作品全局性的概括,并不是针对作品的每一句话而言,不是每一个句子都符合这一类型。在朗读中,要善于根据朗读的作品内容、具体的层次、具体的思想感情来确定节奏类型,同时又不拘泥于某种类型,根据需要,合理转换。

(二) 节奏的转换方法

朗读中的节奏必须包含抑扬顿挫、轻重缓急以及声音行进、语言流动的回环往复的特点。一篇作品,节奏转换的方法灵活多样,具体要联系全篇的节奏类型与上下文的前后承继关系来探寻具体的节奏运用。一般来说,节奏的转换方法有以下几种。

1. 欲扬先抑,欲抑先扬

一般说来,作品的主要部分需要用较浓重的色彩、较重的分量来表现。为了凸显,主要部分就要"扬",次要部分就要先"抑",反之亦然。用抑扬来区分作品的主次关系。

技能实训

繁星(节选)

(平起)三年前,在南京我住的地方有一道后门,(抑)每晚我打开后门,便看见一个静寂的夜。(渐扬)下面是一片菜园,上面是星群密布的蓝天。(略抑)星光在我们的肉眼里虽然微小,(更扬)然而它使我们觉得光明无处不在。(平而略抑)那时候我正在读一些天文学的书,也认得一些星星,好像它们就是我的朋友,它们常常在和我谈话一样。

这段话为了凸显作者对大自然的喜爱,对星星的情有独钟,需在作者看到"星群密布的蓝天""然后它使我们觉得光明无处不在"几个地方都要"扬",以表现作者对星星的喜爱之情;而其他部分属于次要部分,所以要"抑"。

2. 欲快先慢,欲慢先快

在朗读中,有时抑扬变化不大,而快慢变化就比较显著。如用较快的语速来表现急促、紧张的情势或迫切的感情,而不是这种情感的语句就应该处理得慢一些,舒缓一些,反之亦然。这样快慢的回环也可以形成一种转换的形态。

> 技能实训

迷途笛音(节选)

(中速)等他们走后,我惊慌失措地发现,再也找不到回家的那条孤寂的小道了。(渐快)像只无头的苍蝇,我到处乱钻,衣裤上挂满了芒刺。(稍快)太阳已经落山,而此时此刻,家定开始吃晚餐了,双亲正盼着我回家……(渐慢)想着想着,我不由得背靠着一棵树,伤心地呜呜大哭起来……

这段话为了表现迷途的"我"在天黑的时候迷茫而焦急的心情,语速要逐渐加快。为了体现后面的焦急,语速要形成对比,在加快的句子前后都要慢下来。

3. 欲轻先重,欲重先轻

在朗读中,轻重的变化可以包括虚实的变化。由轻转重,由实转虚,可以形成轻重相间、虚实相间的回环往复的节奏。

> 技能实训

神秘的"无底洞"(节选)

(平缓,略轻)由于濒临大海,大涨潮时,汹涌的海水便会排山倒海般地涌入洞中,形成一股湍湍的急流。(略重)据测,每天流入洞内的海水量达三万多吨。奇怪的是,如此大量的海水灌入洞中,却从来没有把洞灌满。(转轻)曾有人怀疑,这个"无底洞",会不会就像石灰岩地区的漏斗、竖井、落水洞一类的地形。(重)然而从二十世纪三十年代以来,人们就做了多种努力企图寻找它的出口,却都是(最重)枉费心机。

这段话开始是平缓叙述大海中无底洞的情况,谈到具体的"海水量"是实在的数字,应该用实在的声音、略重的感觉来表达。后面说到这个无底洞非常大,"如此大量的海水灌入洞中,却从来没有把洞灌满。"可以加重。后面表示疑问,不确定的猜测,语气转虚,声音变轻。"然而从二十世纪三十年代以来,人们就做了多种努力企图寻找它的出口,却都是枉费心机。"表达了人们无法探寻无底洞的真相的无奈,用实声重音表达。

节奏转换的方法在朗读中不是单独使用的,一定是交错、重叠使用的。运用多种转换方法,增强有声语言的节奏感,那么节奏的回环往复感也就出来了,朗读的艺术魅力也可以由此呈现。

思考训练

扫码查看
资源链接

1. 朗读下列句段,朗读时注意语调的变化。

我在俄国见到的景物再没有比托尔斯泰墓更宏伟、更感人的了。

完全按照托尔斯泰的愿望,他的坟墓成了世间最美的,给人印象最深刻的坟墓。它只是树林中的一个小小的长方形土丘,上面开满鲜花——没有十字架,没有墓碑,没有墓志铭,连托尔斯泰这个名字也没有。

(节选自茨威格的散文《世间最美的坟墓》,张仁厚译)

2. 朗读下列短文,注意重音的运用。

走不尽的山峦的起伏,河流和草原,
数不尽的密密的村庄,鸡鸣和狗吠,
接连在原是荒凉的亚洲的土地上,
在野草的茫茫中呼啸着干燥的风,
在低压的暗云下唱着单调的东流的水,
在忧郁的森林里有无数埋藏的年代。

(节选自穆旦的诗歌《赞美》)

3. 下面是郭小川的《团泊洼的秋天》这首诗的最后一段,进行朗读练习,注意语法停顿和强调停顿。

请听听吧,这是战士/一句句从心中//掏出的话。

团泊洼,团泊洼,你真是那样/静静的吗?

是的,团泊洼是静静的,但那里/时刻都会//轰轰爆炸!

不,团泊洼是喧腾的,这首诗篇里/就充满着//嘈杂。

4. 读出下列短文中的重音,注意读好主要重音、次要重音和非次要重音。

在历史时代,国家间经常发生对抗,好男儿戎装卫国。国家的荣誉往往需要以自己的生命去换取。但在和平时代,唯有这种国家间大规模对抗性的大赛,才可以唤起那种遥远而神圣的情感,那就是:为祖国而战!(节选自冯骥才《国家荣誉感》)

5. 朗读下列短文,注意节奏的转换和运用。

听 潮

海睡熟了。

大小的岛拥抱着,偎依着,也静静地恍惚入了梦乡。

许久许久,我俩也像入睡了似的,停止了一切的思念和情绪。(舒缓型)

不晓得过了多少时候,远寺的钟声突然惊醒了海的酣梦,它恼怒似的激起波浪的兴奋,渐渐向我们脚下的岩石掀过来,发出汨汨的声音,像是谁在海底吐着气,海面的银光跟着晃动起来,银龙样的。接着我们脚下的岩石上就像铃子、铙钹、钟鼓在奏鸣着,而且声音愈响愈大起来。(语势渐起)

没有风。海自己醒了,喘着气,转侧着,打着呵欠,伸着懒腰,抹着眼睛。因为岛屿挡住了它的转动,它狠狠地用脚踢着,用手推着,用牙咬着。它一刻比一刻兴奋,一刻比一刻用劲。岩石也仿佛渐渐战栗,发出抵抗的嗥叫,击碎了海的鳞甲,片片飞散。(逐步向高峰推进)

海终于愤怒了。它咆哮着,猛烈地冲向岸边袭击过来,冲进了岩石的罅隙里,又拨剌着岩石的壁垒。

音响就越大了。战鼓声,金锣声,呐喊声,叫号声,啼哭声,马蹄声,车轮声,机翼声,掺杂在一起,像千军万马混战了起来。(高昂、爽朗)

银光消失了。海水疯狂地汹涌着,吞没了远近大小的岛屿。它从我们的脚下扑了过来,响雷般地怒吼着,一阵阵地将满含着血腥的浪花泼溅在我们的身上。(高亢型)

第四节　诗歌的朗读训练

诗歌是朗读中最为常见的文学样式，在我国有着悠久的历史。澎湃的激情、飞腾的想象、深邃的思想、明快的韵律是诗歌的四大特征。诗歌的语言极为凝练而具有一定的跳跃性，常用精练、形象、富有节奏感和音乐性的语言，用比兴、夸张、拟人、反复等表现手法，通过丰富的想象，抒发情感，创造鲜明的形象和深远的意境，概括性地反映现实生活。要朗诵好诗歌，就必须抓住诗歌的特点，深入理解诗歌的内容，进入诗歌的意境，通过思索、想象，引发浓烈的感情，因境抒情，以具体、形象的语言表达出意境。同时还要注意表现诗歌美的韵律、突出诗歌的节奏。诗歌的朗读有以下几个特点。

一、用声音塑造独特意境

一首好诗常常把我们带入一种优美的艺术意境。诗歌的意境是通过对富于特征的事物的描绘，与诗人内在的意境有机地结合而创造出来的情景交融、含义深远的生活画面。"意"实际上就是诗人蕴涵在景物中的强烈的思想感情，"境"即诗歌中描绘的具体景物和画面。朗读者在朗读时要展开联想，全心投入这样的画面，使自己仿佛看到了这一事物的清晰图景，如见其人、如闻其声、如临其境，运用形象感受在自己心中树立鲜明的内心视象，并沉浸在诗境中。这样才能将听众也引入诗人所描绘的情景、形象之中，让听众"看"到、"闻"到、"听"到，使听众也能如临其境。

技能实训

早发白帝城
李　白

朝辞白帝彩云间，
千里江陵一日还。
两岸猿声啼不住，
轻舟已过万重山。

扫码查看
资源链接

这首诗是李白在流放夜郎途中遇赦所写。诗歌表达了作者在绝望中看到希望和光明的欢快、激昂的感情。这种情感是通过白帝城的彩云、三峡两岸的猿声以及飞驰的轻舟来表现的。朗诵这首诗歌时，用重音突出能引起听众形象感受的词"朝、彩云、千里、一日、猿声、啼、轻舟、过"，用声音塑造诗人给我们描述的独特意境，把诗人在典型环境中（流放中遇赦）的典型感受（绝望中有了希望）表达出来，使听众感受到李白在绝望中看到光明与希望的欢快、激昂的感情。

二、用语气抒发浓烈诗情

诗不以传达感知为目的,而以抒发情思为使命。诗歌是抒情的艺术,没有澎湃的激情就没有诗。我国古代就有"诗言志"一说,其实就是说诗歌是以表达作者的生活感受和生活态度为主的,是作者强烈爱憎的体现。所以,朗读者在朗读诗歌时,要特别重视对作品情感的充分表达,抒发浓烈的情感。

要在朗读中抒发浓烈的感情,朗读者必须准确地把握诗中情感及其变化。首先,了解诗歌的写作背景、目的,具体感受诗人所要表达的思想感情,甚至要对诗人的生平、创作心态及创作背景等诸多方面加以了解,对作品的思想感情有整体的把握,用积极的心态去感受作品的思想情感,去体会诗人的心灵感受,并深深地为诗歌中的情感所打动,这样朗读时所体现的情感就会是发自肺腑的真感情,才会真正感染听众。其次,要理解诗人的情感,还可以在朗读前反复吟咏,在对作品反复的吟咏中培养和激发自己真挚、热烈、健康、高尚的情感。

> **技能实训**
>
> ### 我爱这土地
>
> 假如我是一只鸟,
> 我也应该用嘶哑的喉咙歌唱:
> 这被暴风雨所打击着的土地,
> 这永远汹涌着我们的悲愤的河流,
> 这无止息地吹刮着的激怒的风,
> 和那来自林间的无比温柔的黎明……
> ——然后我死了,
> 连羽毛也腐烂在土地里面。
>
> 为什么我的眼里常含泪水?
> 因为我对这土地爱得深沉……
>
> 这首诗作于1938年,当时正值国难当头,饱经沧桑的祖国正遭受日寇铁蹄的践踏。作为诗人的艾青,坚定地汇入民族解放斗争的洪流中,成为时代的"吹号者"。作者目睹祖国的山河破碎、生灵涂炭,对祖国爱得越深,心中的痛苦就越深。在朗读这首诗歌时,要理解诗人的这种情感,就要了解诗歌的写作背景,具体感受在那个苦难时代诗人内心极大的痛苦以及对苦难祖国强烈的热爱。

三、用内在语彰显丰富内涵

诗歌反映现实生活,语言洗练凝缩,在极短的篇幅里用最精辟的语言和颇鲜明的形象,高度集中地概括最典型、最有特征性、最激动人心的事件、生活。所以朗读者要善于挖掘和开垦诗歌的丰富内涵,直到心里出现比诗歌本身多好几倍的词句,并使句与句之间、段与段之间没有空白,才能读出诗歌丰富的思想感情。

技能实训

长征·七律

毛泽东

红军不怕远征难,万水千山只等闲。
五岭逶迤腾细浪,乌蒙磅礴走泥丸。
金沙水拍云崖暖,大渡桥横铁索寒。
更喜岷山千里雪,三军过后尽开颜。

这首诗歌把长征这幅壮阔的历史画面、空前的革命斗争,凝缩在精炼的八句诗中。全诗充满了兴奋喜悦的心情,节奏流畅明快,一气呵成。这首诗歌包含了丰富的内涵:红军在长征途中所遇到的无数令人难以想象的困难,飞夺泸定桥时的惊险和浴血奋战,以及红军巧渡金沙江的艰辛,翻越草地、征服雪山后的喜悦等,充分表现了红军不畏艰险,主动向困难进攻的高度的革命乐观主义精神。朗读这首诗歌时,朗读者要结合诗义,了解和掌握与诗歌有关的全部背景,联系诗中每一个意象,得悉其所指与内涵,直到心里出现比诗歌本身多好几倍的词句、意象,使每一句诗之间都没有空白,才可能读出诗歌丰富的思想感情,给人以有益的启示和美好的艺术享受。

四、用节奏表现优美韵律

诗歌的语言精练含蓄,富有节奏感和音韵美。诗歌的韵律,是诗歌语言的特殊表现形式。韵律,是指合乎规格的相同或相似的声音(即相同或相近的韵母的字),又叫押韵。它在诗歌里反复出现,主要表现在声音的强弱和长短上。声音的强弱表现在重音的交替上,声音的长短表现在音节停顿的安排上。这样就给诗歌的声音组合,造成了回环相押、抑扬顿挫的音乐美。另外,诗歌一般分行排列,具有一定规律的停顿与间歇,这样的语言往往富有音乐美和节奏感。旧体的格律诗如此,新体诗也大都如此,它们都具有鲜明的节奏与和谐的韵律,读来琅琅上口,悦耳动听。同时,诗歌优美的韵律也使诗歌更富有感情色彩。在朗读的时候,要尽量使声音的高低快慢、强弱轻重,语调的抑扬顿挫,符合诗歌的语言规律,使音调的高低、音量的大小、声音的强弱、速度的快慢,有对比、有起伏、有变化,使整个朗读犹如一曲优美的乐章,体现出诗歌的音乐美和节奏美。

技能实训

春 晓

孟浩然

春眠/不觉/晓,处处/闻/啼鸟。
夜来/风雨/声,花落/知/多少。

朗读这首格律诗,要注意吐字清晰,读出诗的节奏。每行诗句都可处理为三处停顿,因此,朗读时要注意在诗歌相同的地方稍作停顿(要注意声停气不停,声断情不断),以体现诗歌的回环往复的节奏美。"晓、鸟、少"是诗歌的韵脚,朗读时必须注意韵脚的呼应,切不可含糊带过。对韵脚要适当加以强调,读得清晰响亮,略带吟诵的味道,给人以和谐优美、委婉动听之感。

每一首好的诗歌都是一件完美的艺术品。要读好它,需要将前面所说的几个方面综合运用,才能将诗歌的意境准确地传达给听众。

技能实训

小花鹿

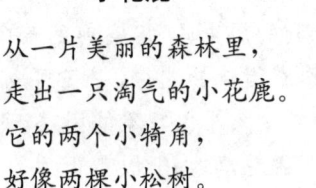

从一片美丽的森林里,
走出一只淘气的小花鹿。
它的两个小犄角,
好像两棵小松树。

"小树"摇一摇,
小鹿走一步;
"小树"摇两摇,
小鹿走两步。

活泼的小山羊,
告诉蹦蹦跳跳的小白兔,
"快看,快看,
快看会走路的小松树!"

这是一首儿歌,充满纯真稚嫩的儿童情趣,活泼而欢快。在朗读时,语气应始终轻快活泼。

这首诗一开始就给大家一个鲜明的形象,"从一片美丽的森林里,走出一只淘气的小花鹿"。而且这只小花鹿的调皮就在"它的两个小犄角,好像两棵小松树"。朗读这一小节时,要注意运用形象感受,用重音突出"美丽、淘气、小犄角、小松树",以突出小花鹿的活泼与调皮,语调轻快、活泼。三、四句是对小花鹿的具体描述,要连接得更快一点,把小花鹿活泼淘气的形象像放电影一样,轻快地展现在听众面前。

第二节要强调"一摇、一步、两摇、两步",以突出大家的好奇。

最后一节,用笑着的语气,欢快地说出小山羊的话,以表现小动物们的好奇。"快看,快看"要用急促的语气来读,以读出小山羊对会走路的小松树的好奇。"会走路的小松树"要用语调加以突出,以表现小山羊的怀疑与好奇。

总之,朗读诗歌时,要注意节奏鲜明,并根据作品的基本节奏采取相应的速度。该轻快的要朗读得轻快些,该沉重的要读得沉稳些。就一首诗来说,朗读的速度也不是固定不变的,而是要根据表现作品内容的需要来决定,并具有一定的变化。

思考训练

1. 朗读下列诗歌,说说如何读出诗歌的情感,再现诗歌的意境。

再别康桥

徐志摩

轻轻的我走了,
正如我轻轻的来;
我轻轻的招手,
作别西天的云彩。

那河畔的金柳,
是夕阳中的新娘;
波光里的艳影,
在我的心头荡漾。

软泥上的青荇,
油油的在水底招摇;
在康河的柔波里,
我甘心做一条水草!

那榆阴下的一潭,
不是清泉,是天上虹;
揉碎在浮藻间,
沉淀着彩虹似的梦。

寻梦?撑一支长篙,
向青草更青处漫溯。
满载一船星辉,
在星辉斑斓里放歌。

但我不能放歌,
悄悄是别离的笙箫;
夏虫也为我沉默,
沉默是今晚的康桥!

悄悄的我走了，
正如我悄悄的来；
我挥一挥衣袖，
不带走一片云彩。

2. 以小组为单位，找出各自最喜欢的诗歌来朗读，并相互指出优点和缺点。

第五节　散文的朗读训练

散文,是最自由最灵活的一种文体,它通过记人、写景或状物来抒发作者的思想感情,揭示社会意义。它取材广泛,涉猎宽阔,内容丰富,形式灵活。篇幅不长但寓意深远,给人以启迪。这种启迪是在委婉中隐约流露的,它很少说教。朗读散文能开阔视野,丰富知识,陶冶情操,提高思想境界,培养高尚的生活情趣。朗读散文时要紧扣散文的特点,以情运气,以气托声,以声传情。朗读时语气要自然,节奏要明快,以情感人,因事明理。

要读好散文,应注意以下几点。

一、抓住作品主线

主线就是贯穿作品的或显露或隐藏的文章脉络。主线不明,层次不清,朗读的文章就会像满盘的珠子,虽也熠熠发光,却让人找不出头尾。散文中的线索,变化万千,有的以人为线索,有的以事为线索,有的以景物为线索,有的以象征性事物为线索,有的则以作者的思想活动和感情变化为线索,朗读者必须注意把握。散文贵在"形散而神不散",比起小说来,人物不集中、事件不系统,这就给朗读者把握作品中心带来了困难。但是,只要把握了散文"形散神不散"的特点,理出线索,抓住关键,把握住作品的总意图、总倾向,作品的中心就容易挖掘出来。

> **技能实训**
>
> **白杨礼赞(节选)**
>
> 它没有婆娑的姿态,没有屈曲盘旋的虬枝,也许你要说它不美。如果美是专指"婆娑"或"横斜逸出"之类而言,那么白杨树算不得树中的好女子;但是它却是伟岸,正直,朴质,严肃,也不缺乏温和,更不用提它的坚强不屈与挺拔,它是树中的伟丈夫!当你在积雪初融的高原上走过,看见平坦的大地上傲然挺立这么一株或一排白杨树,难道你就只觉得树只是树,难道你就不想到它的朴质,严肃,坚强不屈,至少也象征了北方的农民;难道你竟一点儿也不联想到,在敌后的广大土地上,到处有坚强不屈,就像这白杨树一样傲然挺立的守卫他们家乡的哨兵!难道你又不更远一点想到,这样枝枝叶叶靠紧团结,力求上进的白杨树,宛然象征了今天在华北平原纵横决荡,用血写出新中国历史的那种精神和意志。
>
> 茅盾的《白杨礼赞》,借赞美白杨树而赞美我国北方的农民,赞美我们民族解放斗争中不可缺少的质朴、坚强以及力求上进的精神。朗读这篇文章时,始终要记住,作者赞美白杨树,实际上是为了赞扬中国共产党及其领导下的中国人民的坚强不屈的伟大抗战精神。

二、抓住情感线索

朗读散文,不仅要把握文章的中心、主题,也要扣住作者思想感情的脉络,披文入情,抓住感情表达的线索,沿着作者在作品中所倾注的感情深入作品中去,以情引情,才能达到以情感人的目的。散文的写情是多种多样的,如直接抒情、借景抒情、托物传情等。有的感情明朗外露,有的感情含蓄内蕴,有的炽烈,有的温柔。针对感情表达的不同特点,朗读时应采用不同的表现方法。如含蓄内蕴的可读得深沉,情感炽烈的可读得热烈激昂,温柔敦厚的可读得舒缓轻柔。

技能实训

荷塘月色(节选)

曲曲折折的荷塘上面,弥望的是田田的叶子。叶子出水很高,像亭亭的舞女的裙。层层的叶子中间,零星地点缀着些白花,有袅娜地开着的,有羞涩地打着朵的;正如一粒粒的明珠,又如碧天里的星星。微风过处,送来缕缕清香,仿佛远处高楼上渺茫的歌声似的。这时候叶子与花也有一丝的颤动,像闪电般,霎时传过荷塘的那边去了。叶子本是肩并肩密密地挨着,这便宛然有了一道凝碧的波痕。叶子底下是脉脉的流水,遮住了,不能见一些颜色;而叶子却更见风致了。

朱自清的《荷塘月色》,表达的是在"四一二"反革命政变以后的白色恐怖中,作者不满现实却又找不到出路,幻想超越现实却又无法超脱的矛盾的苦闷。这种情感,既是创作《荷塘月色》的思想基础,又是贯穿全文的情感脉络,所以作者的文章虽然是写景,但是处处都寄寓了这种感情、这种心境。因此,朗读时要仔细体会作者在幽怨宁静、声色俱全的画卷中寄寓的淡淡忧愁。发挥联想,既不可读得过于高兴,也不可读得过于忧伤。声音要舒缓,语气略显低沉,但整个语调要平实,才可以体现出淡淡的忧伤。

三、发掘语言之美

散文没有动人的情节,没有激烈的矛盾,也不像诗歌那样有优美和谐的韵律,但散文有自己的语言特征。或庄或谐,或藏或露,或委婉或平直,或纤浓或散淡,散文以富有表现力的语言,创造了丰富可感的形象。所以,要仔细品读散文的语言,抓住关键的字、词、句,细细体会它们的妙处,从而在朗读中读出散文语言的声韵之美、本色之美。

技能实训

荷塘月色(节选)

月光如流水一般,静静地泻在这一片叶子和花上。薄薄的青雾浮起在荷塘里。叶子和花仿佛在牛乳中洗过一样;又像笼着轻纱的梦。虽然是满月,天上却有一层淡淡的云,所以不能朗照;但我以为这恰是到了好处——酣眠固不可少,小睡也别有风味的。月光是隔了树照过来的,高处丛生的灌木,落下参差的斑驳的黑影,峭楞楞如鬼一般;弯弯的杨柳的稀疏的倩影,却又像是画在荷叶上。塘中的月色并不均匀;但光与影有着和谐的旋律,如梵婀玲上奏着的名曲。

> 朗读这一段,要重点把握文章语言的妙处。月光本是无形的,但作者却通过比喻、拟人等方法,给无形的月光以生动可感的形象。作者运用了"虽然……却……所以……但……固……也"几个转折复句,曲折而委婉地传达了素淡朦胧的月色带给人的淡淡喜悦,给人以一种极高的审美享受。

在朗读散文时,还要注意散文中常有人物出现,有时是作者自己,有时是其他人物。在朗读这些人物的语言时,不要刻意去模拟人物的声音,不应单纯考虑用什么样的音色说话,人物语言的处理要求写意化。所谓写意化,就是以人物的精神境界、思想深度为重点,同时照顾到人物的性格特征、年龄大小和人物之间的关系。人物的对话一定是为立意服务的,所以朗读散文中的人物语言,只要做到传神即可。

思考训练

扫码查看
资源链接

1. 按照案例分析读好示例中的散文。
2. 说说朗读要注意什么,然后认真体会张抗抗的散文《牡丹的拒绝》,朗读好这篇散文。

牡丹的拒绝

其实你在很久以前并不喜欢牡丹。因为它总被人作为富贵膜拜。后来你目睹了一次牡丹的落花,你相信所有的人都会为之感动:一阵清风徐来,娇艳鲜嫩的盛期牡丹忽然整朵整朵地坠落,铺散一地绚丽的花瓣。那花瓣落地时依然鲜艳夺目,如同一只被奉上祭坛的大鸟脱落的羽毛,低吟着壮烈的悲歌离去。牡丹没有花谢花败之时,要么烁于枝头,要么归于泥土,它跨越萎顿和衰老,由青春而死亡,由美丽而消遁。它虽美却不吝惜生命,即使告别也要留给人最后一次惊心动魄的体味。

所以在这阴冷的四月里,奇迹不会发生。任凭游人扫兴和诅咒,牡丹依然安之若素。它不苟且不俯就不妥协不媚俗,它遵循自己的花期自己的规律,它有权利为自己选择每年一度的盛大节日。它为什么不拒绝寒冷?!

天南海北的看花人,依然络绎不绝地涌入洛阳城。人们不会因牡丹的拒绝而拒绝它的美。如果它再被贬谪十次,也许它就会繁衍出十个洛阳牡丹城。

于是你在无言的遗憾中感悟到,富贵与高贵只是一字之差。同人一样,花儿也是有灵性、有品位之高低的。品位这东西为气为魂为筋骨为神韵只可意会。你叹服牡丹卓尔不群之姿,方知"品位"是多么容易被世人忽略或漠视的美。

3. 朗读小学语文课文《桂林山水》。

桂林山水

人们都说:"桂林山水甲天下"。我们乘着木船荡漾在漓江上,来观赏桂林的山水。

我看见过波澜壮阔的大海,玩赏过水平如镜的西湖,却从没看见过漓江这样的水。漓江的水真静啊,静得让你感觉不到它在流动;漓江的水真清啊,清得可以看见江底的沙石;漓江的水真绿啊,绿得仿佛那是一块无瑕的翡翠。船桨激起的微波扩散出一道道水纹,才让你感觉到船在前进,岸在后移。

我攀登过峰峦雄伟的泰山,游览过红叶似火的香山,却从没看见过桂林这一带的山。桂林的山真奇啊,一座座拔地而起,各不相连,像老人,像巨象,像骆驼,奇峰罗列,形态万千;桂林的山真秀啊,像翠绿的屏障,像新生的竹笋,色彩明丽,倒映水中;桂林的山真险啊,危峰兀立,怪石嶙峋,好像一不小心就会栽倒下来。

这样的山围绕着这样的水,这样的水倒映着这样的山,再加上空中云雾迷蒙,山间绿树红花,江上竹筏小舟,让你感到像是走进了连绵不断的画卷,真是"舟行碧波上,人在画中游"。

4. 以小组为单位,找出各自最喜欢的散文来朗读,并相互指出优点和缺点。

第六节　小说的朗读训练

小说是描述故事情节、塑造人物形象的一种文学体裁。它以刻画人物为中心,以具体的环境描写和完整的故事情节,以及复杂的矛盾冲突,广泛而深刻地反映社会生活。它取材广泛、源远流长,故事情节可以曲折多变,奇峰突起,也可以平淡如水,娓娓道来;可以描写重大历史事件,也可以描写现实生活小事;作品中既有性格突出的典型人物,也有普通的芸芸众生。

朗读小说,需要多种技巧,相比其他的体裁,难度稍大,可以从以下几个方面着手。

一、注意人物的刻画,体现人物的个性

小说以刻画人物为中心,因此朗读时读好这些刻画人物的文字,就是抓住了朗读的关键。

在处理人物性格时,朗读者可以从人物的外形与内心两个方面去把握。外形即人物的音容笑貌、举止言谈、穿着打扮;内心即人物的精神状态、待人方式、情绪变化。把外形与内心紧密结合起来,就可以使人物形神兼备、栩栩如生。

技能实训

蒲柳人家

何大学问人高马大,膀阔腰圆,面如重枣,浓眉朗目,一副关公相貌。

望日莲就像那死不了花,在饥饿、虐待和劳苦中发育长大,模样儿越来越俊俏,身子越来越秀美。干爹和干娘疼她,一年也给她做一身新衣裳,她穿上新衣裳就更好看。

花鞋杜四,是一条人蛆,一块地癞,抽大烟抽得人瘦小枯干,三分不像人,七分倒像鬼。这两年,他入了会道门,脖子上挂着一串念珠儿,吃起了素,开口闭口阿弥陀佛。

这是小说《蒲柳人家》中三个人物的肖像描写,体现了三个人物的不同个性,朗读时应该有三种不同的处理。为了体现何大学问的粗犷豪爽,朗读时声音要洪亮,字字铿锵;为了体现望日莲的娇柔秀美与顽强,语气要柔中带刚;为了体现花鞋杜四虚伪的丑恶嘴脸,朗读时要适当夸张那些让人生厌的词语"人蛆""地癞""鬼",通过重音来表现强烈的厌恶感。

小说中的人物语言,是表现人物性格的重要标志。在优秀的小说作品中,各个人物都有自己性格化的语言。在朗读小说的人物语言时,必须把握人物的不同性格、人物的不同心情、待人接物的不同方式、人物语言的发展和变化,区别出人物的"这一个"和"那一个"、同一人物的此时和彼时,力求做到"闻其声如见其人"。在朗读两个人物对话时,声音色彩要有区别;同一人物在不同情况下说的话,也要从语气上加以区别。人物的语言,在朗读时要与叙述、描写语言有区分,不能相混。叙述、描写语言就像朗读者自己的话,自始至终

语气一致,心理过程连贯,声音气息前后统一。人物语言出现在叙述中间时,叙述的语言与人物的对话要用明显不同的语气表达。小说中人物的语气,可以根据小说对人物的介绍、描写来设计,每一个人物都可以设计出基本的语气,以后在朗读到这个人物的语言时,根据语境的变化以原先设计的基本语气为原型,再稍做一点不大的变动,这样可以使人物的个性前后保持一致。

一般说来,豪爽乐观的人物语言在朗读时音色要宽厚粗犷,音量要大,一字一顿,干脆利落,声音有力度,语速较快,语气热情明快;奸猾狡诈的人物语言声音尖利,阴阳怪气,声音细滑而没有力度;年老的人声音迟缓而无力,音色较暗;年少的孩童说话声音清脆而明亮,语速较快。总之,要善于根据不同人物的性格特征用有声语言来刻画人物的不同个性。

技能实训

故乡(节选)

哈!这模样了!胡子这么长了……

不认识了么?我还抱过你咧!……

忘了?这真是贵人眼高……

阿呀呀,你放了道台,还说不阔?你现有三房姨太太,出门便是八抬的大轿,还说不阔?吓,什么都瞒不过我。

阿呀阿呀,真是愈有钱,便愈是一毫不肯放松,愈是一毫不放松,便愈有钱……

这是鲁迅《故乡》中的人物——杨二嫂的语言,生动地体现了她的性格特点——泼辣、尖刻,又有些油嘴滑舌。朗读时要注意把握这个人物的个性特征,在声音的处理上可以尖声尖气、怪声怪气,音色纤细,语调多用曲折调,向上向下的滑音多,给人一种矫揉造作又有点自命清高的瞧不起人的感觉。

初学朗读者,必须深入挖掘不同人物的不同个性特征。只要人物的语言表达贴切,人物形象就会生动感人。另外,尽管小说中出现了各种不同身份、不同性格的人物,朗读时也不能去一一扮演这些人物,只要朗读者在自己的表达上更多地注意由这一人物到另一人物之间的转换,就能表现出不同人物的心理发展变化及性格特色,而不要从表面上去扮演这些人物。

二、注意景物的描写,体现小说鲜明的场景

小说中的环境是作者抒发情感的依托,对人物及事件有烘托、突出的作用,不同的环境有不同的色调,朗读时,感情色调、语气语调也要随之变化。如社会环境的描写,是对人物活动的时间、地点、背景的交代,朗读时语调较平稳,感情色彩较淡;衬托人物心境的环境描写,朗读时要与当时的情感变化一致;而对于人物在一定场合相互发生关系而构成的生活图景,朗读时要抓住环境中的气氛,注入情感,绘声绘色地进行描述,使听众如临其境。

> 技能实训

骆驼祥子(节选)

6月15那天,天热得发了狂。太阳刚一出来,地上已经像下了火。一些似云非云似雾非雾的灰气低低地浮在空中,使人觉得憋气。一点风也没有。祥子在院子里看了看那灰红的天,喝了瓢凉水就走出去。

街上的柳树像病了似的,叶子挂着层灰土在枝上打着卷;枝条一动也懒得动,无精打采地低垂着。马路上一个水点也没有,干巴巴地发着白光。便道上尘土飞起多高,跟天上的灰气联接起来,结成一片毒恶的灰沙阵,烫着行人的脸。处处干燥,处处烫手,处处憋闷,整个老城像烧透了的砖窑,使人喘不过气来。狗趴在地上吐出红舌头,骡马的鼻孔张得特别大,小贩们不敢吆喝,柏油路晒化了,甚至于铺户门前的铜牌好像也要晒化。街上非常寂静,只有铜铁铺里发出使人焦躁的一些单调的丁丁当当。拉车的人们,只要今天还不至于挨饿,就懒得去张罗买卖:有的把车放在有些阴凉的地方,支起车棚,坐在车上打盹;有的钻进小茶馆去喝茶;有的根本没有拉出车来,只到街上看看有没有出车的可能。那些拉着买卖的,即使是最漂亮的小伙子,也居然甘于丢脸,不敢再跑,只低着头慢慢地走。每一口井都成了他们的救星,不管刚拉了几步,见井就奔过去,赶不上新汲的水,就跟驴马同在水槽里灌一大气。还有的,因为中了暑,或是发痧,走着走着,一头栽到地上,永不起来。

祥子有些胆怯了。拉着空车走了几步,他觉出从脸到脚都被热气围着,连手背上都流了汗。可是见了座儿他还想拉,以为跑起来也许倒能有点风。

这一段文章的景物描写着力渲染了烈日暴晒下的炎热,是为了衬托祥子拉车的痛苦生活。在烈日下为生活所迫的祥子与车夫们不得不在烈日下痛苦地拉车,他们的精神面貌通过"病了似的""无精打采地低垂着"的景物描写体现。朗读时,语调要低沉,节奏要沉稳,声音音量不大,抑扬起伏也不要太大,声音偏暗。

三、注意故事的起因、发展、高潮和结局,体现层层推进的情节

情节是小说的要素之一,它有起因、发展、高潮和结局。不管情节如何复杂,朗读者都应有机地将情节层层推进。

要推进情节,首先应把握好与情节相关的情感变化。小说的艺术魅力在于以情动人。作品中人物的感受,情感的宣泄,往往成为朗读小说时揭示主题的重要部分。因此,朗读者要把理智的分析融进形象的表达,并以符合生活逻辑的感情把形象细腻丰满地展现出来。有了充沛的感情,就能把声音的感情带出来,这就叫以情带声。如果感情一时出不来,千万不要硬挤或做作,那样只会收到相反的效果。其次要注意根据情节的起伏变化,统筹设计好与情节相应的音量、力度、音色等声音形式和语气、节奏、语调等各种技巧,将情节层层推进,吸引听众。

思考训练

1. 按照朗读示例的说明读好示例中的小说片段。
2. 朗读鲁迅的《一件小事》,注意小说朗读的技巧。

一件小事

鲁 迅

  我从乡下跑到京城里,一转眼已经六年了。其间耳闻目睹的所谓国家大事,算起来也很不少;但在我心里,都不留什么痕迹,倘要我寻出这些事的影响来说,便只是增长了我的坏脾气,——老实说,便是教我一天比一天的看不起人。

  但有一件小事,却于我有意义,将我从坏脾气里拖开,使我至今忘记不得。

  这是民国六年的冬天,大北风刮得正猛,我因为生计关系,不得不一早在路上走。一路几乎遇不见人,好容易才雇定了一辆人力车,教他拉到S门去。不一会,北风小了,路上浮尘早已刮净,剩下一条洁白的大道来,车夫也跑得更快。刚近S门,忽而车把上带着一个人,慢慢地倒了。

  跌倒的是一个女人,花白头发,衣服都很破烂。伊从马路上突然向车前横截过来;车夫已经让开道,但伊的破棉背心没有上扣,微风吹着,向外展开,所以终于兜着车把。幸而车夫早有点停步,否则伊定要栽一个大斤斗,跌到头破血出了。

  伊伏在地上;车夫便也立住脚。我料定这老女人并没有伤,又没有别人看见,便很怪他多事,要自己惹出是非,也误了我的路。

  我便对他说,"没有什么的。走你的罢!"

  车夫毫不理会,——或者并没有听到,——却放下车子,扶那老女人慢慢起来,搀着臂膊立定,问伊说:

  "你怎么啦?"

  "我摔坏了。"

  我想,我眼见你慢慢倒地,怎么会摔坏呢,装腔作势罢了,这真可憎恶。车夫多事,也正是自讨苦吃,现在你自己想法去。

  车夫听了这老女人的话,却毫不踌躇,仍然搀着伊的臂膊,便一步一步的向前走。我有些诧异,忙看前面,是一所巡警分驻所,大风之后,外面也不见人。这车夫扶着那老女人,便正是向那大门走去。

  我这时突然感到一种异样的感觉,觉得他满身灰尘的后影,刹时高大了,而且愈走愈大,须仰视才见。而且他对于我,渐渐的又几乎变成一种威压,甚而至于要榨出皮袍下面藏着的"小"来。

  我的活力这时大约有些凝滞了,坐着没有动,也没有想,直到看见分驻所里走出一个巡警,才下了车。

  巡警走近我说,"你自己雇车罢,他不能拉你了。"

  我没有思索地从外套袋里抓出一大把铜元,交给巡警,说,"请你给他……"

  风全住了,路上还很静。我走着,一面想,几乎怕敢想到自己。以前的事姑且搁起,这一大把铜元又是什么意思？奖他么？我还能裁判车夫么？我不能回答自己。

　　这事到了现在，还是时时记起。我因此也时时煞了苦痛，努力的要想到我自己。几年来的文治武力，在我早如幼小时候所读过的"子曰诗云"一般，背不上半句了。独有这一件小事，却总是浮在我眼前，有时反更分明，教我惭愧，催我自新，并且增长我的勇气和希望。

一九二○年七月

第七节　寓言的朗读训练

寓言大都是以简短的结构、鲜明的形象、夸张与想象的艺术手法，用比喻故事说明某种哲理，从而达到教育或讽刺目的的文学作品。

寓言一般都带有劝谕或讽刺的意味，故事结构大多简约，主人公可以是人，也可以是动物或植物。主题大多是借此喻彼，借古喻今，借小喻大，借近喻远，寓深刻的道理于简单的故事中。朗读寓言，最重要的是揭示寓言的寓意，要注意寓言的不同形象的把握。

一、大胆夸张，用语言突出寓言中人物形象

寓言多是以人、动物、植物等作为形象化主体表现作品寓意与立意的，具体形象的生动、鲜明甚或夸张可以给人留下深刻的印象。寓言夸张与对比更强于别的作品，所以朗读寓言要大胆运用夸张的艺术手法，有声有色、活灵活现地体现作品的艺术情趣和魅力。朗读时的感觉、思考、判断、神态、形体和声音，包括眼神和气息，都适当地夸张和放大，尤其要增强人物的性格特色和强烈的目的性。这种夸张决不单纯是外部形式的夸张，朗读者必须具备高度的真实感和信念感，只有这样，才能产生艺术真实的感染力。值得注意的是，千万不要为夸张而夸张。大喊大叫、眉飞色舞、矫揉造作，都不是真正的夸张手法。要力求做到：有夸张而不失真实，有风趣而不欠含蓄，创造出既生动又可信的语言形象。

技能实训

狼和小羊

狼来到小溪边，看见小羊正在喝水。

狼非常想吃小羊，就故意找碴儿，说："你把我喝的水弄脏了，你安的什么心？"

小羊吃了一惊，温和地说："我怎么会把您喝的水弄脏呢？您站在上游，水是从您那儿流到我这儿来的，不是从我这儿流到您那儿去的。"

狼气冲冲地说："就算这样吧，你总是个坏家伙！我听说，去年你在背地里说我的坏话！"

可怜的小羊喊道："啊，亲爱的狼先生，这是不可能有的事儿，去年我还没有生下来呢！"

狼不想再争辩了，龇着牙，逼近小羊，大声嚷道："你这个小坏蛋！说坏话的不是你，就是你爸爸，反正都一样！"说着就往小羊的身上扑去。

人们想做坏事，是不难找到借口的。

寓言中的狼和小羊都被人格化了，狼是蛮横无理、气急败坏以及凶狠残暴，小羊是据理争辩和善良弱小，它们的动作、语言以及内心的活动都很有特点，活灵活现，跃然纸

上。在朗读的时候,要抓住狼与小羊的不同特点,大胆运用夸张的艺术手法,有声有色、活灵活现地表现它们不同的品性,揭示最后的寓意:"人们想做坏事,是不难找到借口的。"

二、形神兼备,用声音和态势,形象化人物性格

在朗读寓言的时候,应尽量做到形神兼备。朗读者在再创造的过程中,要对作品中的人、动物、植物等的具体形态、拟人化特征、与外界的关系、目的和行为产生联想,要用有声语言来展示不同的形象,如柔弱、凶残、善良、骄傲、卑下、固执、犹豫、贪婪、怯懦、勇敢、正直等。朗读时在表情、眼神上也要注意情感的流露和表现。这样,才能形神兼备,使寓意清晰明朗。

技能实训

我要的是葫芦

从前,有个人种了一棵葫芦。细长的葫芦藤上长满了绿叶,开出了几朵雪白的小花。花谢以后,藤上挂了几个小葫芦。多么可爱的小葫芦哇!那个人每天都要去看几次。

有一天,他看见叶子上爬着一些蚜虫,心里想,有几个虫子怕什么!他盯着小葫芦自言自语地说:"我的小葫芦,快长啊,快长啊!长得赛过大南瓜才好呢!"

一个邻居看见了,对他说:"你别光盯着葫芦了,叶子上生了蚜虫,快治一治吧!"那个人感到很奇怪,他说:"什么?叶子上的虫还用治?我要的是葫芦。"

没过几天,叶子上的蚜虫更多了。小葫芦慢慢地变黄了,一个一个都落了。

这则寓言告诉了我们事物之间是有联系的,不能只顾"结果"而忽略了"过程"。朗读时,要注意形神兼备。"自言自语"突出了那个人对小葫芦的盼望,但他却只重"葫芦"这样的结果,对邻居好心的劝告只是"奇怪"。在朗读时要用声音、表情、眼神等来体现他的盼望、奇怪,最后的结果要用失望的语气和降抑调,突出结果与他期望的截然相反。

三、主线分明,注重对比突出寓意

寓意的揭示是朗读寓言的核心任务,朗读中要始终记住它。始终记住它。在寓言朗读中,朗读者心中始终要有一条主线,那就是寓言要歌颂什么,批评什么,表达什么样的思想感情。心里有了这一任务,在设计作品中的形象时,就会有所顾忌。朗读时就不会只追求外部形态的逼真而忽略了形象的本质和核心的内容。如在朗读《狼和小羊》时,狼的形象是凶狠残暴的,小羊是弱小善良的。小羊在争辩时,理由越充足,性情越善良,狼的凶残本性就越能充分暴露。因此,狼的声音应该是高声大叫,而小羊则是温和地争辩,这样才能更好地揭示文章的寓意:在残暴者那里,强权即真理。

思考训练

1. 听音频,想一想音频中的寓言是如何使用夸张来突出寓意从而使寓言更形神具备的。

亡羊补牢

从前有一个牧民,养了几十只羊,白天放牧,晚上把羊赶进一个用柴草和木桩等物围起来的羊圈内。一天早晨,这个牧民去放羊,发现羊少了一只。原来羊圈破了个窟窿,夜间有狼从窟窿里钻了进来,把一只羊叼走了。

邻居劝告他说:"赶快把羊圈修一修,堵上那个窟窿吧。"他说:"羊已经丢了,还去修羊圈干什么呢?"他没有理解邻居的好心劝告。

第二天早上,他去放羊,发现又少了一只羊。原来,狼又从窟窿里钻进羊圈,叼走了一只羊。这个牧民很后悔没有认真听取邻居的劝告及时修补羊圈。于是,他赶紧堵上那个窟窿,又从整体进行加固,把羊圈修得牢牢实实的。

从此,这个牧民的羊就再也没有被野狼叼走过了。

牧民的故事告诉我们:犯了错误、遇到挫折,这是常见的现象。只要能认真吸取教训,及时采取补救措施,就能够避免继续犯错误,遭受更大的损失。

2. 朗读下面的寓言,要注意读出寓言朗读技巧的运用。

狐狸和乌鸦

乌鸦在大树上搭了个窝。大树下边有个洞,洞里住着一只狐狸。

有一天,乌鸦飞到很远很远的地方找吃的,它找到一片肉,叼了回来,站在窝旁边的树枝上,心里非常高兴。

这时候,狐狸也出来寻找食物。它抬头一看,看见了乌鸦嘴里叼着的肉,馋得直流口水。

狐狸眼珠转了一转,就笑着对乌鸦说:"您好,我亲爱的邻居。"乌鸦没有理睬狐狸。

狐狸又说:"亲爱的乌鸦,您的孩子还好吗?"乌鸦看了狐狸一眼,还是没有吭声。

狐狸又说:"亲爱的乌鸦,您的羽毛真美丽,您的嗓音真好听,谁都爱听您唱的歌。您唱几句让我欣赏欣赏吧!"

乌鸦听了狐狸赞美的话,像吃了蜜一样,得意极了,就唱起歌来。"哇——",它刚一张嘴,肉就掉了下来。

狐狸叼起肉,钻回洞里去了。

这个故事就是说:坏人不怀好意的赞美只是为了达到邪恶的目的,所以在这样的赞美面前,我们一样要保持警惕。

本章小结

本章介绍了朗读的要求，朗读中形象感受、逻辑感受、内在语、语气等内在感受的运用，重音、语调、停连、节奏等外部语音技巧的运用，以及各种文体的朗读方法的运用等。通过具体的案例分析，对朗读技巧进行训练，以期通过朗读锻炼教师的语言表达，提升有声语言表现力。

拓展阅读

（一）理论拓展

查阅下列书籍与文章进行拓展学习：

[1] 张颂. 朗读学[M]. 北京：中国传媒大学出版社，2010.
[2] 李俊文. 播音主持艺考朗诵教程[M]. 北京：中国传媒大学出版社，2014.
[3] 林素韵，胡敏. 朗诵主持演讲[M]. 长沙：湖南师范大学出版社，1998.
[4] 崔新月. "情景再现法"在初中古诗词教学中的应用[J]. 辽宁教育，2013(1).
[5] 滕云. 给浅表性朗读会诊、把脉[J]. 教学管理，2008(8).
[6] 王宗海. 感情朗读教学细审：意涵、怪象与突破[J]. 南京晓庄学院学报，2020(1).
[7] 辛旭东，冉艾灵. 情景再现法在朗读教学中的运用——以《掌声》为例[J]. 语文建设，2020(18).
[8] 许冰. 指向文本意义的朗读教学[J]. 陕西教育（教学版），2020(4).

（二）实训拓展

1. 课后拓展朗读下列作品，注意这些作品的词语、段落，注意理清脉络层析，注意容易读错的字词，尽量熟悉到可以流畅朗读。

（1）杏林子的《朋友及其他》
（2）陈然的《我的自白书》
（3）穆旦的《赞美》

扫码查看资源链接

2. 说说这些作品的情感基调是什么？作品的情感高潮在何处？如何表现？

3. 模拟训练。

下面是鲁侍萍回忆往事、揭露周朴园罪恶的两段话，一段是相认前、一段是相认后。相认前后，鲁侍萍的怨愤之情由克制到逐渐显露，说话的语气和态度也起了变化，试用不同的语气朗读。

相认以前——

她是个下等人，不很守本分的。听说她跟那时周公馆的少爷有点不清白，生了两个儿子。生了第二个，才过三天，忽然周少爷不要她了。大孩子就放在周公馆，刚生的孩子她抱在怀里，在年三十夜里投河死的。

相认以后——

哼，我的眼泪早哭干了，我没有委屈，我有的是恨，是悔，是三十年一天一天我自己受的苦。你大概已经忘了你做的事了！三十年前，过年三十的晚上我生下你的第二个儿子才过三天，你为了要赶紧娶那位有钱有门第的小姐，你们逼着我冒着大雪出去，要我离开你们周家的门。

4. 朗读《祖国啊，我亲爱的祖国》《别了，我爱的中国》，注意朗读技巧的综合运用。
5. 运用朗读技巧，举办一场班级朗诵会。
6. 任选中小学语文教材中一篇课文的某一段，设计如何对学生进行朗读指导。

第四章　教师讲故事技能训练

章首语

故事是深受大众喜爱的一种文学形式,也是每个人成长历程中不可缺少的一部分。一个好故事,不仅可以吸引学生注意力、增加课堂生动度、丰富情感体验,而且能够传递教师教育理念、浸润学生心灵、引领学生成长。因此,讲故事是教师必须掌握的一项基本技能。

本章提要

本章主要帮助学生了解讲故事的概念,能够对故事的情节进行加工改编;学会根据人物个性为人物设计不同的声音,用声音体现人物的个性化;根据故事需要,设计讲故事时的态势语,能够在讲述故事的同时运用态势语的技巧形象表现故事。综合运用各项基本技能,生动形象、绘声绘色地讲好故事。

情景导入

著名儿童教育家孙敬修先生曾说:"一个生动故事的教育作用,要比单纯地要求、命令、说教效果好得多。"故事能够寓教于乐,无论故事的风格是幽默或是睿智,是嘲讽或是深邃,在故事的传授过程中,教师都能更加靠近学生的内心世界,从而使学生潜移默化地受到教育和启发。

第一节　讲故事前的准备

一、精心选材,熟悉内容

在讲述故事时,要选择有吸引力、深浅适度,符合听众口味的故事内容。一般而言,好的故事脉络清晰流畅、情节曲折生动、人物形象鲜明突出、趣味性强、有吸引力。

正式讲述前,要准确地找到故事的中心意义,抓住每段话的主要思想,弄清语句的轻重主次,把握住语句中的思想逻辑,摸透其中的来龙去脉。这样在讲故事时才不致把话说得支离破碎,叫人难以捉摸。

二、理解主题,明确目标

讲故事既有娱乐性,又有教育性。选择故事时要符合教育目的,要有一定的教育意义。讲故事的人通过绘声绘色地讲述,告诉听众什么是真善美,什么是假恶丑。听故事的人在生动有趣的故事中感受过程、获得知识。

三、看清对象,选择方式

面对不同的人,故事内容的选择和讲述的方法是不同的。师范生主要面对的是中小学生,所以要有针对性,讲述时可以适当夸张,吸引学生的注意力。根据讲述对象的不同和故事内容的不同,讲故事有"文讲"和"武讲"之分。

(一) 文讲

"文讲"动作幅度小,语调适中,表情含蓄,情感传递丝丝入扣。这种讲法适用于日常生活故事、神话故事、民间爱情故事等,适用对象为小学高年级学生和中学学生。

(二) 武讲

"武讲"的表情、动作适度夸张,语气、语调变化较大,并有鲜明的拟声造型等。这种讲法适用于战斗故事、侦破故事、历史故事等,适用对象为低年级和幼儿园的小朋友。

四、适当加工,力求生动

从报纸、书籍、网络上获得的故事材料,多以文字的形式呈现,这些文本符合人们的阅读习惯,却不一定适合讲述。因而,在讲故事前,讲述者还需要将故事材料改编成更符合讲述要求的文本。

(一) 删

对于篇幅比较长的故事,故事中有些细节或过程与主要情节无关,可删去。把故事讲述的重点放在故事的主干上,使故事紧凑些,有些不利听众的内容也要删去,以免产生不好的影响。

(二) 增

对于篇幅比较短的故事,改编时可以适当扩充增加一些内容或细节,如细致刻画人物的动作、表情、内心感受等,使得故事具体生动、跌宕多姿。

(三) 改

第一,改书面语为口头语,把长句拆开或缩减成短句,把陈述性语言改成具体生动的描述性语言,做到词语口语化、句式口语化、形象具体化。

案例分析

小猪找朋友

小猪往前走,看见前面有一只长耳朵、短尾巴、红眼睛的小白兔,就高兴地喊:"小白兔,我和你玩好吗?"

改编:小猪走着走着,忽然,看见前面有一只小白兔,长长的耳朵,短短的尾巴,红红的眼睛,哇!好漂亮啊!于是啊就高兴地喊起来:"喂,小白兔,我和你一起玩儿,好吗?"

这段改编体现了语言改编的几个要求,"小猪往前走"改编成"小猪走着走着",语言更为生活化;句子"看见前面有一只长耳朵、短尾巴、红眼睛的小白兔"改为"看见前面有一只小白兔,长长的耳朵,短短的尾巴,红红的眼睛",一方面对句式进行调整,长句改为短句,更符合日常讲述的习惯,另一方面,叠词的使用,也使形象更加具体和富有童趣;改编后的故事还加入了"哇"、"啊"一类的语气词,既可以调整讲述的节奏,也使故事讲述起来更加口语化。

第二,改编开头和结尾。讲故事要做到先声夺人,余味无穷,因而对故事的头尾进行改编非常必要。

案例分析

提问式开头:小朋友,你们都知道孙悟空吗?孙悟空手里使的兵器叫金箍棒。你们知道他的金箍棒是从哪儿来的吗?现在我们来听一听《孙悟空大闹水晶宫》的故事。

对于故事的开头,我们可以采用提问式改编,即先提一个使听众感兴趣的问题,引起听众的思考。提问时,语调要上扬,停顿时间稍长一点。

介绍式开头:大家都知道西瓜是吃瓤而不是吃皮儿的。可是那些猴子是不是知道吃西瓜是吃瓤的呢?下面来一起听一个《猴子吃西瓜的故事》。

介绍式开头,适合于节选的故事,或是根据某一个故事续编的故事,即先把故事的起因介绍一下,然后把前后连贯起来,使听众有一个完整的印象。

议论式开头:要想成功地做好一件事,我们必须要学会团结合作,互帮互助,不能斤斤计较,推卸责任。故事《三个和尚》就说了这样一群和尚,他们自私自利,互不相让,终酿成大祸。

议论式开头,即针对教育目的,简单地阐述一个道理。这样既引起听众兴趣,又便于更好地发挥讲故事的教育作用。

故事结尾的方法,可视故事长短而定,长故事一次讲不完,可用突然刹车的方式在关键的地方停下来,给听众留下悬念,常用的是"要知后事如何,且听下回分解"。

案例分析

高潮式结尾,即在故事情节、情绪氛围渲染到最高点时结尾,言尽而意不止,加深听众对故事的印象,引发听众强烈的共鸣。故事《猴吃西瓜》中,众猴子争论西瓜到底该吃皮还是吃瓤,从短尾巴猴提出吃西瓜要吃皮,到老猴子不懂装懂地提议西皮吃皮,再到猴王装模作样地宣称吃西瓜就该吃皮,直到旁边的猴人云亦云的一句话"西瓜嘛,就是这个味儿",情绪渲染到最高点时故事戛然而止,让人感到这群猴子愚蠢到了极点,既好笑又耐人寻味。

"小朋友,你们说,母鸡的话对吗?"——《小土坑》

"小朋友,你们知道那只鸟的教训到底是什么呢?"——《白头翁的故事》

提问式收尾,讲述者可以在故事结尾处提出问题,以启发听众思考故事中的思想意义。

"唉,谁叫他们上课不专心呢!"——《上课》

"等猪八戒醒来,它已经变成一个非常聪明的新猪八戒啦!"——《猪八戒换脑袋》

总结性收尾,即讲述者在结尾处直接告诉听众故事的深层含义,进而受到启发。

(四)问

改编时应有意加入停顿、设问等内容以增加讲述时的互动性。增加互动可以最大限度地调动观众的积极性,让他们积极参与其中,使讲述取得更好的效果。如增加设问:"你们猜猜接下来发生了什么?""这可怎么办呢?"在提问的同时,巧妙地加入手势和动作制悬疑,引起听众的兴趣,与听众形成良好的互动,吸引听众注意力。

思考训练

扫码查看
资源链接

一、观看视频《狼来了》并讨论:讲述者从哪些角度改编了故事?

二、仔细阅读作品《狐狸和乌鸦》,理清故事的基本脉络。

1. 为这篇故事进行开头、结尾、语言、内容上的改编。
2. 改编故事情节,使故事更加具有吸引性。

狐狸和乌鸦

狐狸在树林里找吃的,他来到一棵大树下,看见乌鸦正站在树枝上,嘴里叼着一块肉。狐狸馋得直流口水。

他眼珠一转,对乌鸦说:"亲爱的乌鸦,您好吗?"乌鸦没有回答。

狐狸陪着笑脸说:"亲爱的乌鸦,您的孩子好吗?"乌鸦看了狐狸一眼,还是没有回答。

狐狸又摇摇尾巴说:"亲爱的乌鸦,您的羽毛真漂亮,麻雀和您比起来,可就差得多了。您的嗓子真好,谁都爱听您唱歌,您就唱几句吧!"

乌鸦听了狐狸的话,非常得意,就唱了起来。

"哇——"他刚一开口,肉就掉了下来。

狐狸叼起肉,一溜烟跑掉了。

3. 小组交流讨论与训练

(1) 学生以小组为单位交流讨论,互相阅读各自的改编故事。

(2) 小组派代表展示成果,师生共同分析改编故事的优缺点。

第二节 讲故事时的声音特点

讲故事是一门有声语言艺术。作为展开故事情节、表现人物性格的重要手段，一个故事讲得是否吸引人、是否生动，与我们的有声语言技巧有很大关系。

讲故事的语调要适当变化。讲故事应运用抑扬顿挫、灵活多变的语气语调叙述情节，刻画人物，再现情景，解说事理。这样才能把故事讲述得生动有趣、引人入胜。例如说到高兴处，语调上扬、气满声高，以烘托出兴奋热烈的气氛；讲到悲伤处，语调下抑、气沉声缓，以显示出压抑的情感气氛；讲到危急处，声音适当压低，衬托出紧张的气氛，等等。

讲故事的节奏要适宜。要根据故事情节的发展和听者的接受能力确定说话的节奏。一般说来，故事开头要从容不迫，以便把听者引入故事的情境。而后节奏可以加快，到高潮处或紧要关头，更应适当加速，以烘托出紧张气氛。结尾时可放慢节奏，以中速为宜，有时也可快速推进戛然而止。

讲故事时要善用拟声词，模拟动物叫声或自然声响，将环境特点鲜明地表现出来，如风雨声、流水声、脚步声、撞击声、敲门声、射击声、风吹树叶的沙沙声等。对自然环境的适当模拟，有助于渲染气氛，烘托环境。模拟动物所发出的声音，可以收到逼真的效果，给人如临其境、如见其人、如闻其声的感觉。如风的声音"呼……"，声音绵长稳重；雨的声音"哗啦……"，声音清脆轻快；羊的叫声"咩……"，声音尖细带有颤音；鸭子的叫声"嘎……"，"嘎"音反复出现，声音扁平粗厚。

讲故事的人物语言要有个性变化。故事里的人物在年龄、性格等方面各不相同，个性鲜明，讲述故事时要为人物设计一种最适合他（她、它）的固有的发音腔调，通过有声语言把他们区分开来。例如，小孩说话声音高而细、吐字靠前、语速较快，老人说话声音低而粗、吐字靠后、语速缓慢；刚直豪爽的人，说话声音厚实、吐字饱满有力，善良柔弱的人，说话声音半虚半实、吐字轻缓……声音造型的运用要恰当地表现人物性格，贵在神似，不必追求逼真，更不必拿腔捏调。在故事中，观（听）众能够借助这种特有的"音腔"将该人物与故事中的其他人物区别开来。只有这样，听众才能真切感受到故事中的人物形象。

案例分析

在钱儿爸所讲述的故事《西游记》选段中，讲述者一人分饰众角，用不同的声音演绎了唐僧、孙悟空、猪八戒、沙和尚的不同个性。模拟诚心向佛的唐僧时，发音点居中，气息平稳，声音端庄稳重；模拟聪明幽默、本领高超的孙悟空时，发音舌位靠前，声音偏尖偏细，语调多变；模拟贪吃懒惰的猪八戒时，发音点偏中后，气息粗重，语速偏慢；模拟心地善良、任劳任怨的沙僧时，发音点居中，气息厚重，说话语速偏慢。

> **技能实训**

两只笨狗熊

狗熊妈妈有两个孩子,一个叫大黑,一个叫小黑,它们长得挺胖,可是都很笨,是两只笨狗熊。

有一天,天气真好,哥儿俩手拉着手一起出去玩儿。它们走着,走着,忽然看见路边有一块干面包,捡起来闻闻,嘿,喷喷香。可是只有一块干面包,两只小狗熊怎么吃呢?大黑怕小黑多吃一点,小黑也怕大黑多吃一点,这可不好办呀!

小黑说:"咱们分了吃,可要分得公平,我的不能比你的小。"

大黑说:"对,要分得公平,你的不能比我的大。"

哥儿俩正闹着呢,狐狸大婶来了,它看见干面包,眼珠骨碌碌一转,说:"噢,你们是怕分得不公平吧,让大婶来帮你们分。"哥儿俩说:"好,好,咱们让狐狸大婶来分吧。"

狐狸大婶接过干面包,恨不得一口吞下去,可是它没有这样做,它把干面包分成两块,哥儿俩一看,连忙叫起来:"不行!不行!一块大,一块小。"狐狸大婶说:"你们别着急,瞧,这一块大一点吧,我咬它一口。"狐狸大婶张开大嘴巴,咬了一口。哥儿俩一看,又叫起来了:"不行,不行,这块大的被你咬了一口,又变成小的了。"

狐狸大婶说:"你们急什么呀,那块大了我再咬它一口吧。"狐狸大婶张开大嘴巴又咬了一口,哥儿俩一看,急得叫起来:"那块大的被你咬一口,又变成小的了。"狐狸大婶就这样这块咬一口,那块咬一口,干面包只剩下小手指头那么一点儿了。它把一丁点大的干面包分给大黑和小黑,说:"现在两块干面包都一样大小了,吃吧,吃吧,吃得饱饱的。"

大黑和小黑你看看我,我看看你,一句话也说不出来。

小朋友说说看,它们是不是两只笨狗熊?

在这个故事中,大黑、小黑和狐狸大婶的个性各不相同,大黑年纪稍大,憨厚愚蠢;小黑年纪稚嫩,霸道笨拙;狐狸大婶一边讨好兄弟俩,一边暗地里使坏心眼儿。根据这些特征,我们可以对人物做不同的声音设计,大黑发音舌位靠中,声音平、慢、厚重,甚至有些结巴,着重表现其憨、笨的特点;小黑发音舌位靠前,声音高、细、稍快,表现其霸道的性格;狐狸发音时面带微笑,声音尖细、语气做作,语调曲折,语速适中,表现其圆滑奸刁,笑里藏刀的性格特点。

思考训练

1. 阅读故事《东郭先生和狼》,分析主要角色的性格。
2. 根据人物个性为人物设计不同的声音,用声音体现人物的个性化,注意加入适当的拟声词。
3. 注意讲述时的声音、语气、停顿、节奏等变化。

东郭先生和狼

从前,有一位东郭先生。这一天,他牵着毛驴出门了,毛驴的背上还驮着一口袋书。忽然,一只神色慌张的狼蹿了出来,把东郭先生吓坏了。没想到,狼却跪在了东郭先生面前,一把鼻涕一把泪地说:"先生,您快救救我吧……猎人在后面就要追上来了!"

东郭先生看见狼这副可怜相,心里犹豫着是救还是不救。狼着急了,看了看毛驴背上的口袋,说:"您就把我藏在这个口袋里吧,我躲过了这次劫难,一定报答您的救命之恩!"听了这话,东郭先生的心软了,答应了狼的请求。于是,东郭先生把口袋里的书都倒了出来,让狼钻进去,然后把袋口系紧了。

这时,猎人追上来了,问东郭先生:"先生,您有没有看见一只狼?"东郭先生故作镇定地摇着头说:"没看见,没看见。"

等猎人走远了,东郭先生长舒了一口气,解开袋口,把狼放了出来。狼一边舒展着身体,一边恶狠狠地大声对东郭先生说:"先生,我现在可是饿坏了,你心肠这么好,就让我吃了你吧!"说着,就张着血盆大口向东郭先生扑过去。

东郭先生又怕又气,赶快往毛驴身后躲,嘴里喊着:"你这只恶狼,我刚才好心救了你的命,你现在却要吃我?"就在这危急的时刻,来了一位拄着拐杖的老人。东郭先生像见到救星一样,赶忙拉住老人,把刚才发生的事情讲了一遍,要老人给评评理。狼也走过来,为自己辩解着:"您别听他胡说八道,他刚才把我塞进口袋里,害得我在里面闷得喘不上气来,这样的人我难道不该把他吃掉吗?"

老人想了想,说:"你们都认为自己有理,我也不好判定谁是谁非。这样吧,你们把刚才的情形再做一遍让我看看。"狼觉得老人说的话有道理,就又钻进了东郭先生的口袋里,东郭先生又把袋口系紧了。老人立刻举起拐杖狠狠地朝狼打去。

这下,东郭先生终于明白了,他感谢老人救了他的命。

4. 小组交流讨论与训练。
(1) 学生以小组为单位交流讨论,互讲故事。
(2) 小组派代表展示成果,教师示范或者音频示范,师生共同探讨。

第三节 讲故事时的态势语言

要把故事讲好,特别是要表现出人物性格,我们常常还要借助一些态势语。一方面可以恰当地运用表情来"再现"故事人物的表情,另一方面还可以运用手势及身体其他部位的动作来模拟人物的动作形态或其他事物的形态,这样,既可以吸引听众的视觉,又可以帮助听众形象地理解故事内容。适当的态势语言,不仅有助于帮助听众理解讲述者的意图,而且能够使讲述者的表达方式更加丰富,表达效果更加直接。

设计表情动作时,首先需要注意的便是人的面部表情,面部的眉毛、眼睛、嘴巴、鼻子、舌头和面部肌肉的综合运用,可以向对方传递自己丰富的心理活动,如愁眉苦脸、眉头紧锁、扬眉得意、眉飞色舞、双目怒视、嗤之以鼻等。面部表情中,讲故事时的眼神交流也十分重要。都说眼睛是心灵之窗,而眼神的作用则是通过这扇"窗户"来传达出我们内心世界的信息。讲故事时要尽量看着听众说话,和听众的目光构成实在性的接触,这样才能使听众看到讲述者的目光,感受到讲述者的真情实感。好的眼神交流一方面增强了双方的感情联系,另一方面讲述者可以通过察言观色,掌握听众的情绪和心理变化,迅速地获得听众的反应,从而灵活调整故事内容。

其次,在设计表情动作时,我们要根据故事情节进行设置,表情动作应和故事情节的要求相吻合,自然得体,恰如其分,注意生动流畅,切忌扭捏作态,简单模拟。如故事《两只笨狗熊》中讲道"拣起来闻闻,嗯,喷喷香"时,讲述者可以双手作拿面包状,同时头略低深吸气作"闻"状,然后眼睛看着观众,夸张地赞叹"嗯,喷喷香",以突出人物角色的贪吃馋嘴以及憨实笨拙。而在设计狐狸如"眼珠子咕噜噜一转""微笑"等表情动作时,则应该灵巧多变,以突出人物角色的奸诈狡猾。

再次,设计表情动作时,动作幅度不宜过大,不能等同于舞台表演,有表演色彩即可。讲故事时的态势语既不同于舞台表演,也不是日常生活中的原始动作,是对原始动作进行概括、美化而形成的。如表现"红红的眼睛",可以将头稍向左前方倾斜一点,右手食指在面前(约 20 cm)作指眼状,不要两手食指和拇指围成圈紧贴在眼睛前,这样既不雅观也不符合故事情节。表现"眼珠子咕噜噜一转"时,也不需要眼珠子一直乱转,以免显得滑稽可笑,只需略微夸张地转动一轮,足以表情达意。

设计表情动作时,儿童化的态势语多为"小手小脚",更为符合孩童的生理特性,也使得表演更加的贴切生活。如表现"伸懒腰"的态势语时,无需将双手彻底放开,只略作弯曲伸开示意即可;而表现"跑来跑去",更不能在舞台上真实地东追西跑,而应该稍微摆臂,略微快速地挪动双脚,让台下观众明白"跑步"的含义即可。

最后,设计表情动作不宜过多。做菜不能没有盐,但放多了也就不可口了,这就是"物极必反"的道理。讲故事时动作运用过多,效果也会适得其反。如"有两只小鸭子在水里游"这句话,如果一连设计三个动作:伸出右手的食指和中指表示两只;两手迭放在嘴边模拟鸭子嘴;两臂在体侧摆动作游泳状,这显然是太多了,失去了强调重点、渲染气氛的意义。

案例分析

观看故事《小魔女蓝小鱼》，讲述者在讲故事时眼睛始终关注着台下的听众，有很好的交流感，面部表情丰富多变，配合上设计的手势语，使得故事的展示更加活泼、生动。

技能实训

骄傲的大公鸡

大公鸡在草地上散步，看到两只蛐蛐在吹牛，一只蛐蛐说："我明天要吃掉一棵大柳树，你相信不？"另外一只蛐蛐说："这有什么了不起，瞧我明天一口吞下一头大驴子！"

讲这个故事时，模仿第一只蛐蛐说话，可瞪大眼睛，身体前倾，表现怕别人不相信的样子。模仿第二只蛐蛐说话时，可用不屑一顾的表情，如撇嘴、斜视等，并且身体后仰，用手拍胸脯，表现自以为是的样子。

思考训练

1. 阅读故事《猴吃西瓜》，分析角色性格。
2. 根据人物个性为故事设计自然生动的态势语，也可以根据提示运用态势语。
3. 请讲述这个故事，注意故事要讲得生动形象。

猴吃西瓜

猴王找到个大西瓜，可是怎么吃呢？这个猴子是从来（摇头）也没吃过西瓜的。

忽然，他想出了一条妙计。他把所有的猴儿都召集到一块儿，对大家说（双手后背）："今天我找到一个大西瓜（双手比拟西瓜的形状），这个西瓜的吃法嘛，我是全知道的（晃一下脑袋），不过我要考验一下你们的智慧，看你们谁能说出西瓜的吃法，要是说对了，我就多赏他一份儿（和颜悦色地抬起手来）；要是说错了，我可要惩罚他（瞪眼，右手向右前方点一下）。"

小毛猴一听，挠了挠腮说（挠头）："我知道，我知道，吃西瓜是吃瓤儿的。"

"不对！"一只短尾巴猴说（摇头），"我不同意小毛猴的意见！我清清楚楚地记得，上次我和我爸爸到姑妈家吃过甜瓜，吃甜瓜是吃皮的。我想，（神情认真）西瓜是瓜，甜瓜也是瓜，当然也吃皮的啦！"

大家一听，觉得都有道理。可到底谁对呢？（摊手）于是都不由得把眼光转到年岁最大的老猴身上。（眼睛向斜上方看）

老猴一看，觉得出头露脸的机会来了，就清了清嗓子说道（清嗓子状）："吃西瓜嘛，当然……是吃皮啦。我从小就吃西瓜,而且一直吃皮,我想我之所以老而不死,就是吃了西瓜皮的缘故(得意地摇头晃脑)!"

听老猴这么一说,猴子们都喊叫起来:"对,吃西瓜吃皮!吃西瓜吃皮!"(握拳挥动)

猴王一看大家都说吃西瓜是吃皮,就以为真正的答案找出来了。他大着胆子对大家说:"你们大家说得都对,(自信地、肯定地)吃西瓜是吃皮。哼,只有小毛猴说错了,(冷漠地)那就让它吃瓤,我们大家都吃(双手搅一下)西瓜皮。"说着拿起刀"咔嚓"一下把西瓜剖开。小毛猴吃瓤儿,大伙儿共分西瓜皮。

吃着吃着,一只小猴子觉得不是味儿,就捅了捅旁边的猴说:"哎,我说,这东西怎么不好吃呀(皱眉、吐舌)?"

"那,那是你吃不惯。我过去常吃西瓜,西瓜嘛,(不以为然地挥一下手)就是这个味儿。"

4. 小组交流讨论与训练。

(1) 学生以小组为单位交流讨论,互讲故事。

(2) 小组派代表展示成果,教师示范或者音频示范,师生共同探讨。

本章小结

讲故事是教师在教学中常用的教学手段之一。由于讲故事是在众人面前的一种表演,因而要做到亲切、自然、吐字清楚、感情丰富,模仿对话要力求逼真、动作神态要惟妙惟肖,要体现不同角色的性格特点,使听众如临其境、如闻其声、如见其人。

拓展阅读

一、理论拓展

查阅下列书籍与文章进行拓展学习:

[1] 杰克·哈特. 故事技巧叙事性非虚构文学写作指南[M]. 叶青,曾轶峰译. 北京:中国人民大学出版社,2012.

[2] 李静纯. 小学英语故事教学[M]. 北京:外语教学与研究出版社,2013.

[3] 李毓佩. 数学童话集[M]. 北京:海豚出版社,2018.

[4] 刘海涛,王林发. 故事教学的规则与方式[M]. 福州:福建教育出版社,2016.

[5] 卡迈恩·加洛. 会讲故事才是好演讲[M]. 任烨,译. 北京:中信出版社,2018

[6] 成尚荣. 故事中的儿童立场[J]. 人民教育,2013(5).

[7] 陈明光. 教师要学会讲故事[J]. 中国培训,2007(10).

[8] 傅修延. 人类为什么要讲故事——从群体维系角度看叙事的功能与本质[J]. 天津社会科学,2018(4).

[9] 冯锐,杨红梅. 基于故事的深度学习探讨[J]. 全球教育展望,2010(11).

二、实训拓展

1. 课后为你的同学讲述这些故事,注意分析故事人物性格和特点,设计个性化的声音和态势语。

(1)《小马过河》

马棚里住着一匹老马和一匹小马。

有一天,老马对小马说:"你已经长大了,能帮妈妈做点事吗?"小马连蹦带跳地说:"怎么不能?我很愿意帮您做事。"老马高兴地说:"那好哇,你把这半口袋麦子驮到磨坊去吧。"

小马驮起麦子,飞快地往磨坊跑去。跑着跑着,一条小河挡住了去路,河水哗哗地流着。小马为难了,心想:我能不能过去呢?如果妈妈在身边,问问她该怎么办,那多好啊!

它向四周望望,看见一头老牛在河边吃草。小马嗒嗒嗒跑过去,问道:"牛伯伯,请您告诉我,这条河,我能蹚过去吗?"老牛说:"水很浅,刚没小腿,能蹚过去。"

小马听了老牛的话,立刻跑到河边,准备蹚过去。突然,从树上跳下一只松鼠,拦住他大叫:"小马,别过河,别过河,河水会淹死你的!"小马吃惊地问:"水很深吗?"松鼠认真地说:"深得很呢!昨天,我的一个伙伴就是掉进这条河里淹死的!"

小马连忙收住脚步,不知道怎么办才好。他叹了口气,说:"唉!还是回家问问妈妈吧!"小马甩甩尾巴,跑回家去。妈妈问:"怎么回来啦?"小马难为情地说:"一条河挡住了,我……我过不去。"妈妈说:"那条河不是很浅吗?"小马说:"是啊!牛伯伯也这么说。可是松鼠说河水很深,还淹死过他的伙伴呢!"妈妈说:"那么河水到底是深还是浅?你仔细想过他们的话吗?"小马低下了头,说:"没……没想过。"妈妈亲切地对小马说:"孩子,光听别人说,自己不动脑筋,不去试试,是不行的。河水是深是浅,你去试一试就会明白了。"

小马跑到河边,刚刚抬起前蹄,松鼠又大叫起来:"怎么,你不要命啦!"小马说:"让我试试吧。"他下了河,小心地蹚了过去。原来河水既不像老牛说的那样浅,也不像松鼠说的那样深。

(2)《鸭妈妈找蛋》

农场里的鸡啊鹅啊都会生蛋,可鸭妈妈生的蛋最好看,圆溜溜亮晶晶,谁见了都说鸭妈妈长得好看,生的蛋也这么漂亮。鸭妈妈听了,别提有多高兴了。她乐得嘎嘎嘎笑:"嗯,这是我生的蛋呀!"

可是,鸭妈妈有个毛病。她呀,老爱忘事,刚生过蛋就忘了蛋在哪儿了,所以她常常找不到自己生的蛋。于是,大家经常看到鸭妈妈到处慌慌张张地找蛋。

"哎呀,我的蛋呢!我把蛋生在哪儿了?"这不,鸭妈妈又忘了把蛋生在哪儿了。于是她在墙根下跑来跑去地找,墙里墙外怎么也找不着。她向鹅大婶打听:"鹅大婶,你看见我的蛋了吗?"鹅大婶想了想说:"我没见你的蛋,你到别处找找吧!"

鸭妈妈赶紧又跑到小路上,正好碰到山羊公公,鸭妈妈就连忙问:"山羊公公,你看见我生的蛋了吗?""哦,我没见过,你怎么不去池塘边找找看呢?"老山羊说。

鸭妈妈跑到池塘边低着头找呀找呀,天都黑了还是没找着,只好垂头丧气地回到院子里。就在这个时候,她看见大黄牛回家了。鸭妈妈赶紧跑过去问,"牛伯伯,您看见我的蛋了吗?我都找了半天了,还是没找着。"黄牛摇了摇头说:"我可没见过你的蛋,你呀可真粗心,连自己生的蛋也会弄丢。"

鸭妈妈低下头,长长地叹了一口气,"唉,我有什么办法。我忙呀,刚下水就想着要捉鱼,捉完鱼就得下蛋。下完蛋呀,又要忙其他的事,这么多事情一搅和,就想不清蛋生在哪儿了……"老黄牛说:"这不是理由啊,你瞧我整天耕地拉车,一天到晚忙个不停,可我也不像你这么粗心呀!"鹅大婶也正好路过,听到老黄牛的话也点点头说:"对呀,我也跟你一样,每天都生蛋,蛋我都生在窝里,根本不会丢,你呀,就是粗心大意。"

鸭妈妈一下子坐在地上,拍着脑袋说:"哎呀,一定是我的脑袋出问题了,这可怎么办呀?"鹅大婶心软了,拍着她的背说:"别急呀,你好好想想今天都去过什么地方?"

于是鸭妈妈闭上眼睛开始想,池塘边儿,没有!小路上,不会呀!树林里,根本没去呀!突然,鸭妈妈睁开眼睛,它难为情地低下头,小声说:"今天,今天,我还没生过蛋呢……"

(3)《小熊不刷牙》

小熊哈利觉得,刷牙真是一件麻烦事儿。他恨透了牙刷和牙膏!

"哈利!"妈妈说,"该去刷牙了!"

"我知道啦!"哈利躲在浴室里,打开水龙头。妈妈还以为他在刷牙呢。"有那么多的牙齿,怎么可能把所有的牙都刷到嘛!"哈利抱怨说,"早上要刷牙!晚上也要刷牙!每天都要刷牙,真是麻烦!"哈利看着自己脏兮兮的牙齿,突然有了一个好主意:"嗯……今天就不要刷牙了,明天多刷一次不就行了吗?"

可是今天推明天,明天推后天,哈利每次都说:"明天多刷一次就行了嘛。"不过到了第二天,他又把刷牙的事忘到九霄云外去了。

哈利又像平常一样,不刷牙就去睡觉了。他快要进入梦乡的时候,忽然觉得嘴巴里怪怪的。原来,哈利所有的牙齿都不见了!"咦,我的牙齿呢?我还是在做梦吧?"哈利再也睡不着了,他翻来覆去的,一直在想那些失踪的牙齿。他从床上爬起来走到镜子跟前,使劲儿张开嘴巴。这一看,让哈利高兴得差点儿晕倒了:"哇!嘴巴里真的是一颗牙齿都没有了哎!"

"哈哈,太好了!"哈利高兴极了,"我再也不用刷牙啦!"他兴奋地跑去找朋友们,迫不及待地想让大家分享他的快乐。"告诉你们一个好消息!我现在一颗牙齿都没有了哎!"哈利骄傲地宣布说。"什么?牙齿没有了?"朋友们都感到十分奇怪,接着他们就大笑起来:"可是,如果没有了牙齿,你还算是一只熊吗?"

"唉,你们根本就不懂!"哈利继续往前走,遇到一只啄木鸟。"啄木鸟你看!我的牙齿不见了,突然一下子全都消失啦,多好呀!"哈利一边炫耀,一边把嘴巴张得大大的。啄木鸟点点头:"可是,哈利,没有牙齿一点也不好玩呀!你不能吃东西,说话也含糊不清,大家都会笑你的。没有牙齿是很糟糕的!"哈利愣愣地想了想,又挠了挠脑袋。是啊,啄木鸟的话一点也没错,没有了牙齿,真的没有什么好炫耀的。

哈利回到家里,发现桌子上摆了许多好吃的东西:坚果、鲜鱼,还有他最爱吃的干蘑菇。哈利好想吃啊,可是没有牙齿,他什么都咬不动了。哈利难受极了,跑到屋外哭了起来:"我该怎么办呀?森林里所有的动物都有牙齿,只有我没有,我看起来也完全不像一只熊了。我该怎么做,牙齿才会回来呢?谁能帮帮我啊?"他不停地哭着,哭得可伤心了。

这时,一只猫头鹰飞过来对他说:"哈利,没有牙齿很痛苦吧?你应该去把牙齿找回来啊!找回了牙齿,你能保证把它们刷得干干净净吗?你能做到每天早晚都会刷牙吗?"

"是的,我保证,我一定能做到!"哈利大声说。这时,哈利醒了。其实,所有的牙齿都好好地长在嘴巴里呢!

从这一天起,小熊哈利每天都把牙齿刷得干干净净的。

(4)《狼和小羊》

狼来到小溪边,看见小羊正在那儿喝水。狼很想吃掉小羊,但是狼转念一想:"我要是就这么把小羊吃了,万一让别的动物看见了,容易说我的闲话,我得找一个合理的借口吃小羊,这样既能饱餐一顿,又不被别的动物说闲话。"于是狼就故意找碴儿,对小羊说:"你把我喝的水弄脏了!你安的什么心?"小羊吃了一惊,温和地说道:"我怎么会把您喝的水弄脏呢?您站在上游,水是从您那儿流到我这儿来的,并不是从我这儿流到您那儿去的呀!"

狼气坏了,又对小羊说:"就算这样吧,你总是个坏家伙!我听说,去年你在背地里说我的坏话!"可怜的小羊喊道:"啊,亲爱的狼先生,那是不可能的,去年我还没有生下来呢!"

狼失去了耐心,不想再与小羊争辩了,它龇着牙,逼近小羊,大声嚷道:"你这个小坏蛋!说我坏话的不是你就是你爸爸,反正都一样。"说着,就往小羊身上扑去。

小羊绝望地喊道:"你这个凶狠的坏家伙!你找那么多荒唐的借口,不过是想把我吃掉罢了!"

(5)《陶罐与铁罐》

国王的橱柜里有两个罐子,一个是陶的,一个是铁的。骄傲的铁罐看不起陶罐。常常奚落它。

"你敢碰我吗?陶罐子!"铁罐傲慢地问。

"不敢,铁罐兄弟。"陶罐谦虚地回答。

"我就知道你不敢,懦弱的东西!"铁罐说,带着更加轻蔑的神气。

"我确实不敢碰你,但并不是懦弱。"陶罐争辩说,"我们生来就是盛东西的,并不是来互相碰撞的。说到盛东西,我不见得就比你差。再说……"

"住嘴!"铁罐恼羞成怒了,"你怎么敢和我相提并论!你等着吧,要不了几天,你就会破成碎片,我却永远在这里,什么也不怕。"

"何必这样说呢?"陶罐说,"我们还是和睦相处吧,有什么可吵的呢!"

"和你在一起,我感到羞耻,你算什么东西!"铁罐说,"走着瞧吧,总有一天,我要把你碰成碎片!"

陶罐不再理会铁罐。

时间在流逝,世界上发生了许多事情。王朝覆灭了,宫殿倒塌了。两个罐子被遗落在荒凉的土地上,上面覆盖了厚厚的尘土。

许多年过去了。有一天,人们来到这里,掘开厚厚的堆积物,发现了那个陶罐。

"哟,这里有一个罐子!"一个人惊讶地说。

"真的,一个陶罐!"其他的人都高兴地叫起来。

人们捧起陶罐,倒掉里面的泥土,擦洗干净,它还是那样光洁、朴素、美观。

"多美的陶罐!"一个人说,"小心点儿,千万别把它碰坏了,这是古代的东西,很有价值的。"

"谢谢你们!"陶罐兴奋地说,"我的兄弟铁罐就在我旁边,请你们把它也掘出来吧,它一定闷得够受了。"

人们立即动手,翻来覆去,把土都掘遍了,但是,连铁罐的影子也没见到。

(6)《武松打虎》片段

武松走了一直,酒力发作,焦热起来,一只手提哨棒,一只手把胸膛前袒开,踉踉跄跄,直奔过乱树林来;见一块光挞挞大青石,把那哨棒倚在一边,放翻身体,却待要睡,只见发起一阵狂风。那一阵风过处,只听得乱树背后扑地一声响,跳出一只吊睛白额大虫来。

武松见了,叫声"阿呀",从青石上翻将下来,便拿那条哨棒在手里,闪在青石边。那大虫又饿,又渴,把两只爪在地上略按一按,和身望上一扑,从半空里撺将下来。武松被那一惊,酒都作冷汗出了。

说时迟,那时快;武松见大虫扑来,只一闪,闪在大虫背后。那大虫背后看人最难,便把前爪搭在地下,把腰胯一掀,掀将起来。武松只一闪,闪在一边。大虫见掀他不着,吼一声,却似半天里起个霹雳,振得那山冈也动,把这铁棒也似虎尾倒竖起来只一剪。

武松却又闪在一边。原来那大虫拿人只是一扑,一掀,一剪;三般捉不着时,气性先自没了一半。那大虫又剪不着,再吼了一声,一兜兜将回来。

武松见那大虫复翻身回来,双手轮起哨棒,尽平生气力,只一棒,从半空劈将下来。只听得一声响,簌簌地将那树连枝带叶劈脸打将下来。定睛看时,一棒劈不着大虫,原来打急了,正打在枯树上,把那条哨棒折做两截,只拿得一半在手里。

那大虫咆哮,性发起来,翻身又只一扑扑将来。武松又只一跳,却退了十步远。那大虫恰好把两只前爪搭在武松面前。武松将半截棒丢在一边,两只手就势把大虫顶花皮揪住,一按按将下来。那只大虫急要挣扎,被武松尽力气捺定,那里肯放半点儿松宽。武松把那只脚望大虫面门上、眼睛里只顾乱踢。那大虫咆哮起来,把身底下爬起两堆黄泥做了一个土坑。武松把那大虫嘴直按下黄泥坑里去。那大虫吃武松奈何得没了些气力。武松把左手紧紧地揪住顶花皮,偷出右手来,提起铁锤般大小拳头,尽平生之力只顾打。打到五七十拳,那大虫眼里,口里,鼻子里,耳朵里,都迸出鲜血来,更动弹不得,只剩口里兀自气喘。

武松放了手,来松树边寻那打折的哨棒,拿在手里;只怕大虫不死,把棒橛又打了一回。眼见气都没了,方才丢了棒,寻思道:"我就地拖得这死大虫下冈子去?"就血泊里双手来提时,那里提得动。原来使尽了气力,手脚都苏软了。

(7)《草船借箭》片段

周瑜看到诸葛亮挺有才干,心里很妒忌。

有一天,周瑜请诸葛亮商议军事,说:"我们就要跟曹军交战。水上交战,用什么兵器最好?"诸葛亮说:"用弓箭最好。"周瑜说:"对,先生跟我想的一样。现在军中缺箭,想请先生负责赶造十万支。这是公事,希望先生不要推却。"诸葛亮说:"都督委托,当然照办。不知道这十万支箭什么时候用?"周瑜问:"十天造得好吗?"诸葛亮说:"既然就要交战,十天造好,必然误了大事。"周瑜问:"先生预计几天可以造好?"诸葛亮说:"只要三天。"周瑜说:"军情紧急,可不能开玩笑。"诸葛亮说:"怎么敢跟都督开玩笑?我愿意立下军令状,三天造不好,甘受惩罚。"周瑜很高兴,叫诸葛亮当面立下军令状,又摆了酒席招待他。诸葛亮说:"今天来不及了。从明天起,到第三天,请派五百个军士到江边来搬箭。"诸葛亮喝了几杯酒就走了。

鲁肃对周瑜说:"十万支箭,三天怎么造得成呢?诸葛亮说的是假话吧?"周瑜说:"是他自己说的,我可没逼他。我得吩咐军匠们,叫他们故意迟延,造箭用的材料,不给他准备齐全。到时候造不成,定他的罪,他就没话可说了。你去探听探听,看他怎么打算,回来报告我。"

鲁肃见了诸葛亮。诸葛亮说:"三天之内要造十万支箭,得请你帮帮我的忙。"鲁肃说:"都是你自己找的,我怎么帮得了你的忙?"诸葛亮说:"你借给我二十条船,每条船上要三十名军士。船用青布幔子遮起来,还要一千多个草把子,排在船的两边。我自有妙用。第三天管保有十万支箭。不过不能让都督知道。他要是知道了,我的计划就完了。"

鲁肃答应了。他不知道诸葛亮借船有什么用,回来报告周瑜,果然不提借船的事,只说诸葛亮不用竹子、翎毛、胶漆这些材料。周瑜疑惑起来,说:"到了第三天,看他怎么办!"

鲁肃私自拨了二十条快船,每条船上配三十名军士,照诸葛亮说的,布置好青布幔子和草把子,等诸葛亮调度。第一天,不见诸葛亮有什么动静;第二天,仍然不见诸葛亮有什么动静;直到第三天四更时候,诸葛亮秘密地把鲁肃请到船里。鲁肃问他:"你叫我来做什么?"诸葛亮说:"请你一起去取箭。"鲁肃问:"哪里去取?"诸葛亮说:"不用问,去了就知道。"诸葛亮吩咐把二十条船用绳索连接起来,朝北岸开去。

这时候大雾漫天,江上连面对面都看不清。天还没亮,船已经靠近曹军的水寨。诸葛亮下令把船头朝西,船尾朝东,一字摆开,又叫船上的军士一边擂鼓,一边大声呐喊。鲁肃吃惊地说:"如果曹兵出来,怎么办?"诸葛亮笑着说:"雾这样大,曹操一定不敢派兵出来。我们只管饮酒取乐,天亮了就回去。"

曹操听到鼓声和呐喊声,就下令说:"江上雾很大,敌人忽然来攻,我们看不清虚实,不要轻易出动。只叫弓弩手朝他们射箭,不让他们近前。"他派人去旱寨调来六千名弓弩手,到江边支援水军。一万多名弓弩手一齐朝江中放箭,箭好像下雨一样。诸葛亮又下令把船掉过来,船头朝东,船尾朝西,仍旧擂鼓呐喊,逼近曹军水寨去受箭。

天渐渐亮了,雾还没有散。这时候,船两边的草把子上都插满了箭。诸葛亮吩咐军士齐声高喊:"谢谢曹丞相的箭!"接着叫二十条船驶回南岸。曹操知道上了当,可是这边的船顺风顺水,已经驶出二十多里,要追也来不及了。

二十条船靠岸的时候,周瑜派来的五百个军士正好来到江边搬箭。每条船大约有五六千支箭,二十条船总共有十万多支。鲁肃见了周瑜,告诉他借箭的经过。周瑜长叹一声,说:"诸葛亮神机妙算,我真比不上他!"

(8)《猴王出世》片段

一朝天气炎热,与群猴避暑,都在松阴之下玩耍。一群猴子耍了一会儿,却去那山涧中洗澡。见那股涧水奔流,真个似滚瓜涌溅。古云:"禽有禽言,兽有兽语。"众猴都道:"这股水不知是那里的水。我们今日赶闲无事,顺涧边往上溜头寻看源流,耍子去耶!"喊一声,都拖男挈女,唤弟呼兄,一齐跑来,顺涧爬山,直至源流之处,乃是一股瀑布飞泉。众猴拍手称扬道:"好水!好水!原来此处远通山脚之下,直接大海之波。"又道:"那一个有本事的,钻进去寻个源头出来,不伤身体者,我等即拜他为王。"连呼了三声,忽见丛杂中跳出一个石猴,应声高叫道:"我进去!我进去!"他瞑目蹲身,将身一纵,径跳入瀑布泉中,忽睁睛抬头观看,那里边却无水无波,明明朗朗的一架桥梁。他住了身,定了神,仔细再看,原来是座铁板桥。桥下之水,冲贯于石窍之间,倒挂流出去,遮闭了桥门。却又欠身上桥头,再走再看,却似有人家住处一般,真个好所在。石猴看罢多时,跳过桥中间,左右观看,只见正当中有一石碣。碣上有一行楷书大字,镌着"花果山福地,水帘洞洞天"。

石猴喜不自胜,忽抽身往外便走,复瞑目蹲身,跳出水外,打了两个呵呵道:"大造化!大造化!"众猴把他围住,问道:"里面怎么样?水有多深?"石猴道:"没水!没水!原来是一座铁板桥。桥那边是一座天造地设的家当。"众猴道:"怎见得是个家当?"石猴笑道:"这股水乃是桥下冲贯石窍,倒挂下来遮闭门户的。桥边有花有树,乃是一座石房。房内有石锅、石灶、石碗、石盆、石床、石凳。中间一块石碣上,镌着'花果山福地,水帘洞洞天'。真个是我们安身之处。里面且是宽阔,容得千百口老小。我们都进去住,也省得受老天之气。"

众猴听得,个个欢喜。都道:"你还先走,带我们进去,进去!"石猴却又瞑目蹲身,往里一跳,叫道:"都随我进来!进来!"那些猴有胆大的,都跳进去了;胆小的,一个个伸头缩颈,抓耳挠腮,大声叫喊,缠一会儿,也都进去了。跳过桥头,一个个抢盆夺碗,占灶争床,搬过来,移过去,正是猴性顽劣,再无一个宁时,只搬得力倦神疲方止。石猴端坐上面道:"列位呵,'人而无信,不知其可。'你们才说有本事进得来,出得去,不伤身体者,就拜他为王。我如今进来又出去,出去又进来,寻了这一个洞天与列位安眠稳睡,各享成家之福,何不拜我为王?"众猴听说,即拱伏无违。一个个序齿排班,朝上礼拜,都称"千岁大王"。自此,石猴高登王位,将"石"字隐了,遂称美猴王。

2. 自行搜索讲故事的资料如视频、音频并进行分享,与同学一起探讨故事讲述者使用的技巧。

3. 举办一场班级故事会,可以加入图片、道具、PPT等手段辅助讲述。

第五章　教师演讲技能训练

章首语

教师担负着教书育人的重要职责,而口语表达是教师开展工作的重要方式和手段。演讲能力的培养对于提高未来教师的口头表达能力和教育教学能力具有十分重要的意义。

本章提要

本章主要帮助学生掌握演讲的基本概念,理解演讲的针对性、艺术性、鼓动性的特点;学会撰写命题演讲稿,并为命题演讲稿件设计声音及态势语,完成一次命题演讲;学习即兴演讲的基本构思技巧,完成一次即兴演讲。

情景导入

同学们,你们有过当众演讲的经历或经验吗?当众讲话时,你是否会胆怯、紧张,甚至大脑一片空白,无法流畅地表达自己的观点呢?美国作家马克·吐温就曾说过,他第一次在会场上演讲时,觉得满嘴像塞满了棉花,脉搏跳得像在争赛跑奖杯赛一样快。其实,很多大演讲家的第一次演讲都以失败告终。那么当众演讲需要掌握哪些技巧呢?

第一节 演讲概说

演讲活动是一种源远流长的社会现象,伴随人类文明的发展至今。古今中外,凡是历史发展的重要关头,凡是社会激烈变革之时,演讲的特殊功能就越表现得突出。在西方,"舌头、金钱、电脑"已成为三大战略武器。在我国,随着物质文明建设和精神文明建设的飞跃发展,演讲之风也蓬勃兴起,各种类型的演讲活动广泛开展,演讲学日益受到人们的重视。

一、演讲的定义

演讲又叫讲演。演说、演讲,这一概念,在西方最早见诸"荷马史诗"。公元前390年苏格拉底在雅典创立的修辞学校,是第一个专门培养演说家的教育机构。昆体良(35—95)是古罗马著名的演说家,《演说家的教育》《演说术原理》《雄辩术原理》等是其代表作。

中国最早的一部历史文献《尚书》中记载有《甘誓》就是公元前21世纪夏启和有扈(hu)氏战于"甘"这个地方的战前动员——演讲。唐代李延寿《北史·熊安生传》中有:"公正(尹公正)于是有所疑,安生皆为一一演说,咸究其根本。""演说"在李延寿看来是释疑解惑。另外"演讲"在古代有的被称为"言辞",有的被称为"谈说"。

现在一般认为,演讲是指在特定的时空环境中,演讲者运用有声语言及态势语,针对现实中的某个问题向听众传递信息、表述见解、阐明事理、抒发感情,从而达到感召听众、说服听众、教育听众的艺术化的语言交际形式。

演讲中的"演"与"讲"在演讲实践活动中并不是平分秋色,各占一半。而是以"讲"为主,以"演"为辅,互相交织、互相渗透、互相促进。"讲"起主导作用,而"演"则必须建立在"讲"的基础上。因此,演讲以"讲"为主,以"演"为辅,是既有听觉的,又有视觉的,兼有时间性和空间性艺术特点的综合的现实活动。

二、演讲的特征

演讲是语言表达的一种方式,但并不是所有语言表达都可以称为演讲。一场好的演讲最为重要的特征有以下三个。

(一) 目的性

演讲不是不着边际的闲聊,成功的演讲都有其特定目的。德国大哲学家黑格尔在《美学》第三卷中对演讲的目的做过一段精彩的论述,他说:"一般说来,演讲家在演讲里的最高旨趣并不在于艺术性的描述和完美的刻画,他还有一个越出艺术范围的目的,他的演讲的形式结构毋宁说只是一种有效的手段,利用来实现一种非艺术性的目的或旨趣。从这个观点来看,他感动听众,不单是为感动而感动,听众的感动和信服也只是一种手段,便于演说家要实现的意图。所以,对听众来说,演讲家的描述也不是为描述而描述,也只是一种手段,用来使听众达到某一信念,做出某一种决定,或采取某一种行动。"由此可见,演讲者进行演讲活动,其目的就在于宣传自己的政治主张、思想观点、道德理念,与听众取得共识,从而使得听众改变态度,激起行动,推动人类社会向理想境界迈进。

演讲者演讲的目的也就决定了演讲的目的。有些演讲可以培养高尚美好的情感,促进人类文明建设,是传播和推广信息、知识、文化的有效途径;有些演讲是为了宣传观点、变革社会,那么,当演讲者调动各种有效手段取得演讲成功时,演讲也就必然产生了良好的社会效果。如美国第16届总统林肯关于解放黑奴的演讲,目的就是动员美国人民为解放黑奴、废除奴隶制而斗争;我国历史上的陈胜揭竿起义也是通过演说把群众发动起来的。他号召说:"公等遇雨,皆已失期,失期当斩。藉第令毋斩,而戍死者固十六七。且壮士不死即已,死即举大名耳,王侯将相宁有种乎?"在他这番演讲的"煽动"下,爆发了中国历史上第一次农民起义。

(二)艺术性

演讲的艺术性在于它具有文学特征、朗诵艺术色彩和富有感召力的体态语言,演讲中的各种因素包括语言、声音、表演、形象等,会形成一种相互依存、相互协调的美感。著名演讲家李燕杰教授说,演讲开始时要有相声般的幽默,演讲过程中要有小说般的形象,演讲高潮时要有戏剧般的冲突,演讲结束前要有诗歌般的激情。我国知名学者周谷城在《演说精粹系列丛书》的总序中写道:"一篇好的演说,或事实有据、逻辑严密,或慷慨激昂、豪气凌云,或声情并茂、引人入胜,或机智幽默、妙趣横生,或数者兼而有之,是以使人坚定对崇高理想之信念;是以使人增加知识,明白道理;是以动人心弦,催人奋发;是以使人欢乐,得到美的享受。"演讲如能达到这种境界,就可以使听众受到德的熏陶、智的启迪、美的洗礼。

案例分析

在怀疑的时代更需要信仰(节选)

这让我想起中文系建系百年时,陈平原先生的一席话。他提到西南联大时的老照片给自己的感动:一群衣衫褴褛的知识分子,气宇轩昂地屹立于天地间。这应当就是国人眼里北大人的形象。不管将来的你们身处何处,不管将来的你们从事什么职业,是否都能常常自问,作为北大人,我们是否还存有那种浩然之气?那种精神的魅力,充实的人生,"天地之心、生民之命、往圣绝学",是否还能在我们心中激起共鸣?

马克思曾慨叹,法兰西不缺少有智慧的人,但缺少有骨气的人。今天的中国,同样不缺少有智慧的人,但缺少有信仰的人。也正因此,中文系给我们的教育,才格外珍贵。从母校的教诲出发,20多年社会生活给我的最大启示是:当许多同龄人都陷于时代的车轮下,那些能幸免的人,不仅因为坚强,更因为信仰。不用害怕圆滑的人说你不够成熟，不用在意聪明的人说你不够明智，不要照原样接受别人推荐给你的生活，选择坚守，选择理想，选择倾听内心的呼唤，才能拥有最饱满的人生。

梁漱溟先生写过一本书《这个世界会好吗》。我很喜欢这个书名，它以朴素的设问提出了人生的大问题。这个世界会好吗？事在人为，未来中国的分量和质量，就在各位的手上。

最后，我想将一位学者的话送给亲爱的学弟学妹——无论中国怎样，请记得：你所站立的地方，就是你的中国；你怎么样，中国便怎么样；你是什么，中国便是什么；你有光明，中国便不再黑暗。

在北京大学2012年的中文系毕业典礼上，曾任人民日报副总编的卢新宁，也曾是北大的学生，应邀前来为毕业生们做了演讲致辞。现代社会当越来越多的人崇拜金钱，将利益作为人生的最大价值，卢新宁用她坚定的声音告诉我们，在怀疑的时代更需要信仰，因为只有我们都追求光明，中国的未来才能走向灿烂辉煌。

（三）鼓动性

演讲活动一向被喻为进行宣传教育、政治斗争的有力武器，人们通过演讲来宣传真理、统一思想、赢得支持，从而引导他人的行为。而《周易》中曾说："君子居其室，出其言善，则千里之外应之，出其言不善，则千里之外违之。"这句话的意思是，有道德修养的人即使是在自己家的庭院里，他说出的话如果是有益的，那么千里之外也能得到人们的回应，如果他说出的话是有害的，那么千里之外的人们也会背弃他。演讲之所以能成为教育群众的好形式，是因为它有自己特殊的手段和独特的魅力。正如古希腊唯物主义哲学家德谟克利特所说："用鼓动和说服的语言来造就一个人的道德，显然比用法律和约束更能成功。"

具体来说，演讲主题正确，说理充分，分析深刻，论证严密，具有很强的征服力；演讲讲的是真人真事，抒的是真情实感，很容易与观众感情交融，使听众受到感动、鼓舞、振奋；演讲知识性很强，它能把道理寓于知识之中，在传授知识中使听众心灵充实丰富，受到熏陶。

我国伟大的民主主义革命先行者孙中山先生在致力于民主革命的40年间，始终以演讲为武器启迪和呼唤民众投身于民主革命。正如后来许多参加过辛亥革命的老人回忆道，他们之所以参加辛亥革命，就是因为听了孙中山先生激动人心的演讲。所以说演讲是最容易激发听众的情感，使听众的思想为之震动、精神为之感奋、情绪为之高昂、热血为之沸腾的语言表现形式。

案例分析

我有一个梦想（节选）

我今天有一个梦想。

我梦想有一天，幽谷上升，高山下降，坎坷曲折之路成坦途，圣光披露，满照人间。

这就是我们的希望。我怀着这种信念回到南方。有了这个信念，我们将能从绝望之嶙劈出一块希望之石。有了这个信念,我们将能把这个国家刺耳的争吵声,改变成为一支洋溢手足之情的优美交响曲。

有了这个信念,我们将能一起工作,一起祈祷,一起斗争,一起坐牢,一起维护自由;因为我们知道,终有一天,我们是会自由的。

在自由到来的那一天,上帝的所有儿女们将以新的含义高唱这支歌:"我的祖国,美丽的自由之乡,我为您歌唱。您是父辈逝去的地方,您是最初移民的骄傲,让自由之声响彻每个山冈。"

在美国黑人受种族歧视和迫害由来已久的背景下,为了推动美国国内黑人争取民权的斗争进一步发展,美国黑人民权运动领袖马丁·路德·金于1963年8月28日在华盛顿林肯纪念堂发表了纪念性演讲《我有一个梦想》。这次演说观点鲜明、逻辑性强,演讲者运用了排比、比喻和对比等多种修辞手法鼓舞听众情绪,引起了观众的强烈共鸣,为后来美国政府宣布种族隔离和种族歧视政策为非法政策打下了广泛的群众基础。

三、演讲的分类

按形式进行分类,演讲可以分为即兴演讲、命题演讲和论辩演讲。

(一) 即兴演讲

即演讲者在事先无预备的情况下就眼前场面、情境、事物、人物临时起兴发表的演讲。如婚礼祝词、欢迎致辞、丧事悼念、聚会演讲等。它的特点是:有感而发、时境感强、篇幅短小。它要求演讲者要紧扣主题、抓住由头、迅速组合、言简意赅。

(二) 命题演讲

即由别人拟订题目或演讲范围,并经过预备后所发表的演讲。它包含两种形式:全命题演讲和半命题演讲。全命题演讲的题目一般是由演讲组织部门来确定的。半命题演讲指演讲者根据演讲活动组织单位限定的范围,自己拟订题目进行的演讲。命题演讲的特点是:主题鲜明、针对性强、内容稳定、结构完整。

(三) 论辩演讲

即指由两方或两方以上的人们因对某个问题产生不同意见而展开的面对面的语言交锋。其目的是坚持真理、批驳谬误、明辨是非,并具有针锋相对、短兵相接的特点。论辩演讲较之命题演讲、即兴演讲更难些,要求演讲者必须具备正确的思想、高尚的品质、严密的逻辑性、较强的应变性。比如,我们生活中常见的法庭论辩、外交论辩、赛场论辩,以及每个人都曾经历过的生活论辩等。

四、演讲的作用

演讲作为一种社会实践活动,它与各种社会活动密切相关,同时也会对社会产生巨大的影响。好的演讲可以形成正确的舆论,促进社会文明发展和人类的文明建设。古今中外一切正义的演讲家,都是拿着演讲这个"武器",宣传真理、唤醒民众,推动社会进步。我国古代演讲家盘庚为了迁都所作的演讲中,将旧都比做被砍倒的树木,把新都比做刚生出的新芽,使民众深刻认识到了迁都的意义而欣然接受,实现了迁都的伟大壮举。1775年,美国演讲家帕特里克·亨利在弗吉尼亚州会议上发表了激励人心的抗英演讲,迅速地唤起了千百万人民坚定地投身斗争中。他的"不自由,毋宁死"的名言,至今仍教育着千万民众为自由而战。可见,正确的演讲可以启迪人心,传播文化,宣传真理,祛邪扶正,把人类社会推向理想境界。

其次,演讲还可以教育听众,唤起听众的行动和实践。一次成功的演讲,除了启迪人心,传播真理,培养情感外,最终目的是唤起听众的行动和实践,使之投身于改造主、客观世界的社会活动中。美国总统罗斯福,运用自己的权力和说服力,引导美国人民参加反法西斯斗争,使美国渡过了战争威胁和经济危机的难关;俄国革命导师列宁,通过政治演说宣传革命真理,以惊人的说服力号召俄国人民起来推翻沙皇统治,战胜经济困难。

(一)形成正确的舆论,促进社会文明发展

古今中外一切正义的演讲家,都是利用演讲这个"武器"宣传真理、唤醒民众、推动社会进步。我国古代演讲家盘庚为了迁都所做的演讲中,将旧都比作被砍倒的树木,把新都比作刚生出的新芽,使民众深刻认识到了迁都的意义而欣然接受,实现了迁都的伟大壮举。1775年,美国演讲家帕特里克·亨利在弗吉尼亚州会议上发表了激励人心的抗英演讲,迅速唤起了千百万人民坚定地投身斗争。他的"不自由,毋宁死"的名言,至今仍教育着千万民众为自由而战。可见,正确的演讲可以启迪人心、传播文化、宣传真理、祛邪扶正,把人类社会推向理想境界。

(二)培养高尚美好的情感,促进人类的文明建设

演讲家在演讲时,总是用正确的道德情感来感染和影响听众,从而培养听众的情感,如爱国主义情感、国际主义情感、集体主义情感、革命英雄主义情感等。

(三)唤起听众的行动和实践

一次成功的演讲,除了启迪人心、传播真理、培养情感外,最终的目的是唤起听众的行动和实践,使之投身于改造主、客观世界的社会活动。美国总统罗斯福,运用自己的权力和说服力,引导美国人民参加反法西斯斗争,使美国渡过了战争威胁和经济危机的难关;俄国革命导师列宁,通过政治演说宣传革命真理,以惊人的说服力号召俄国人民起来推翻沙皇统治,战胜经济困难。可以说,一切成功的演讲必须发出听众正确的行动,不能导发出听众正确行动的演讲绝不是好的演讲。所以,每位演讲家都刻意追求这种引导作用,使演讲产生强烈的现实意义和历史价值。

案例分析

我们绝不投降

我们将战斗到底。我们将在法国作战,我们将在海洋中作战,我们将以越来越大的信心和越来越强的力量在空中作战。

我们将不惜一切代价保卫本土。

我们将在海滩作战,我们将在敌人的登陆点作战,我们将在田野和街头作战,我们将在山区作战。我们绝不投降。

即使我们这个岛屿或这个岛屿的大部分被征服并陷于饥饿之中,我从来不相信会发生这种情况,我们在海外的帝国臣民,在英国舰队的武装和保护下也会继续战斗。

直到新世界在上帝认为适当的时候,拿出它所有一切的力量来拯救和解放这个旧世界。

英国首相丘吉尔不仅是一位出色的政治家,而且是一位才华横溢的演讲家。正是丘吉尔一次次激昂慷慨的演讲,给二战时期怀揣着巨大恐惧和不安的英国民众以宏大的精神力量,从而获得战争的最终胜利。

思考训练

扫码查看
资源链接

1. 仔细阅读演讲稿件,结合历史资料,分析此次演讲的目的。

最后一次演讲
闻一多

这几天,大家晓得,在昆明出现了历史上最卑劣最无耻的事情!李先生究竟犯了什么罪,竟遭此毒手?他只不过用笔写写文章,用嘴说说话,而他所写的,所说的,都无非是一个没有失掉良心的中国人的话!大家都有一支笔,有一张嘴,有什么理由拿出来讲啊!有事实拿出来说啊!为什么要打要杀,而且又不敢光明正大地来打来杀,而偷偷摸摸地来暗杀!(鼓掌)这成什么话?(鼓掌)

今天,这里有没有特务?你站出来!是好汉的站出来!你出来讲!凭什么要杀死李先生?(热烈的鼓掌)杀死了人,又不敢承认,还要诬蔑人,说什么"桃色事件",说什么共产党杀共产党,无耻啊!无耻啊!(热烈的鼓掌)这是某集团的无耻,恰是李先生的光荣!李先生在昆明被暗杀,是李先生留给昆明的光荣!也是昆明人的光荣!(鼓掌)

去年"一二·一"昆明青年学生为了反对内战,遭受屠杀,那算是青年的一代献出了他们最宝贵的生命!现在李先生为了争取民主和平而遭受了反动派的暗杀,我们骄傲一点说,这算是像我这样大年纪的一代,我们的老战友,献出了最宝贵的生命!这两桩事发生

在昆明,这算是昆明无限的光荣!(热烈的鼓掌)

反动派暗杀李先生的消息传出以后,大家听了都悲愤痛恨。我心里想,这些无耻的东西,不知他们是怎么想法,他们的心理是什么状态,他们的心怎样长的!其实很简单,他们这样疯狂地来制造恐怖,正是他们自己在慌啊!在害怕啊!所以他们制造恐怖,其实是他们自己在恐怖啊!特务们,你们想想,你们还有几天?你们完了,快完了!你们以为打伤几个,杀死几个,就可以了事,就可以把人民吓倒了吗?其实广大的人民是打不尽的,杀不完的!要是这样可以的话,世界上早没有人了。

你们杀死一个李公朴,会有千百万个李公朴站起来!你们将失去千百万的人民!你们看着我们人少,没有力量?告诉你们,我们的力量大得很,强得很!看今天来的这些人,都是我们的人,都是我们的力量!此外还有广大的市民!我们有这个信心:人民的力量是要胜利的,真理是永远存在的。历史上没有一个反人民的势力不被人民毁灭的!希特勒,墨索里尼,不都在人民之前倒下去了吗?翻开历史看看,你们还站得住几天!你们完了,快完了!我们的光明就要出现了。我们看,光明就在我们眼前,而现在正是黎明之前那个最黑暗的时候。我们有力量打破这个黑暗,争到光明!我们的光明,就是反动派的末日!(热烈的鼓掌)

反动派故意挑拨美苏的矛盾,想利用这个矛盾来打内战。任你们怎么样挑拨,怎么样离间,美苏不一定打呀!现在四外长会议已经圆满闭幕了。这不是说美苏间已没有矛盾,但是可以让步,可以妥协,事情是曲折的,不是直线的。

李先生的血不会白流的!李先生赔上了这条性命,我们要换来一个代价。"一二·一"四烈士倒下了,年轻的战士们的血换来了政治协商会议的召开;现在李先生倒下了,他的血要换取政协会议的重开!(热烈的鼓掌)我们有这个信心!(鼓掌)

"一二·一"是昆明的光荣,是云南人民的光荣。云南有光荣的历史,远的如护国,这不用说了,近的如"一二·一",都是属于云南人民的。我们要发扬云南光荣的历史!

反动派挑拨离间,卑鄙无耻,你们看见联大走了,学生放暑假了,便以为我们没有力量了吗?特务们!你们错了!你们看见今天到会的一千多青年,又握起手来了,我们昆明的青年决不会让你们这样蛮横下去的!

反动派,你看见一个倒下去,可也看得见千百个继起的!

正义是杀不完的,因为真理永远存在!(鼓掌)

历史赋予昆明的任务是争取民主和平,我们昆明的青年必须完成这任务!

我们不怕死,我们有牺牲的精神!我们随时像李先生一样,前脚跨出大门,后脚就不准备再跨进大门!(长时间热烈的鼓掌)

2. 观看电视剧《解放》中《最后一次演讲》的片段,讨论演讲者如何通过内容、声音、表情体现演讲的鼓动性。

3. 小组交流讨论与训练。

(1) 学生以小组为单位交流讨论,尝试演讲《最后一次讲演》片段。

(2) 小组派代表展示成果,教师示范或者音频示范。

第二节 命题演讲

命题演讲是根据指定的题目或限定的主题,事先做了充分的准备的演讲。比如开幕词、报告、闭幕词、课堂演讲等都属于命题演讲。命题演讲大致可以分为两类:一是全命题演讲,就是根据邀请单位或主办单位事先确定的题目进行的演讲;二是半命题演讲,就是演讲者根据演讲活动组织单位限定的范围,自己拟订题目进行的演讲。

命题演讲既不像即兴演讲那样瞬息即逝,也不像论辩演讲那样随机应变,具有内容主题的规定性、结构的完整性和准备充分等特点。要想成功地进行一次命题演讲,可以从以下几个方面入手。

一、构思撰稿

在一次命题演讲中,演讲稿的构思和撰写是演讲活动的基础。好的演讲稿,应该抓住听众的情感、心理、思维,运用事实和道理本身的逻辑力量以及情感上的冲击力量,向听众展开强大的心理攻势,使听众自觉或者不得不接受演讲者的观点。值得注意的是,演讲者在准备演讲稿时要使稿件有一定的灵活度,以便于根据现实情况及时调整。

(一)以事感人

演讲稿中若没有具体感人的事例,没有充实的内容,思想就会失去依托,理论也将流于空泛。演讲者必须收集大量的感人事例,并对这些事例进行适当的处理,对典型和精彩的事例要着力渲染,以达到感人的效果;对一般性事例要进行概括,以丰富演讲稿的内容;更重要的是对事实材料要进行"凝聚法"处理,即将全部事例凝聚为一个思想焦点,作为演讲的主旨。

案例分析

李兰斯特在为儿童向联合国求援时,为了得到群众的支持,发表了如下的演讲:"我由衷地向神祈祷,希望这种事别再发生,你也许从来也不曾想到,儿童与死亡之间的距离,仅有一粒花生米而已,希望这种痛苦的记忆,不要一再重演在人类历史上。一月份的某一天,如果各位亲眼看到或听到,那些受到飞机轰炸、惨不忍睹的劳工住宅区的情景……那时,我的手下只剩下半磅花生米罐头而已,当我打开罐头时,许多衣衫褴褛的孩子围了过来,还有很多抱着婴儿的母亲,也向我这里靠拢,希望我能收养那些小孩,那些抱在怀中或围在我身边的孩子,个个骨瘦如柴,只剩下皮包骨头,因过度营养不良而不住打颤。我将手中的花生米,一粒一粒分递给每一位小朋友,心中只希望自己有更多的花生米,来分给更多的小朋友。

有些小朋友饥饿过度,只紧抱住我的小腿不放,周围有数百只手向我哀求,我望着这些绝望的手,心中感到一阵的悲悯。我在每一双小手上,放一粒奶油花生米,在他们挤来挤去的时候,有几粒花生米被碰掉,为捡拾花生米,孩子们蜂拥而上,你争我夺。有的小朋友左手拿过花生米,右手又伸过来,哀求乞食的好几百双手,不断向我伸过来,已失去希望的好几百双眼睛,呆呆地望着我,但是,我手中的花生米已经分送完毕,只剩下一个空空的罐子。

我实在是心有余而力不足,只能眼睁睁地看着他们哀告无助的眼神……

我心中不断祈求上苍,但愿这种人间悲剧,永远不会再发生……"

李兰斯特的演讲,通过鲜明生动的具体事例,适当的细节描写,紧紧地抓住了听众的心,也在听众的脑海中打上深刻的烙印。

(二) 以理服人

演讲中的"理"是演讲内容中的思想与精神的闪光,是演讲者的深刻认识和独到见解,也是演讲者的思想水准和道德修养的体现。所以,演讲中的议论说理要站得高、看得远。议论要紧扣事例的内在精神,要有感而发、有哲理性。一般说来,在叙述一件相对独立的事之后,要进行议论述评、引申、比较,或探究,但不是每叙述一件事之后都要议论。一般的议论说理主要是运用概念、判断、推理,演讲中的"理"更要靠高度凝练的哲理性语言来揭示。

案例分析

天才并不是自生自长在深林荒野里的怪物,是由可以使天才生长的民众产生,长育出来的,所以没有这种民众,就没有天才。有一回拿破仑过阿尔卑斯山,说:"我比阿尔卑斯山还要高!"这何等英伟,然而不要忘记他后面跟着许多兵;倘没有兵,那只有被山那面的敌人捉住或者赶回,他的举动,言语,都离了英雄的界线,要归入疯子一类了。所以我想,在要求天才的产生之前,应该先要求可以使天才生长的民众。——譬如想有乔木,想看好花,一定要有好土;没有土,便没有花木了;所以土实在较花木还重要。花木非有土不可,正同拿破仑非有好兵不可一样。

这是鲁迅先生1924年1月17日在北平女子师范大学附属中学校友会上所做的演讲——《未有天才之前》的选段。鲁迅引用了拿破仑的事例,由此论证拿破仑需要有士兵的拥护作为基础,阐明天才的产生需要有一个良好的民众基础,只有民众是优秀的,才有可能从这些优秀的民众中产生天才。然后又用一个比喻句将这一观点加以深化,他用乔木和花的生长与好土的关系来比喻天才的产生与民众基础的关系,形象生动,说服力极强。

(三) 以情动人

演讲稿要写出感人肺腑的真情才能打动听众。作者在内心深处要充满激情。而这种激情源自对演讲主旨的彻悟、对演讲事例的感动、对演讲对象的挚爱。感情的表达应当根据演讲的不同内容来综合运用修辞手法,既可以运用比喻、象征、排比、设问等方法,又可以进行形象化的描绘,即在现实生活的基础上创造出来的具有一定思想内容和艺术感染力的具体、生动、鲜明的声音画面。演讲者需要借助这些声音画面来表达演讲者的感情。

案例分析

我快要走到生命的尽头了。我不愿意空着双手离开人世,我要写,我绝不停止我的笔,让它点燃火狠狠地烧我自己,到了我烧成灰烬的时候,我的爱,我的恨也不会在人间消失。

这是巴金于1980年4月11日在日本京都"文化讲演会"上的讲话——《我和文学》的结尾部分,这位77岁的老人,用他那炽热的语言,表达着自己笔耕不辍、永不停歇的文学热情,让人从文字中就能感受到演讲者那真挚的情感。

(四)以势夺人

演讲的主体内容要显示出一种强烈的气势,一种如同万马奔腾、银瓶炸裂、排山倒海、雷霆万钧的恢宏气势。这种气势,指运用语言及声音、手势制造出的恢宏、壮观、劲的情绪氛围,表现其中激越的感情、坚定的意志、磅礴的气势,使听众受到强烈感染,继而产生冲动。

案例分析

这次战役尽管我们失利,但我们决不投降,决不屈服,我们将战斗到底。我们将在法国战斗,我们将在海洋上战斗,我们将充满信心在空中战斗!我们将不惜任何代价保卫本土,我们将在海滩上战斗!在敌人登陆地点作战!在田野和街头作战!在山区作战!我们任何时候都不会投降。即使我们这个岛屿或这个岛屿的大部分被敌人占领,并陷于饥饿之中,我们有英国舰队武装和保护的海外帝国也将继续战斗。

1940年的英国,敦刻尔克大撤退后,希特勒已经占领了西欧的大部分地区,只剩英国人民孤军作战,抵抗纳粹。1940年6月4日,丘吉尔在下院通报了敦刻尔克撤退成功,旋即发表了他在二战中最鼓舞人心的一段演说。这是全部演讲的高潮,也是流传最广的一段。通过大量重复和排比表明了不惜代价、战斗到底的决心,读起来气势磅礴、激动人心。

二、演练试讲

演练是命题演讲必经的一个阶段,主要目的是处理稿件和背诵讲稿。演练试讲并不是简单地将讲稿记牢背熟,而是要精心准备语气、重音、语调、停连等语言表达技巧,设计动作、手势、表情等态势表达内容，并将这些酝酿构思，以文字形式记录在讲稿上。

演讲稿经过反复修改定稿之后，在正式登台演讲之前，还必须进行刻苦的讲练。只有通过反复讲练，才能熟练掌握演讲稿内容，为正式登台演讲的熟练流畅奠定基础。在试讲的时候，要把握好演讲与朗诵在腔调、语感上的区别，可以向朋友、同事等熟悉的人进行讲练，以训练自己正式演讲时的心态。

三、登台控场

经过反复演练，演讲者就可登台演讲了。正式登台演讲是演讲活动最精彩、最紧张也是实现演讲目的最关键的阶段。经过精心的准备和刻苦演练，演讲者已是成竹在胸。但正式演讲在对象、场合、性质等方面都不同于讲练，所以正式登台演讲应注意以下几个问题。

（一）控场

所谓控场，就是演讲者对演讲场面进行有效控制的技能和办法。在演讲的过程中，由于各种原因，听众的情绪、注意力及场上气氛、秩序经常有变化，这时就需要演讲者有效调动听众情绪，集中听众注意力，驾驭场上的气氛，变被动为主动。要很好地控场，需注意以下方面。

1. 得体的亮相

演讲者走上演讲台时的亮相很重要，这是台下听众对演讲者的第一次评判，也是后面能否得到听众认可的基础。演讲者的服饰要得体，可以略施粉黛，但不可浓妆艳抹，不可着奇装异服，即既不能过于花艳，又不能过于随便，要能体现演讲者的整体美。上场时应大方自然、举止自信，上场后可以先环视全场，站定后再开始演讲。如果演讲者上台亮相后缩手缩脚、忸怩作态，台下的听众一定会嘘声一片，不认可演讲者。

2. 富有吸引力的语言

演讲者上台演讲前要能背记讲稿，走上台后脱稿演讲，这样会增强听众对演讲者的信服感，演讲者也能有更多的精力与听众交流，关注台下听众的反应。如果手拿演讲稿就不会有时间关注听众；演讲要用比较标准的普通话进行，力争发音准确，重音、停顿得当，节奏适合，语调抑扬顿挫，听众注意力分散时可骤然提高音量或放慢语速，使听众感到惊奇而集中注意力；演讲中还要注意不出现错字错句，否则会引发听众哄笑，台下秩序混乱，控场难度加大。

3. 相得益彰的体态语

演讲中的体语艺术是在讲的基础上产生的，与有声语言一起形成完美的演讲语言艺术。体态语主要包括站姿、手势、眼神、表情等。

站姿能显示演讲者的风度，要挺胸立腰、端正庄重，在台上，演讲者要有一个基本的立足点，根据内容的需要可进行一些小范围的移动。

演讲的手势不仅能强调或解释演讲的信息或内容,而且能生动地表达演讲语言所无法表达的内容,使演讲生动形象。但手势的运用要简洁易懂、协调合拍、富于变化,不宜频繁乱用。

眼神在整个演讲中对表情达意起着举足轻重的作用。"眼睛是心灵的窗户",眼神能表达出一些用语言难以表达的极其微妙的思想感情。一个站在台上演讲的人,在整个演讲过程中他的眼神都会向听众传达自己的情绪、心理等,而听众也总能通过演讲者的眼神窥探他的内心世界,并接受思想,受到启迪和教育。一般要求演讲者眼神明澈、坦荡、执着、坚毅。眼神的变化要有目的,不能故弄玄虚、神秘莫测;也不要有过多过于集中的凝视,这样会对听众形成压力。

表情是受到所有演讲者重视的一种体态语。演讲者应善于通过自己的面部表情把自己的内心情感表现出来。演讲时的表情贵在自然,既不能呆板僵硬、面若冰霜,又不能神情慌张、手足无措,甚至故作姿态、矫揉造作;演讲者的表情还应该丰富生动,随着演讲内容的变化而变化,把听众的情绪引向高潮。

(二)应变

应变是指演讲者在演讲过程中面对主观或客观出现的突发事件和意外情况所造成的干扰和阻碍时,敏锐、及时、准确地做出反应,并采取有效措施,迅速、果断、巧妙地平息和排除,使演讲顺利进行的一种技巧、方法和能力。

1. 克服怯场的方法

演讲者怯场的原因很多,或是求胜心切,或是准备不充分,抑或是害怕胆怯、环境生疏等。碰到怯场时,轻者张口结舌、语无伦次,重者目瞪口呆、说不出话。

克服怯场的方法很多,主要是要增强自信心,了解到场的听众,熟悉现场的环境;还要暗示自己、鼓励自己,相信听众,想方设法释放紧张情绪,在演讲前把准备工作做扎实,胸有成竹才能镇定自若,若心里没谱则定会紧张怯场。

2. 应对忘词的方法

演讲者如果在演讲中突然忘词,可采用以下方法应对:一是可以插话衔接,趁此机会尽快回忆演讲内容。二是可以使用重复衔接法。把最后两句加重语气重复一次,把断了的思绪链条接起来。三是可以用跳跃衔接法。若一时难以想起,先不管这一段,而是跳跃着进入另外一段,想起来了,就巧妙地加进去,实在想不起来就算了。

3. 应对讲错的方法

如果在演讲中讲错了,没有必要申明"对不起,这里我讲错了"。如果是一句无关紧要的话,便可以不管它。但如果讲错的这句话有原则错误,或者会引发歧义,则可以自圆其说地在错话后面问:"刚才这句话对不对?"或者说:"刚才这种说法明显是错误的思想,却偏偏有人信为真理。"等。

4. 应对冷场的方法

演讲过程中,由于各种原因,可能台下的听众会不感兴趣,反映冷漠,有时演讲还会遇到一些不合作者的干扰,喝倒彩、拍桌子、吹口哨等,这时演讲者切不可发火大怒,要沉着冷静、果断处理。演讲者应依靠自身的魅力去吸引听众,或者穿插讲些与听众密切相关的故事、笑话等,以吸引听众的注意力,抑制消极情绪的产生和蔓延。只要处理好了,演讲就能顺利进行。

思考训练

扫码查看
资源链接

1. 2009 年,央视主持人白岩松以新闻人的身份,在美国耶鲁大学做演讲,名为《我的故事以及背后的中国梦》,他以独特、犀利的视角透视中美变迁,其演讲构思精巧、立意深远、语言幽默,充分展示了演讲者的睿智和深刻。请阅读其演讲稿,观看视频,试着分析演讲稿的特点(可从开头、结尾、架构、材料的选择等方面分析)。

我的故事以及背后的中国梦
白岩松

我要讲五个年份,第一要讲的年份是 1968 年。

那一年我出生了。但是,那一年世界非常乱,在法国有巨大的街头的骚乱,在美国也有,然后美国总统候选人罗伯特·肯尼迪遇刺了(他的哥哥约翰·肯尼迪总统在 1963 年遇刺)。但是,的确这一切的原因都与我无关(哄堂大笑)。那一年,我们更应该记住的是马丁·路德·金先生遇刺。虽然,那一年他倒下了,但是"我有一个梦想"的这句话却真正地站了起来,不仅在美国站了起来,也在全世界站了起来。但是,当时很遗憾,不仅仅是我,几乎很多的中国人并不知道这个梦想。因为当时中国人,每一个人很难说拥有自己的梦想,将自己的梦想变成了一个国家的梦想,甚至是领袖的一个梦想。中国与美国的距离非常遥远,不亚于月亮与地球之间的距离。但是我并不关心这一切,我只关心我是否可以吃饱。

很显然,我的出生非常不是时候,不仅对于当时的中国来说,对于世界来说,似乎都有些问题(众人笑)。

1978 年,10 年之后,我 10 岁了。

我依然生活在我出生的地方,那个只有 20 万人的非常非常小的城市。它离北京的距离有 2000 公里,它要想了解北京出的报纸的话,要在三天之后才能看见。所以,对于我们来说,是不存在新闻这个说法的(众人笑)。

那一年,我的爷爷去世了。而在两年前的时候,我的父亲去世了。所以,只剩下我母亲一个人抚养我们哥儿俩,她一个月的工资不到 10 美元。因此,即使 10 岁了,梦想这个词对我来说,依然是一个非常陌生的词汇,我从来不会去想它。我母亲一直到现在也没有建立新的婚姻,是她一个人把我们哥儿俩抚养大。我看不到这个家庭的希望,只是会感觉,那个时候的每一个冬天都很寒冷。就在我看不到希望的1978年的时候,不管是中国这个国家,还有中国与美国这两个国家之间,都发生了非常巨大的变化。那是一个我们在座的所有人都该记住的年份:1978年的12月16日,中国与美国正式建交,那是一个大事件。而在中美建交两天之后,12月18日,中国共产党十一届三中全会召开了,那是中国改革开放31年的开始。

历史将两个伟大的国家、一个非常可怜的家庭就如此戏剧性地交织在一起,不管是小的家庭,还是大的国家,其实当时谁都没有把握知道未来是什么样的。接下来的年份,该讲1988年了,那一年我20岁。

这个时候我已经从边疆的小城市来到了北京,成为一个大学生。虽然,今天在中国依然还有很多的人在抨击中国的高考制度,认为它有很多很多的缺陷。但是,必须承认正是高考的存在,让我们这样一个又一个非常普通的孩子,拥有了改变命运的机会。

当然,这个时候美国已经不再是一个很遥远的国家,它变得很具体,它也不再是那个过去口号当中的"美帝国主义"(众人笑并鼓掌),而是变成了生活中很多的细节。

这个时候,我已经第一次尝试过可口可乐,而且喝完可口可乐之后会觉得中美两个国家真的是如此接近(众人笑)。因为,它几乎就跟中国的中药是一样的(众人笑)。

那个时候,我已经开始非常狂热地去喜欢摇滚乐。那个时候,正是迈克尔·杰克逊长得比较漂亮的时候(哄堂大笑)。

更重要的是,这个时候的中国,已经开始发生了非常大的变化。因为,改革已经进行了10年。

那一年,中国开始尝试放开很多商品的价格。这在你们看来是非常不可思议的事情。但是,在中国当时是一个很大的迈进,因为过去的价格都是由政府来决定的。

就在那一年,因为放开了价格,引起了全国疯狂地抢购,大家都觉得这个时候会有多久呢?于是,要把一辈子用的食品和用品,都买回到家里头。这一年也就标志着中国离市场经济越来越近了。当然,那个时候没有人知道市场经济也会有次贷危机(众人笑)。

当然,我知道那一年,1988年对于耶鲁大学来说是格外的重要,因为你们耶鲁的校友又有一个成了美国的总统。

接下来又是一个新的年份:1998年,那一年我30岁。

我已经成为中央电视台的一个新闻节目主持人。更重要的是,我已经成为一个1岁孩子的父亲。我开始明白我所做的许多事情不仅要考虑我自己,还要考虑孩子及他们的未来。

那一年,在中美之间发生了一个非常重要的事件,主角就是克林顿。也许在美国你记住的是性丑闻。但是,在中国记住的是,他那一年访问了中国。在6月份他访问中国的时候,在人民大会堂和江泽民同志进行了一个开放的记者招待会,然后又在北京大学进行了一个开放的演讲,这两场活动的直播主持人都是我。当克林顿总统在上海即将离开中国的时候,记者问道:"这次访问中国,您印象最深的是什么?"

他说:"我最想不到的是这两场讲座居然都直播了(笑)。不过,直播让中国受到了表扬,而美国却受到了批评(众人笑)。"当然只是一个很小的批评。在北大的演讲当中,由于整个克林顿总统的演讲,用的全是美方所提供的翻译。因此,他翻译的那个水准远远达不到今天我们翻译的水准(听众大笑并鼓掌表示对现场翻译的感谢)。我猜想有很多的中国观众,是知道克林顿一直在说话,但是说的是什么,不太清楚(众人笑)。

所以,我在直播结束的时候,说了这样的一番话:"看样子美国需要对中国有更多的了解,有的时候要从语言开始。"美国包括美联社在内的很多媒体都报道了我的这句话。但是,我说的另外一句话不知道他们有没有报道?我说:"对于中美这两个国家来说,面对面永远要好过背对背。"

当然也是在这一年年初,我开上了人生的第一辆车。这是我在过去从来不会想到的,中国人有一天也可以开自己的车。个人的喜悦,也会让你印象很久,因为往往第一次才是最难忘的。

这一年,也是中国梦非常明显的一年。它就像全世界所有的伟大梦想,注定都要遭受很多的挫折才能显现出来一样。无论是期待了很久的北京奥运会,还是神舟七号中国人第一次在太空行走,那都是很多年前,我们期待了很久的梦想。接下来,我要讲述的是:2008这一年,这一年我40岁。

很多年大家不再谈论"我有一个梦想"这句话了,但是在这一年我听到太多的美国人在讲。看样子奥巴马的确不想再接受耶鲁占领美国20年这样的事实了(耶鲁大学一直盛产总统,而出身哈佛大学的奥巴马终结了这一事实)。他用"改变"以及"梦想"这样的词汇,让耶鲁大学的师生在他当选总统之后举行游行,甚至庆祝。在这个细节中,让我看到了耶鲁师生的超越。这一年,也是中国梦非常明显的一年。它就像全世界所有的伟大梦想,注定都要遭受很多的挫折才能显现出来一样。无论是期待了很久的北京奥运会,还是神舟七号中国人第一次在太空行走,那都是很多年前,我们期待了很久的梦想。但是,突如其来的四川汶川特大地震,让这一切都变得没有我们期待中的那么美好。这个时候中国人对于生命,我相信跟美国人和世界上一切善待生命的民族都是一样的。8万个生命的离开,让整个2008年中国人度日如年。我猜得到在耶鲁校园里头,在每一个网页、电视以及报纸的前面,也有很多来自中国的人,以及世界各地的人们,为这些生命流下眼泪。但是,就像40年前,马丁·路德·金先生倒下,却让"我有一个梦想"这句话站得更高,站得更久,站得更加让人觉得极其有价值一样,更多的中国人也明白了,梦想很重要,但是生命更重要。

在北京奥运会期间,我度过了自己的40岁生日。

那一天,我感慨万千。虽然,周围的人不会知道(众人笑)。因为时间进入到我的生日那一天的时候,我在直播精彩的比赛。24小时之后,当这个时间要走出我生日这一天的时候,我也依然在直播。但是,这一天我觉得非常的幸运。因为,正是这样一个特殊的、在北京奥运会期间的40岁,让我意识到了我的故事背后的中国梦。正是在这样的40年的时间里头,我从一个根本不可能有梦想的,一个遥远边疆的小城市里的孩子,变成了一个可以在全人类欢聚的一个大的节日里头,分享以及传播这种快乐的新闻人,这是一个在中国发生的故事。

而在这一年,中国和美国相距并不遥远,你中有我,我中有你,彼此需要。布什总统据说度过了他作为总统以来在国外、一个国家待得最长的一段时间,就是在北京奥运会期间。菲尔普斯在那儿拿到了8块金牌,而他的家人都陪伴在他的身边,所有的中国人都为这样一个特殊的家庭祝福。当然,任何一个这样的梦想都会转眼过去。在这样的一个年份里头,中美两国历史上几乎是第一次同时发出了"我有一个新的梦想",如此的巧合,如此的应该。美国面临了一次非常非常艰难的金融危机,当然不仅仅是美国的事情,也对全世界有重大的影响。昨天我到达纽约,刚下了飞机,我去的第一站就是华尔街,我看到了华盛顿总统的雕像,他的视线是那么永久不变地在盯着证券交易所上那面巨大的美国国旗(众人笑)。而非常奇妙的是,在这个雕像后面的展览馆里正在举行"林肯总统在纽约"这样的一个展览。因此,林肯总统的大幅的画像也挂在那上面,他也在看那面国旗(众笑)。我读出了非常悲壮的一种历史感。

在离开那个地方的时候,我对我的同事说了这样一句话:"很多很多年前如果美国发生了这样的状况,也许中国人会感到很开心。"因为,大家会说:"你看,美国又糟糕了!"(众大笑)但是,今天中国人会格外地希望美国尽早地好起来,因为我们有几千亿的钱在美国(鼓掌,众大笑),我们还有大量的产品等待着装上货船,送到美国来。如果美国的经济进一步好起来的话,在这些货品的背后,就是一个又一个中国人增长的工资,是他重新拥有的就业岗位,以及家庭的幸福。因此,你明白,这不是一个口号的宣传。

在过去的30年里头,你们是否注意到了,与一个又一个普通的中国人紧密相关的中国梦。我不知道世界上还有哪个国家,在过去这30年的时间里头,让个人的命运发生了这么大的变化。

一个边远小城市的孩子,一个绝望中的孩子,今天有机会在耶鲁跟各位同学交流,当然也包括很多老师和教授。中国经历了这30年,有无数个这样的家庭。他们的爷爷奶奶依然守候在土地上,仅有微薄的收入,千辛万苦。他们的父亲母亲,已经离开了农村,通过考大学,在城市里已经有了很好的工作,而这个家庭的孙子孙女也许此刻就在美国留学,三代人,就像经历了三个时代。但是在中国,你随时可以看到这样的家庭。如果我没有说错的话,现场的很多个中国留学生,他们的家庭也许就是这样。对吗?(鼓掌)那么,在我们去观察中国的时候,也许你经常关注的是"主义""社会主义"或其他庞大的政治词汇,或许该换一个视角去看13亿非常普通的中国人。他们并没有宏大的梦想、改变命运的那种冲动,依然善良的性格和勤奋的那种品质。今天的中国是由刚才的这些词汇构成。

在过去的很多年里头,中国人看美国,似乎在用望远镜看。美国所有的美好的东西,都被这个望远镜给放大了。经常有人说美国怎么怎么样,美国怎么怎么样,你看我们这儿什么时候能这样(众人笑)。

在过去的好多年里头,美国人似乎也在用望远镜看中国。但是,我猜测可能拿反了(哄堂大笑,热烈鼓掌)。因为,他们看到的是一个缩小了的、错误不断的、有众多问题的一个中国。他们忽视了13亿非常普通的中国人,改变命运的这种冲动和欲望,使这个国家发生了如此巨大的变化(鼓掌)。

但是,我也一直有一个梦想:为什么要用望远镜来看彼此?我相信现场在座的很多个来自中国的留学生,他们会用自己的眼睛看到最真实的美国,用自己的耳朵去了解最真实的来自美国人内心的想法。无论再用什么样的文字也很难再改变他们对美国的看法。因为,这来自他们内心的感受。当然我也希望非常多的美国人,有机会去看看中国,而不是在媒体当中去看中国。你知道,我并不太信任我所有的同行(众人笑,鼓掌)。

开一个玩笑。其实美国的同行是我非常尊敬的同行。我只是希望越来越多的美国的朋友去看一个真实的中国。因为,我起码敢确定一件事情,即使在美国你吃到的被公认为最好的中国菜,在中国却很难卖出好价钱(众人笑)。就像很多很多年之前,在中国所有的城市里流行一种叫加州牛肉面的面,加利福尼亚牛肉面。相当多的中国人都认为,美国来的东西一定非常非常好吃。所以,他们都去吃了。即使没那么好吃的话,由于觉得这是美国的也就不批评了(大笑)。这个连锁的快餐店在中国存在了很多年,直到有越来越多的中国人来到美国,在加州四处寻找加州牛肉面(众人笑)。但是,一家都没有找到的时候,越来越多的中国人知道,加州是没有这种牛肉面的(笑)。

于是,这个连锁店在中国,现在处于消失的过程当中。你看,这就是一种差异。但是,当人来人往之后,这样的一种误会就会越来越少。所以,最后我只想再说一句。

40年前,当马丁·路德·金先生倒下的时候,他的那句话"我有一个梦想"传遍了全世界。但是,一定要知道,不仅仅有一个英文版的"我有一个梦想"。在遥远的东方,在一个几千年延续下来的中国,也有一个梦想。它不是宏大的口号,并不仅仅在政府那里存在,它是属于每一个非常普通的中国人,而它用中文写成:"我有一个梦想!"好,谢谢各位!

2. 完成一次命题演讲。

(1) 从《青年与理想》《责任》《也说"走自己的路,让别人说去吧"》任选一题,完成演讲稿写作。

(2) 在稿件上注明重要的语言表达方式及态势语,注意声音的语气、停顿、节奏等变化。

(3) 以小组为单位交流讨论,练习演讲。

(4) 小组派代表展示。

第三节　即兴演讲

对于教师而言,口语表达是教师实现教书育人最为重要的方式、手段和途径。在工作中,一位教师可能遇上各种各样需要即兴讲话的时刻,如师生之间的日常谈话、教育教学中的即席演说、教师对偶发事件的应变处理、与不同家长的沟通交流、参加各种会议发言等。这些时刻是无法提前准备文字材料的。现想现说时,教师不仅要做到及时准确地清楚表达自己的观点,还要说得有质量、有效率、有水平。

一、即兴演讲的概念

即兴演讲是演讲主体在事先无准备的情况下,就眼前的场面、情境、事物、人物即时发表的演讲。是演讲者兴之所至,有感而发,在没有准备或准备不充分的情况下所发表的演讲。即兴演讲是相对于有备演讲而言的演讲,是一种不凭借文字材料进行表情达意的口语交际活动。

二、即兴演讲的特点

即兴演讲与命题演讲不同,往往是随兴而发,演讲者思考时间短,要在瞬间完成谋篇布局,如曾任国务院副总理、经贸部部长的吴仪在国际谈判中尤其鲜明地体现了这一点。1991年底在中美知识产权谈判中,美方一见面就出言不逊,说:"我们是在和小偷谈判。"吴仪立即回击:"我们是在和强盗谈判。请看,你们博物馆里的展品,有多少不是从中国抢来的!"

其次,即兴演讲往往以简练、含蓄取胜。由于临时准备、即兴发表的讲话很难构思出长篇大论来,所以即兴演讲一般是主题单一、篇幅短小、时间短暂的演讲。其语言生动形象,突出口语化,少用或不用书面语。句式短小、灵活,不用难以理解的长句子。

最后,即兴演讲还有针对性强的特点。一般的讲话,尤其是聊天,可以不过多地受具体场合的制约,即兴演讲则不同,要注意一定语境话题的相关性,不能信口开河,要"到什么山,唱什么歌"。演讲者要能针对听众的特点和要求,紧扣主题、缘事而发、触景生情、溢于言表。

三、即兴演讲的技巧

即兴演讲对演讲者的要求较高,需要有清晰的思维、良好的表达和优秀的心理素质。对于即兴演讲者来说,比较难的是在极短的时间内把思想理清楚、把想表达的内容有条理地说出来,为了做好这一点,我们可以借用命题演讲的一些常用的构思模式,提高思维的条理性和层次性。

(一)借题发挥法

即借现场之题发挥,可以"借事发挥",可以"借物发挥",也可以"借景发挥"。这样的即兴演讲朴实、自然，会收到意想不到的现场效果，是生活场景式即兴演讲常用的方法。"借题发挥"时，要求思维与表达同步，必须尽快地确定即兴演讲的主题，有了明确的主题，说起来才可能放得开又收得拢，既言之成理又言之成篇。

> **案例分析**
>
> 　　当我们站在这个广场上，同千千万万的尼泊尔人民在一起的时候，过去时代的珍贵的回忆，就又涌现在我的眼前。虽然在我们两国之间横隔着世界上最险的喜马拉雅山，然而我们的人民却自古以来就保持着友好的往来。
> 　　……
> 　　在我要结束我的讲话的时候，我祝中国和尼泊尔的友谊像连接着我们两国的喜马拉雅山那样巍峨永存。
>
> 　　这是1957年周恩来总理访问尼泊尔时，在加德满都市民欢迎会上发表的讲话的开头与结尾部分。周恩来总理就地取材，以喜马拉雅山之险与中尼两国自古友谊长存的事实做对比，说明两国人民友谊之深厚，两国友好关系之稳固。

（二）散点连缀法

该方法是演讲者在一时找不到话题的情况下，采取的一种"应急"的方法，较适合于生活场景式即兴演讲。在特定的语言环境做即兴演讲，在紧急选材构思时，人的头脑中会出现散乱的思维点，演讲时要捕捉住这些思维点，从这些点的关系中确定一个中心，并用它连缀其他点，同时将与主题无关的全部舍去，当表达网络形成后，就可以开始讲话了。

（三）模式构思法

即以一个基本模式框架作为快速构思的依据，使即兴演讲既符合人们的思维习惯，又能使话题集中，把信息传达清楚。这是使即兴演讲言之有序、言之有物的有效方法，生活场景式即兴演讲和命题式即兴演讲都适用。如"三么"框架构思模式：在即兴演讲前短暂的准备时间里，快速思考三个最基本问题，即"是什么""为什么""怎么办"。又如"三点归纳式"构思模式：第一点，归纳前面所有人讲话的要点；第二点，提取前面某个或某些讲话人的特点；第三点，捕捉前面某个或某些讲话人的闪光点。可根据现场需要使用。

> **案例分析**
>
> 　　美国公共演讲专家理查德提出"结构精选模式"，认为即兴讲话应该记住提醒自己的四句话，即四个步骤。它们是：
> 　　1. 喂，讲得精彩些！（提醒自己开头就要吸引听众，激起听者的兴趣）
> 　　2. 为什么要费这个口舌？（指出所讲内容与听众的利害关系，进而强调自己讲话的重要性）
> 　　3. 举例说明。（用具体事例形象化地印入听者的脑海中）

4. 怎么办？（对听众提出希望，讲清大家该做些什么或怎么做）

例如，"保障生命安全，减少交通事故"的即兴发言可以这样讲：

第一部分：上星期四，特地购买的45个骨灰盒已运到了我们的城市……

第二部分：不讲交通安全，那订购的45个骨灰盒，也许在等待着我，等待着你，等待着我们的亲人……

第三部分：举一些有关治安、交通方面和中小学生发生交通事故的事例。通过这些事例，讲清每日每时会威胁我们生命的潜在因素。

第四部分：下面我想告诉大家，当……时应当……；当……时应当……；当……（告诉听众你想要他们做些什么，要讲得具体点）

这个运用"四步成章"法的即兴发言以"耸人听闻"的悬念作开头，引起听众的注意，用鲜明警醒的议论"勾"住听众的感知神经，表述通俗洗练，虽然内容并不新颖，但句句切中要害，打动人心，进而收到良好的效果。

（四）"三段式"法

这种方法将内容分为三段，即开头、主体、结尾的"三段式"，条理清晰，内容明确，构思简单，较适合即兴演讲。一般要求开头部分开门见山，简单提出自己的意见和观点；中间主体部分有理有据地进行论证；结尾部分简短有力，再次表明立场。

案例分析

1976年1月8日，周恩来总理逝世，联合国总部门前降半旗致哀。自1945年联合国成立以来，世界上多国元首先后逝世，联合国还未为谁降过半旗，于是一些国家感到不平了，他们的外交官聚集在联合国大门前的广场上，言辞激烈地向联合国总部发出质疑。当时联合国秘书长瓦尔德海姆站出来，在联合国大厦前的台阶上发表了一次极短的演讲：

女士们、先生们：

为了悼念周恩来，联合国下半旗，这是我个人的决定，原因有二：

一是中国是个文明古国，她的金银财宝不计其数，她使用的人民币多得我们数不过来，可是她的总理没有一分存款。

二是中国有九亿人口，占世界人口的四分之一，可是周总理没有一个自己的孩子。

你们任何国家的元首，如果能做到其中一条，在他逝世的日子，联合国总部照样为他降半旗。

谢谢！

说完，他扫视了一下广场，而后转身返回秘书处，这时的广场先是鸦雀无声，接着是雷鸣般的掌声。

瓦尔德海姆的这段即兴演讲是典型的三段式结构，言简意赅，内涵深刻，有理有据，收束及时。

（五）链条形构思法

链条形构思法又被称为演讲的"线形结构"，它是延展性思维的体现。其特点是先确定演讲的主旨，以此为"意核"，作为导向定势，通常为"开篇首句"；然后，句句紧扣意核（首句），单线纵向发展，形成一个环环相扣的链条。

案例分析

1938年4月7日，郭沫若在汉口北部旧华商跑马场的"广场歌咏会"上的《来它个"四面倭歌"》的讲话：

歌咏是最感动人的。歌咏的声音能把人们的感情意志立即融成一片，化为行动。

从积极方面来说，歌咏可以团结自己的力量。从消极方面来说，歌咏可以涣散敌人的军心。

汉高祖的谋臣张良便曾经利用过歌咏的力量涣散了楚霸王的士兵。楚霸王尽管有拔山盖世之勇，终于敌不过歌咏的声音。目前我们的敌人尽管是这样横暴，尽管有大量的大炮飞机，我们要准备着用歌咏的力量来把它们摧毁。张良给了楚霸王一个"四面楚歌"，我们现在就给日本帝国主义者一个"四面倭歌"。

我们要用歌咏的力量来扩大我们的宣传，我们要用歌咏的力量来庆祝我们的胜利。最近鲁南方面连战连捷，尤其台儿庄空前的胜利，是值得我们歌咏的。

但我们也要知道，我们应该光复的还有好几个省的土地，我们应该歼灭的还有不少的敌人。

我们要用我们的歌声鼓舞起来，打倒我们共同的敌人，打倒帝国主义！更加团结我们自己的力量，把一切的失地收复，把全部倭寇驱除。我们要把我们的歌声扩展到全武汉，扩展到全中国，扩展到全世界。

我们要把全世界的友人鼓舞起来，打倒我们共同的敌人，打倒帝国主义！

郭沫若的即兴讲话一开头就直截了当地把"歌咏是最感动人的"这一道理揭示了出来。他指出："歌咏可以团结自己的力量""歌咏可以涣散敌人的军心。"他把讲话内容构思的起点和归宿都放在歌咏宣传的功能和歌咏宣传的力量上，并恰到好处地运用典故、排比、对比、对偶等修辞手法，把自己对歌咏宣传的功能和歌咏宣传的力量的深刻见解，像连珠炮似的吼了出来，增强了语气的慷慨激昂，利用感情产生强大的冲击波，推动群众歌咏活动的积极性。

思考训练

一、请同学们听一听演讲作品《万世师表》。
1. 此次演讲主题是什么？演讲者是如何阐述这一主题的？
2. 分析本次演讲稿件的结构特点。

3. 思考讲述者是如何综合运用各种语言表达手段的。

我是演说家——《万世师表》演讲稿
熊 浩

小时候父母带我去孔庙,跟着人群走过那个叫学海的小池塘,跨过礼学门的牌坊,进入大成殿。只见正前面站着一个合手而立的夫子,他的前面有龛台,龛台上有牌位,牌位上有一行小字。我透过人群仔细看,那上头的字是"万世师表"。我长大了,我明白,这四个字对中华民族无比隆重,它用来专门修饰那些我们这个文明的人格典范和精神导师。

坦率说,当我拿到这个题目的时候,我突然想到现实。我们所占据的这个现实社会,天下熙熙皆为利来,天下攘攘皆为利往。导师这个词,多少恐怕也受些污染了吧。什么人都敢称导师,教人唱歌、教人理财、教人成功、教人创业,所有人都称导师。我不是说这样的称呼错了,我是说有一点不甘。你会不会有的时候有一点迟疑,就是,这世上除了那些教人成功的人,还会不会有一种不一样的人——

他以他的生命质量重新撑起导师这两个字的隆重分量;

他以他自己的生命光亮重新点亮导师这两个字的生命光华。

如果有,他是谁?他是何等模样?

我大学时代到安徽支教,从上海出发,火车转汽车然后步行,最终到达了大别山深处的安徽金寨的一所小学。第二天一早,我和太阳一起起身,来到学校当中推开教室的门,发现孩子的眼睛,被阳光照得无比激亮。我们拿半截粉笔,开始在黑板上书写语文、数学、英语,下课的时候,我们这帮大孩子和山里的娃一起在红旗下嬉戏,那个声音放肆得要命,传出好远好远,引得那些村里的孩子家长都好奇地往里望。

我拿到导师这个题目,进入我头脑的便是那大别山深处的琅琅书声,便是那孩子眼睛,便是求知的精神,以及在那个小小的校园当中的白墙上,一直让我难以忘怀的话。他说:教育为公,以达天下为公。我们问校长这是谁说的,校长说,我们安徽老乡陶行知。

陶行知安徽歙县人,1891年生,1946年逝。他先后在南京汇文书院、金陵大学、美国伊里诺易大学和哥伦比亚大学求学,主修教育。陶行知1917年回国,先后在南京高等师范学院和国立东南大学任教。1917年,一个成功的中国知识分子留学回国了,他那个时候并没有梦想着享受成功,而是要重新定义何谓成功,他要让自己和祖国重新建立关联。

1917年,先生目之所及之中华满目疮痍,国家贫困到难以想象的程度,陶行知说这病根在教育。中国那时候有两亿文盲,有七千万儿童没有任何机会接受教育。那时候的陶行知,以他之所知,本可以转身而为人上之人;那时的陶行知,以他之所学,本可以谈笑于鸿儒之间。而他把目光死死盯住中国的最底层社会。陶行知振聋发聩地说,这个国家以农立国,人们十之八九生活在乡下,所以中国的教育就是到农村去的教育,就是到乡下去的教育,因为农村如果没有改观,国家就没有希望。

他这么说,然后就这么做。陶行知脱下西装,辞掉自己大学教授的优渥待遇,推行平民教育。这是什么概念各位,陶行知在当时一个月的收入是四百个现大洋,那个时候若在北京要想买整一套四合院,不过花费他三个月的薪水。而这一切,陶行知统统不要了。他移居到南京郊外的晓庄,这是一个极为落后贫困的中国普通村落,他住到牛棚当中。他和老乡们相识，他渐渐有一个看上去不可实现的愿望，那就是为中国培养一百万农村教师。

在晓庄，陶行知带领学生们自己耕作，自己劳动，自己修建校舍，他说：流自己的汗，才能吃自己的饭，自己的事你得自己干。陶行知不是要培养高高在上的知识分子，而是那些在人民之中的老师。他邀请自己的朋友、学者到晓庄授课，传播新的知识和观念。渐渐地，这个在晓庄极不起眼的大学堂，从几十人发展到数百人众。陶行知行走在世俗乡里之间，行走在街谈巷议之内，他要帮助那些最普通的中国人，那些年迈的爷爷奶奶、那些富人家里面的佣人、那些财主家的帮工、那些街头的打杂者、那些货场的脚力、那些拉洋包车的师傅们，都识字。

他一个人在努力着，他的这个梦想的芽破土而出，我们眼见繁花就要开到树上。是的，有陶行知所在的地方，就有平民教育的希望。在武汉、在重庆、在上海、在南京，他为中国教育的崛起一直在路上，而最后先生死在路上。

1946年7月25日，陶行知因积劳成疾，突发脑出血在上海逝世，那年他55岁。12月1日，先生的灵柩回到南京，南京城里的老百姓自发为先生扶灵。他们要送这个人，送他回他的晓庄，沿路上的人们唱着哭着："你去了，我们穷孩子的保姆，我们的朋友，人民的导师。"挽联在飘，上面写着行知先生千古，而旁边是宋庆龄亲笔题写的四个苍劲大字"万世师表"。

先生说，我带一颗心来不带半根草去；先生说，我就是中国一介平民。几十年的学校教育把我往西方贵族的方向渐渐拉近，而经过一番彻悟，我就像黄河决了堤，向中国平民的道路上奔涌回来了。

我们回头看我们当代的社会，导师这个名词多少开始变得廉价了。教人理财，教人成功，渐渐地，我们忘记人格。在今天，导师这个名词变得愈发功利了，我们更多地把师生之谊看成一种雇员与雇主的经济关系。我们称导师为老板，渐渐地，我们忘记了先生。我们今天讨论陶行知，我们今天演说陶行知，我们今天缅怀陶行知，便是想凌空从先生那借来那浩然之气，让它如火，让它如光，让它重新照亮每一个为师者心中，那种知行合一的实践精神以及对祖国的赤子热爱。

2014年，我进入复旦大学任教，初为人师，想必经时光之洗练，我也会成为学生们的导师。只希望到那一天，多少能够延续先生的光，把它变成隽永的亮。

云山苍苍，江水泱泱；先生之风，山高水长。

你会问，你会问在今天全是发财的师父，全是教人营生的导师，可还真有那样一种人，用他自己的生命质量，让导师这二字有不一样的分量！可还真有那样一种人，用他自己的光亮，让导师这两个字有那种灿烂的光华！你现在应该有答案了，因为就在不远处，因为就在不久前，真有这样的人。他就站在这里，他用他的一生温润过中华。他是陶行知，他是人民的导师，他的一辈子给我们讲一件事，就是，为人师者，还可以活成这样一般大写的模样。

二、你即将去到小学进行顶岗实习，小学的老师们决定召开一个欢迎会，请你在欢迎会上做一次即兴演讲。

本章小结

演讲作为一种语言形式,几乎可以有效应用在任何层面,很多时候,我们的成功就取决于这些关键谈话与公开演说。如果一个人思想精深,学识渊博,但说起话来却像茶壶煮饺子"道"不出来,未免太让人遗憾。相信同学们经过刻苦地训练,也能拥有良好的表达、悦耳的声音、和谐的语调及优美的态势语。

拓展阅读

(一)理论拓展

查阅下列书籍与文章进行拓展学习:

[1] 许晋杭.演讲力:掌控人生关键时刻[M].北京:人民日报出版社,2020.

[2] 克里斯·安德森.演讲的力量[M].北京:中信出版社,2016.

[3] 刘艳军.演讲口才艺术八讲[M].安徽:安徽大学出版社,2012.

[4] 斯蒂文·E.卢卡斯.演讲的艺术[M].北京:外语教学与研究出版社,2014.

[5] 李元授.演讲与口才[M].武汉:华中科技大学出版社,2022.

[6] 朱迪斯·汉弗莱.即兴演讲:掌控人生关键时刻[M].垌清,王克平,译.北京:人民邮电出版社,2022.

[7] 卡耐基.卡耐基演讲训练教程[M].刘佑,译.北京:中国财经出版社,2019.

[8] 唐树芝.演讲语言与实践[M].长沙:湖南师范大学出版社,2003.

(二)实训拓展:散点连缀法训练

1. 小组训练:班级同学以6~8人分组,组内成员各自准备三张卡片,在每张写下一个词语,将卡片混在一起。每人抽三张,将毫无关联的三个词语快速构思成为一段即兴讲话。

2. 班级训练:将所有卡片集中,请同学上台随意抽取三张,在全班进行即兴演讲。

3. 班级同学分别从逻辑性、表现力、感染力等方面对演讲进行点评。

第六章　教师辩论技能训练

章首语

辩论技能指就一个观点、主张、事件等所进行的辩解与论争的能力。它是日常生活中常见的会话形式。教师从其专业能力看，不仅要"能说会道"，而且要"能言善辩"。论辩不同于讨论，具有立场对立、用词激烈、思维严谨等特点。

本章提要

本章主要帮助学生了解辩论的含义、要素、特点等基本知识；熟悉辩论赛的竞赛规则；掌握辩论的立论应变技巧、攻守谋略技巧、语言表达技巧；组织辩论赛，进行立论应变技巧运用的训练，分组就指定的辩题完成辩论。

情景导入

李明同学所在的学院近日要组织一场辩论赛，他因为平日里能说会道，而且多次代表班级参加学院的演讲比赛并获得奖项，班主任老师特意让李明和其他几位同学组成辩论队参赛。但是，他此前从未参加过此类比赛，规则和流程也不熟悉，该如何完成这个任务呢？

第一节　辩论概说

辩论是双方或多方用一定的理由来说明自己对事物或问题的见解,揭露对方的矛盾,以便在最后得到共同的认识和意见。

一、辩论的要素

辩论是用语言辨明是非、探求真理的行为,由三个必不可少的要素构成。这就是辩题、辩论规则、辩论人。我们通过辩论与演讲的比较来分析这些要素。演讲赛也是一种智力的竞技运动,从比赛的进行形式看,我们可以把演讲看成是表演式的智力竞技运动,而辩论是对抗式的智力竞技运动。

(一)辩论人

辩论人是辩论的主体,包括参辩双方,可以分为个人的和团体的两种,具体有一对一、二对二、团体对团体,好比球类中的单打、双打和团体赛,但乒乓球中的团体是以单打和双打的积分确定胜负,辩论赛中的团体赛是一起上阵。作为辩论的参赛双方,应是来自同一个层次的,在文化、理论和道德修养以及气质、涵养诸方面应是相当的,否则辩论就不能形成交锋和高潮,不可能真正展开,也就没有了观赏价值。

(二)辩题

辩题是辩论的中心,整场辩论都是围绕辩题进行的。无论辩论赛还是演讲赛,题目都是事先确定的,通常由比赛的组织者拟定后让参赛者抽签选定,辩论赛还要确定各方所持的立场。

(三)辩论规则

演讲比赛是由参赛人各自独立完成,然后由评委们做出评判。演讲比赛的规则比较简单,主要是对演讲的时间做出限制。而辩论的规则显然比演讲更复杂,因为它更多的是一种游戏,游戏的博弈过程千变万化,就得事先立下一些约定,制定出比较复杂的规则。

二、辩论的特点

为了取得辩论的成功,当然要讲究语言的运用。应该说,我们所讲的口语艺术的全部内容都适用于辩论之道,但辩论与一般交谈和当众演讲毕竟有所不同,它唇枪舌剑、针锋相对的形式,决定了辩论具有观点的对立性、思维的机敏性、论理的攻守性等特点。

(一)观点的对立性

辩论各方的观点必须是截然对立的或至少是有鲜明分歧的。没有对立便没有辩论。辩论中,辩论者既要千方百计地证明自己观点的正确性并要对方承认,又要针锋相对地批驳对方的观点,并使对方放弃自己的观点,这就决定了各方立场的鲜明对立性,这样才有辩论的必要。

(二) 思维的机敏性

由于辩论在许多时候打的是无准备之战,在唇枪舌剑的战斗中,双方思维的紧张程度不亚于短兵相接。语言信息的传播与反馈比起一般的会话来得快得多。因而既需明察对方的策略,又要应付对方的"明枪暗箭",而这一切往往来不及深思熟虑,都得临场发挥。所以论辩者必须具有敏捷的思维能力、高度的判断能力、机智的语言运用能力。

(三) 论理的攻守性

论辩是"破"与"立"的辩证统一。论理时一方面要使自己的观点正确、鲜明、论据有力、战术灵活适当,使己方坚如磐石,令对方无懈可击;另一方面要善于从对方的阐述中寻找纰漏,抓住破绽,打开辩驳的突破口,使自己立于不败之地。

三、辩论的类型

辩论根据其表现形式的不同可以分为以下几种。竞赛式答辩,在一个观点上进行正辩和反辩,充分展示辩论双方的辩论技巧。答辩式辩论本质就是问答,通常用于毕业设计,由导师或者评审提问。对话式辩论,其本质体现为追求真理而进行的平等辩论上,核心就是要充分保障表达自由权的行使。

(一) 竞赛式

竞赛式辩论是指两支辩论队伍,按照竞赛规定,针对同一辩题,通过交替发言,论证己方观点,攻击对方观点,最后由评委打分决定胜负。

(二) 答辩式

答辩式辩论有毕业论文答辩、法庭辩论、决策辩论、外交辩论、答记者问等。

(三) 对话式

对话式辩论在社会生活中常见,以说服对方接受自己的观点为目的,如日常琐事的交谈、经济纠纷的协调、工作上的谈判、邻里矛盾的化解、交通事故的协调等。

第二节　辩论赛及辩论技巧训练

一、辩论赛的目的

辩论的目的在于培养人的逻辑思维能力、语言表达能力、应变能力、组织能力，也让学生对社会的问题、现象有更深层次的思考，引导学生树立正确的人生观、价值观、社会观。辩论赛在准备的过程中可以了解到队友内心的真实想法，从而增加朋友之间的认识，促进友谊。辩论赛还可以培养团队协作的能力与意识。

二、辩论赛的流程

执行主席致开场辞，简要介绍赛况、赛程和比赛规则，即进入本场比赛。
执行主席介绍辩题、正反双方代表队和评判团成员情况，宣布开始比赛。
双方自我介绍，由正方进行自我介绍，再由反方进行介绍，时间各 1 分钟，共 2 分钟。

（一）立论阶段

正方一辩开篇立论，3 分钟。
反方一辩开篇立论，3 分钟。

（二）驳立论阶段

反方二辩驳对方立论，2 分钟。
正方二辩驳对方立论，2 分钟。

（三）质辩环节

正方三辩提问反方一、二、四辩各一个问题，反方辩手分别应答。每次提问时间不得超过 15 秒，三个问题累计回答时间为 1 分 30 秒。
反方三辩提问正方一、二、四辩各一个问题，正方辩手分别应答。每次提问时间不得超过 15 秒，三个问题累计回答时间为 1 分 30 秒。
正方三辩质辩小结，1 分 30 秒。
反方三辩质辩小结，1 分 30 秒。

（四）自由辩论

正反方辩手都参加，总用时 4 分钟。

（五）总结陈词

反方四辩总结陈词，3 分钟。
正方四辩总结陈词，3 分钟。

三、赛制规则说明

（一）立论阶段

由正反双方的一辩选手来完成，要求立论的框架明确，语言通畅，逻辑清晰，能够正确地阐述己方的立场。

（二）驳立论阶段

这个阶段的发言由双方的二辩来进行，旨在针对对方的立论环节的发言进行回驳和补充己方的立论的观点，也可以扩展本方的立论方向和巩固己方的立场。

（三）质辩环节

这个阶段由双方的三辩来完成，双方的三辩针对对方的观点和本方的立场设计三个问题，由一方的三辩起来提问对方的一辩、二辩、四辩各一个问题，要求被问方必须回答，不能闪躲，提问方每个问题的时间不可超过十五秒，回答方三个问题的回答累计时间是一分三十秒，双方的三辩交替提问，由正方开始。在质辩的环节中，要求双方的语言规范和仪态庄重，表述清晰。在质辩结束后，由双方的三辩针对对方的回答进行质辩小结，时间一分半，由正方开始。

（四）自由辩论阶段

正反双方的八位辩手都要参加，辩论双方交替发言。双方都拥有四分钟的累计发言时间，在一方时间用完后，另外一方可以继续发言，直至本方的时间用完。在这个环节中，要求辩论双方的队员团结合作、整体配合，自由辩论阶段由正方开始。

（五）结辩阶段

针对对方的观点，从己方的立场出发，总结本方的观点，阐述最后的立场。

四、辩论赛的准备

辩论比赛是许多年轻人喜欢关注的言语表达能力的比赛。然而，虽然许多年轻人对比赛非常热情，但由于缺乏一定的辩论知识，或者不知道如何在比赛前正确准备，或者在比赛中没有要点，他们第一次容易遭受挫折。因此，初学者有必要做好一些辩论比赛的基本准备。

（一）知识的准备

找有关自己辩题的论点论据，搜集对手可能要找的资料，找漏洞，寻找攻破的方法，或让对方证据的证明力降到最低。

（二）思路的确立

与自己的队友统一思路，最好做有多种思路的准备，预防突发状况。同时，对辩题证词的基本框架要进行梳理，对所获知识进行归纳整理，还要查找自己证据的漏洞，然后想办法去弥补。

（三）队伍的配置

辩论赛是团队赛，要合理配置比赛队伍，安排出场顺序。通常一辩主要是阐述本方观点，要具有开门见山的技巧和深入探究的能力，要能把观众带入一种论辩的氛围中，所以要求一辩具有演讲能力和感染能力；二、三辩主要是针对本方观点，与对方辩手展开激烈角逐，要求他们具有较强的逻辑思维能力和非凡的反应能力，要能抓住对方纰漏，加以揭露并反为己用，要灵活善动，幽默诙谐，带动场上气氛；四辩要能很好总结本方观点，并能加以发挥和升华，要求有激情，铿锵有力，把气氛引入另一高潮，要有非常强的应变能力和总结概括能力。

五、撰写辩论提纲

辩论赛在大学的班级里是很常见的，是两个人或两支队伍就一个问题展开讨论。在许多方面，写一篇辩论提纲和为演讲写提纲是很相似的。然而，因为辩论赛上所使用的并不是常见的交流方式，所以知道怎样去写辩论提纲是很重要的，这样我们的发言才能有适当的结构。

（一）辩论稿的格式

辩论稿的格式一般分标题、正文、署名、日期等几部分。标题可点明辩论稿的中心，或标明中心事件，或标明中心的论题，最好让人看到标题就能了解辩论的内容。署名可以在标题下方，也可以在文章最后，最好标明自己的出场位置，让队友清楚你是第几辩手或这份内容是第几辩手使用，可以用在哪些辩论环节。

（二）辩论稿的正文

正文一般分开头、主体、结尾三部分，最好用总—分—总结构。开头部分要表明观点或提出反驳意见；主体部分要有论据支持，要有己方的也要准备对方的，以便随机应对，同时主体部分的语言要富于逻辑，要有条理性；结尾要善于概括己方的重点，或反驳、质疑对方的弱点、漏洞，尤其是四辩总结陈词时更是要随时补充内容，机智应对。

案例分析

标题：手机的弊大于利（反方）

（开头）主席好！大家好！很高兴今天能就手机的利与弊这个辩题来辩论。我方观点是：手机的弊大于利。

（正文）一是影响休息，耽误学业。我们都听过这么一句话：要想毁掉一个孩子，给他一部手机就可以了。可见手机的危害多么大。孩子们用手机谈论学习的少，用于相约外出游玩、打游戏的多……

> 二是手机不良信息。手机里的信息有很多广告、有色信息等,孩子小没有分辨能力,易受影响……
>
> 三是攀比之风。手机是贵重物品,尤其高档手机,给家庭造成负担。手机更新快,有人为炫耀身份、地位、家境等,甚至贷款买手机……
>
> 四是近几年因为手机造成的悲剧越来越多,14岁的少年因为母亲没收手机,就将母亲杀死;德国火车司机因玩手机,造成火车撞车事故,让12人失去生命……
>
> (结尾)不否认手机的利,但总体而言,手机带给我们的影响始终是弊大于利的。

提示:撰写辩论提纲时,可以用小卡片的方式撰写、整理;论据的收集可以包含方方面面,但一定要真实、典型,能经受对方的反驳;"知己知彼,百战不殆",撰写辩论提纲时,既要准备己方的资料,还要反证对方可能会提出什么观点,有什么论据,可以如何反驳。

(三)辩论稿的礼貌用语

辩论赛时要注意风度、礼节,在用词时不能用"你说""他说",而应该用"对方辩友说""对方一辩说"等语言表达。为了避免因为紧张而忘记使用打招呼、表感谢等礼貌用语,撰写辩论稿时可以适当写上一些礼貌用语。如一辩开场时,常会说:"主席好!大家好!"自由辩论时,可以说:"谢谢主席,各位好!""感谢对方辩友为我方送上论据,我方观点……"

六、辩论技巧

辩论往往是在动态思维中进行的,是一种高智商的游戏。辩论能否成功,对辩论双方来说,不在于各自拥有多少真理,而在于能辨出多少真理、多少智慧。要想成为"巧言一席,强似雄兵百万"的辩手,除了要具有多方面的知识素养,还必须掌握多种辩论技巧。

(一)立论应变技巧

1. 巧妙定义

辩论是有规则的智力游戏,可以在不歪曲原意的情况下,巧设逻辑框架,扬长避短,自圆其说。例如,在"顺境出人才还是逆境出人才"的辩论中,反方从逻辑角度对"逆境出人才"立论:人才就是同类人中能够脱颖而出、出类拔萃的人物;顺境就是顺利的环境,比如顺风而行,顺流而下;逆境不但是悲惨之境、苦难之境,还是困难之境。在苦难之境、困难之境前,别人畏缩不前,你仍然勇往直前,于是脱颖而出,成为人才,所以说人才只能产生于逆境。在顺境中,人人乘风而行,人人顺流而行,谁也不能称为人才,因为人才必须出类拔萃。而你超越众人,将顺境变为逆境,比如水速十里,众人航速皆十里,而你独以百里之速前进,于是顺流变成了逆流,顺境变成了逆境,十里动力变成了九十里阻力,而你正是在克服九十里阻力的过程中脱颖而出成为人才。所以人才与顺境无关,只有逆境才能出人才。

2. 追加前提

当碰到一个对自己不太有利的辩题时,可巧妙限题,趋利避害。例如在"竞争与合作可以(不可以)并存"的辩题中,正方要想维护"竞争与合作可以并存"这一观点是有一定的困难的,但在辩题中追加"在社会主义市场经济条件下"这一前提,就达到了既不改变辩题性质,又能缩小辩题的范围,增添己方立论有利因素的目的。

3. 避实就虚

当遇到让大多数评委和观众难以接受的辩题时,可以另辟蹊径,拓展辩题,把论题界定到对己方有利的范围。在"人性本善(本恶)"的辩题中,反方对"人性本恶"的命题,就从三个角度来立论。事实上,人性与生俱来是恶的;价值上,我们不鼓励恶,希望通过教化来使人性向善的方向发展;起源上,人性本恶,但是如果人皆相恶,那么人种便难以保存,为了群体的生存,必须制定一些规则,那最初的对于规则的遵守便是善的起源。

4. 出奇制胜

表述论点,可以大胆创新,转换话题切入角度,营造攻守皆宜的辩论氛围。例如在"大学生择业的首要标准是发挥个人专长"的辩论中,反方的立论角度虽然很多,但都很一般,没有新鲜感。辩论时,反方以"大学生应从个人的自我完善和推动社会进步的角度确定择业方向"为论点,别出心裁,出人意料,使正方措手不及,增强了论点的说服力。

(二) 攻守谋略技巧

辩论赛场上,最容易使己方陷入劣势境地的是被动应战。因此,要想掌握辩论的主动权,反客为主,使己方稳操胜券,就必须灵活运用逻辑推理,掌握"攻守"战术。所谓"攻",就是确定论证己方论点、反驳对方论点的方法与途径。所谓"守",就是确定抵御对方批驳的方法和途径。

1. 借力打力

"以子之矛,攻子之盾",使对方于急切之中,理屈词穷,无言以对。例如,在"知难行易(知易行难)"的辩论中,有这么一个回合:

反方:许多贪官不是不知法,而是知法犯法。

正方:对啊!那些人正是因为上了刑场死到临头才知道法律的威力、法律的尊严,可谓"知难"啊,对方辨友!(热烈掌声)

当对方以实例论证"知法容易守法难"时,正方马上转而化之,从"知法不易"的角度强化己方观点,给对方以有力的回击,扭转了被动局势。

这里,正方之所以能借反方的例证反治其身是因为他有一系列并没有表现在口头上的、重新解释字词的理论作为坚强的后盾:辩题中的"知",不仅仅是"知道"的"知",更应该是建立在人类理性基础上的"知"。守法并不难,但是要懂得保持人的理性却是很难的。这样,正方宽广、高位定义的"知难"和"行易"借反方狭隘、低位定义的"知易"和"行难"的攻击之力,有效地回击了反方,使反方构建在"知"和"行"表浅层面上的立论框架崩溃了。

2. 移花接木

剔除对方论据中存在的缺陷，换上对己方有利的观点或材料，往往可以收到事半功倍的奇效。移花接木的技法在论辩理论中属于强攻，它要求辩手勇于接招，勇于反击，因而它也是一种难度较大、对抗性高、说服力强的论辩技巧。但是，实际临场上雄辩滔滔，风云变幻，更多的"移花接木"，需要辩手对对方当时的观点和我方立场进行精当的归纳或演绎。比如，在"治贫比治愚更重要"的论辩中，正方有这样一段陈词：

对方辩友以迫切性来衡量重要性，那我倒要告诉您，我现在肚子饿得很，十万火急地需要食物来充饥，但我还是要辩下去，因为我意识到论辩比充饥更重要。话音一落，掌声四起。

这时反方从容辩道：对方辩友，我认为"有饭不吃"和"无饭可吃"是两码事……

反方的答辩激起了更热烈的掌声。正方以"有饭不吃"来论证贫困不足以畏惧和治愚的相对重要性，反方立即剔除其论据中存在的问题，换上己方"无饭可吃"的观点，鲜明地比较出了两者本质上的巨大差别，有效扼制了对方偷换概念的倾向。

3. 以退为进

姑且认同对方观点的正确，并顺应对方的逻辑进行推导，然后在推导中根据己方需要，设置某些符合情理的障碍，使对方观点在所增设的条件下不能成立，或得出与对方观点截然相反的结论。例如在"愚公应该移山还是应该搬家"的论辩中：

反方：我们要请教对方辩友，愚公搬家解决了困难，保护了资源，节省了人力、财力，这究竟有什么不应该？

正方：愚公搬家不失为一种解决问题的好办法，可愚公所处的地方连门都难出去，家又怎么搬？可见，搬家姑且可以考虑，那也得在移完山之后再搬呀！

这一回合，反方就事论事，理据充分，符合现代价值取向。正方力避就事论事，首先顺势肯定"搬家不失为一种解决问题的好办法"，继而提出"愚公所住的地方连门都难出去"这一条件，自然而然地导出"家又怎么搬"的诘问，最后水到渠成，得出"先移山，后搬家"的结论。这一归谬推理，环环相扣、节节贯穿，以势不可挡的攻击力把对方的就事论事打得落花流水，可谓精彩绝伦。

4. 釜底抽薪

向对方做选择性提问，把对方置于"两难"境地是许多辩手惯用的进攻招数之一。对付这种有预谋的提问，可以从对方的选择性提问中抽出一个预设选项进行强有力的反诘，从根本上挫败对方的锐气。例如在"思想道德应该适应（超越）市场经济"的论辩中：

反方：我想问雷锋精神到底是无私奉献精神还是等价交换精神？

正方：对方辩友您错误理解了等价交换，等价交换是说所有的交换都要等价，但并不是说所有的事情都是在交换，雷锋还没有想到交换，当然雷锋精神谈不上等价了。

反方：那我还要请问对方辩友，我们的思想道德核心是为人民服务的精神，还是求利的精神？

正方：为人民服务难道不是市场经济的要求吗？

这一交锋，反方有备而来，有"请君入瓮"之意。如果正方以定势思维被动回答，就难以处理反方预设的"两难"：选择前者，则刚好证明了反方"思想道德应该超越市场经济"的观点；选择后者，则有悖事实，谬以千里。妙在正方辩手跳出反方"非此即彼"的"等价交换"这一选项，进行反诘，以倒树寻根之势彻底推翻了其为预设选项的正确性，语气从容，语锋犀利，其应变之灵活、技法之高明，令人称赞。

5. 扩大矛盾

在辩论过程中，尤其是在自由辩论阶段，双方剑拔弩张，稍有疏忽，辩手就有可能急不择言，把本来十分简单的常识讲错。因此，一旦发现对方辩友在语言、逻辑、内容等方面出现前后不一致的情况，就要及时抓住，并竭力扩大矛盾，以鼓舞己方士气，给对方造成心理压力。例如在"法律是（不是）道德"的辩论中，反方的三辩认为法律不是道德，二辩则认为法律是基本的道德。正方迅速抓住这两种相互矛盾的观点，趁机扩大其裂痕，迫使反方措手不及、陷入窘境、无力进攻。

（三）语言表达技巧

辩论是对话与演讲相结合的特殊形式，它是思想的交锋，也是语言的较量。辩论者或妙语连珠，或风趣幽默，或慷慨激昂，无不显示出辩论的语言魅力。语言技巧是辩论形式方面的因素，但它直接影响着内容表达，体现着辩者对辩论内容的表达能力，所以具备并不断提高语言技巧，也是争取辩论胜利必不可少的必要条件。

1. 数据换算

数据可以有力地证明论据，但比较枯燥。把数字与现场实际结合，可以收到很好的表达效果。例如在"北京市乘车难的原因是人多车少"的辩论中：

正方：1950年至1980年，北京汽车增加了20倍，客容量增加了120倍。法国巴黎规定，公共汽车每平方米限乘5人，而北京在早晚上下班高峰时达13人，也就是让我们正、反双方8位同学，加上5位尊敬的评委挤在1平方米的面积里。

正方的这段话，巧妙地把数据换算成现场人数，给人具体真实的感觉，增强了论点的说服力。

2. 模糊巧答

对一些不能确切回答，又不能不答的提问，可以模糊巧答。例如在"流动人口的增加有（不）利于城市的发展"的辩论中：

反方：请问推力是多少？拉力是多少？流入是多少？流出是多少？

正方：拉力是巨大的，推力是巨大的，对方辩友说流动人口的增加不利于城市发展，是不是说流动人口的减少有利于城市的发展？

反方故意刁难，企图封锁对方回答的可能，正方摆脱反方所设圈套，以"巨大"一词模糊答之，转危为安。

3. 借用诗词

中国古典诗词不仅语言简洁，而且意境隽永，给人以美感。在辩论中恰到好处地运用，能引起观众的共鸣，收到意想不到的效果。例如在"美是客观存在还是主观感受"的辩论中：

反方：这是一枝玫瑰花，但是在大家的心目中是不是有不同的美的感受？伤心的人会说，感时花溅泪；高兴的人会说，花儿对我笑；憔悴的人会说，人比黄花瘦；欣喜的人会说，人面桃花相映红。有人说花很有情，所谓"落红不是无情物，化作春泥更护花"；有人说花很无情，所谓"癫狂柳絮随风舞，轻薄桃花逐水流"。原因是什么？年年岁岁花相似，岁岁年年人不同。在客观上花自飘零水自流，可我们的主观却是一种相思、两处闲愁。

4. 圈套提问

设置两难，巧妙提问，可以把对方引入己方的"势力范围"，让对方陷入左右为难的境地。例如在"儒家思想可以（不可以）抵御西方歪风"的辩论中：

反方：我请问对方同学，如果有人持刀抢劫你的钱包，你是对他念一段《论语》呢？还是让警察把他抓起来？

这一提问，只给出两种可能性，迫使对方从中做出选择。选择前者，迂腐可笑；选择后者，证明了反方观点。不管选择哪种答案，都对自己不利。

真题链接

历届国际大专辩论会比赛用题（部分）
1. 正方：温饱是谈道德的必要条件
   反方：温饱不是谈道德的必要条件（1993年）
2. 正方：社会秩序的维系主要靠法律
   反方：社会秩序的维系主要靠道德（1995年）
3. 正方：青春偶像崇拜利大于弊
   反方：青春偶像崇拜弊大于利（1999年）
4. 正方：家庭比事业更重要
   反方：事业比家庭更重要（2003年）
5. 正方：顺境更有利于人的成长
   反方：逆境更有利于人的成长（2003年）

本章小结

本章介绍了辩论的要素、特点和类型，帮助同学们了解了辩论赛的流程、赛制，以及怎样去准备辩论赛。借助具体的案例分析，对辩论中常用的论辩技巧和语言表达技巧进行了归纳和梳理。

思考训练

1. 运用辩论知识,分析以《发展自然科学与社会科学谁更重要》为命题的辩论片段,说明正反双方所采用的辩论技巧。

正方:发展自然科学,是各国都在争着上的一班车,在激烈的竞争中,不是这班赶不上再搭下一班的问题,而是如何挤上这班车的问题。

反方:索罗斯利用经济制度的缺陷制造东南亚金融危机,如果说他是抓住了经济规律,那应放之四海而皆准,为什么在香港受阻了呢?没有社会科学的规范,一味发展自然科学,是不是人们要克隆多少人就克隆多少人呢?

正方:关于克隆早有法律规定,难道你要改变法律不成?

反方:这正是在自然科学与社会科学发生矛盾时,谁来规范谁的问题。

2. 在"人性本善(恶)"的自由辩论片段中,反方对正方的反驳采用的是哪种技巧?取得了什么效果?

正方:我倒想问对方辩友,在人性本恶之下,我们为什么要法律,为什么要惩治的制度呢?

反方:对呀,这不正好论证了我方观点嘛?如果人性都是善的,还要法律和规范干什么?

3. 实训拓展

在班级举办一场辩论赛,选出双方辩手、主持人。赛前做好审题、立论、搜集资料、制订战术、撰写辩词等工作。赛后由教师评委和学生评委评出辩论结果,并选出最佳辩手。

拓展阅读

一、理论拓展

查阅下列书籍进行拓展学习:

[1] 余培侠. 世纪之辩[M]. 北京:中国世界语出版社,1999.

[2] 马克思主义基本原理概论编写组. 马克思主义基本原理概论[M]. 北京:高等教育出版社,2015.

[3] 阿拉斯泰尔·博尼特. 学会辩论:让你的观点站得住脚[M]. 魏学明,译. 北京:中国人民大学出版社,2018.

[4] 王安白. 辩论学[M]. 北京:法律出版社,2021.

[5] 赵禽,邓霞,刘会明. 辩论技巧教程[M]. 武汉:华中科技大学出版社,2022.

二、扫描本页二维码获取 1999 国际大专辩论赛相关资料

扫码查看
资源链接

第七章　教师职业口语训练

章首语

教师职业口语集中反映了教师的语言修养,是教师开展教育教学工作的主要方式和手段。教师职业口语主要培养师范生正确把握教师口语特点,运用教学口语技能、教育口语技能以及教育教学的语言规律对小学生进行教育教学的能力。

本章提要

本章主要帮助学生了解教师职业口语的基本要求和基本技能,能够综合运用语音的多种方式和教师口语修辞手段来表情达意,理解职业口语的特点与要求,掌握主要职业口语的表达技巧,能够运用沟通、启迪、暗示、激励、评价等职业口语的基本技能做好学生的教育工作。

情景导入

教师劳动是创造性的劳动,在教师劳动的每一领域,都需伴有取得沟通教育对象心灵最佳效益的语言。清代启蒙思想家、政治家、文学家魏源曾说:"教以言相感,化以神相感。有教而无化,无以革顽;有化而无教,无以革愚。"这句话点明了教师在教学教育中语言的重要作用。的确,教师语言是教师开启学生心灵的门扉,是引导学生开启知识大门的钥匙。教师的职业语言既是一门学问,也是一门艺术,它有着自身的特点,接下来就让我们一起走近教师的职业口语,学习和锤炼教师语言艺术。

第一节　教师职业口语概说

教师主要依靠语言达到向学生"传道、授业、解惑"的目的。古人云："工欲善其事，必先利其器。"作为教师，一定要重视自己的职业口语。

一、教师职业口语的含义

教师职业口语是教师的工作用语，是教师从事教育、教学工作时使用的专门口语，是教师开展教育教学工作最基本、最常用的手段。

教师职业口语是教师用以完成特定教育、教学任务的口语，因此必须符合教育教学的一般规律、学生个性心理特征与认知发展规律、特定的教育教学要求。而教师口语修养的高低直接影响教育教学工作的成败。

教师职业口语包括教学口语、教育口语和教师交际口语。

教学口语是教师在教学过程中所使用的工作语言。它是教师在课堂上根据一定的教学目标和任务，针对特定的教学对象，依据规定的教学内容，按照一定的教学程序和方法，在有限的时间内为取得某种教学效果而使用的语言。教学口语是教师职业口语中极为重要的部分。

教育口语是指教师在对学生实施思想品德教育、行为规范教育的过程中所使用的工作用语。因其贯穿于教育过程的始终，它同教学口语一样是教师完成教育教学工作不可或缺的工具，是教师必备的基本功之一。

教师交际口语是指教师为完成学校工作，在教育教学活动之外以教师身份参与的其他工作中所采用的工作用语。教师在不同的场合使用得体恰当的交际口语，是作为一名合格教师必备的基本素质。教师的交际口语既能让教师顺利开展工作，也能为教师创造和谐良好的人际关系，同时为教师自身的发展创造机会。

二、教师职业口语的特点

教师职业口语会受到教师职业性质、任务、对象的影响以及教师工作环境的制约，因而呈现出以下几个方面的特征。

（一）口语与书面语的结合

教师职业口语是教师"传道、授业、解惑"的语言，因而既要有书面语言的严密性、条理性、简洁性和丰富性，又要有口头语言的传声性、通俗性与生动性。教师职业口语是书面语与口头语的最佳结合。

1. 教师职业语言的书面性语言特点

书面语言具有规范性、凝练性的特点。书面语言的词汇、语法系统一般来说比口头语言更严密、完整；古语词成分多，俚语、俗语成分少；修饰、限定成分多，完全句式多，短句、不完全句式少，省略成分少。教师职业口语的内容里，占主体部分的是传授知识、讲授道理。由于教科书绝大多数使用的是书面语言，即学生要学习、记忆的知识——有意义的言语绝大多数由严密的科学的书面语言来表述。教师的语言具有示范作用，学生良好的语言使用习惯的形成受教师的影响很大，所以，教师应该调动书面语言规范性的长处为教育教学服务。而发挥书面语言的长处主要分为以下两点：

第一，充分利用纯粹的书面语言表达成分的长处，如发挥图表、表格等的作用，在教学中运用综合性强、周密性强的语言来表达思想。

第二，充分发挥书面语言的周密严谨、规范性强、凝练性强这一长处，科学、严密地表述定义、观点，利用书面语言的文言成分、长句式等，恰到好处地形容、比况、描绘、说明某一事物。

2. 教师职业语言的口语特点

在课堂教学中，教师虽然可以借助板书对教学的要点、重点予以"书面化""稳定化"，但板书的有限性与教师职业口语的无限性之间总是有差距，使得教师职业口语既要注意书面语言的特点，又不能过于书面语化。同时，教师职业口语与一般的口语表达一样，也具有不断发出、不断消失的特点。为了便于学生理解、接受，教师职业口语的句式与一般口语表达一样，还应该具有句式短小、结构简单、直来直去、说着顺畅、听着好懂等特点。

教师职业语言要怎样才能发挥口语表达的长处？

第一，要尽量做到通俗易懂、简短明快、生动形象。教师应该用开门见山、明快简洁的语言来组织课堂、安排衔接、讲述道理、教育学生，同时注意语言的生动性，充分运用生活实例、语言修辞来启发引导学生，以此来增强学生的兴趣。

第二，充分利用态势语如手势、表情等来辅助。教师可以利用态势语来帮助自己清楚、细腻地表达教学、教育内容。因为态势语具有完全可见的表现形式，能够辅助有声语言而产生形象、生动的表达效果，迅速缩短师生双方的心理距离，体现人与人之间融洽的关系，增强相互之间的感情联系，提高他们参与学习的兴致，达到"此时无声胜有声"的效果。

总之，教师要充分发挥两者所长，教师职业语言才能既生动活泼，又严谨缜密。教师既要认真地用书面语言整理好教案，认真板书，充分发挥书面语言的优势；又要在讲课过程中不时地使用口头语言进行说明、诠释、讲解、过渡，发挥口头语言通俗易懂的优势。要做到既不照本宣科，又不"信口开河"。

案例分析

黄河是怎样变化的（教学片段）

师：学到这里，我想问一下同学们，对于水土流失造成的恶性循环，你们有什么感想？

生：破坏大自然，就要受到大自然的惩罚。

生：要爱护大自然，爱护大自然就等于爱护自己。

……

师：对！正如这篇课文要告诉我们的道理一样——人类与大自然是相互依存的关系，人类只有保护好自己赖以生存和繁衍的大自然，保护好生态环境，才能有幸福美好的家园。如果我们对自己赖以生存的环境肆意破坏，比如乱倒垃圾、随意毁坏树苗、肆意污染水和空气、胡乱垦荒放牧等，就一定会受到大自然的惩罚。所以每个人都应该为保护、改善和美化人类的生存环境而努力。

这位老师在与学生交流提问时，语言注意口语化，这样既亲切又自然；在总结课文的主题时，语言是书面语色彩较重的语言，这体现了教师语言的周密严谨、规范性强、凝练性强等。

（二）单向语言表达与双向语言表达的结合

教师职业口语是单向语言表达与双向语言表达的结合。一位合格的教师应当能够自如地在这两种交流方式中转换。

1. 教师的单向语言表达

教师的单向语言表达指的是在教育教学中，由教师发送信息，学生接受信息。在教育教学中，教师在讲授知识、传授道理时通常采用的是单向语言表达。如教师在介绍背景知识、叙述某件事件的原委、论证某结论时，常常会进行大段大段的独白，也就是单向语言表达。

单向语言表达应该要注意表述的准确性、层次性、逻辑性，要重点突出、严谨缜密，忌生造词语、颠三倒四、条理混乱。教师的单向语言表达应适合学生的年龄特点和知识基础、智力水平，要做到深浅适度、因人施教，同时还应该生动形象、抑扬顿挫、声情并茂。

由于单向语言表达是教师讲、学生听，故而容易导致学生处于被动地位，致使学生机械地坐在座位上听，一味地接受，互动性差。因此，教师的单向语言表述应注重启发诱导，力避生硬灌输，防止"注入式""填鸭式"。也要注意与双向语言表达配合使用。

2. 教师的双向语言表达

教师的双向语言表达是指师生之间双向沟通时所用的语言，主要体现为以教师为主导，以学生为主体。一堂成功的课堂教学是教与学的完美结合，是教师和学生相互配合、共同努力的结果。一次好的教育沟通也应该是教师与学生之间双向交流的结果。教师在教育教学过程中，应该始终关注自己的学生，时刻不忘通过情感、语言、目光、动作等方式加强师生间的双向语言表达，提高教育教学效果。

教师的双向语言表达应该具有灵活性、敏捷性。按照现代教学理论，教师应该多采用双向交流的方式进行教育教学活动，多采用提问、答疑等对话体的方式来引导学生。有学生直接参与的双向交流对话式表达，必然也会给教师及时提供反馈，教师可以根据学生的反馈对学生不理解的知识、道理进行有针对性地表达。因而，单向语言表达与双向语言表达的有机结合是教师职业口语的一个重要特征。

技能实训

在教《月光曲》一文时,教师提问:"为什么盲姑娘能从琴声中听出弹琴者是贝多芬?"学生有的说是因为贝多芬弹琴弹得好。可弹得好的也不止贝多芬一人呀!学生又认真思考,却不得其解。这时,教师出示一幅挂图,然后给学生讲述钟子期"高山流水觅知音"的故事:"我国古代有两个人,一个叫俞伯牙,一个叫钟子期。伯牙喜欢弹琴,子期喜欢听琴。一次,伯牙刚弹到描绘高山的音乐时,钟子期就情不自禁地说:'善哉,峨峨兮若泰山。'意思是弹得真好啊,高峻得就像泰山一样。当伯牙弹到描绘流水的音乐时,钟子期又说:'善哉,洋洋兮若江河。'意思是弹得真妙啊,盛大得像滔滔的江水。伯牙非常高兴,觉得世界上再也没有人像钟子期这样了解自己,他是自己的知音。后来,钟子期死了,伯牙就再不弹琴了,因为——"老师的话还没说完,学生就举手站起来回答:"老师,我明白了。盲姑娘像钟子期一样,是贝多芬的知音。"

教师与学生之间既有双向交流表达,又有教师在学生反馈后的单向语言表达。教师的单向语言表达紧扣学生的疑问,通过生动传神的讲述,很好地启迪了学生的思维,使他们在"山重水复疑无路"时豁然开朗。

(三)预设语言与应变语言的结合

一般说来,教师的教育教学口语都是预设性的,即在表达前都是经过了教师精心准备的。因而,预设语言应该是教师职业口语的主体。但是,在实际的教育教学实践中,教师往往会遇到一些新情况、新问题。此时,教师职业口语就是随机的、没有预设的。教师应该要根据教育教学的实际情况随机应变,也就必然要掌握应变语言的技巧。

乌申斯基说:"不论教育者怎样地研究了教育学理论,如果他没有教育机智,他就不可能成为一个优良的教育实践者。"马卡连柯说:"教育的技巧就在于随机应变。"教师职业口语中的应变语言直接反映了教师职业口语水平。遇到教学过程中的一些意外情况,或者班级中出现的偶发事件,抑或是教学中的一些小小的教学失误等,教师都应该做到"处变不惊",充分发挥自己的机智,敏锐巧妙地调控自己的教育教学口语。所以说预设语言与应变语言的有机结合是教师职业口语的又一特征。

案例分析

语文老师李老师面带笑容地走进教室,亲切地对同学们说:"今天我们一起来学习老舍的《小麻雀》。"她边说边打开粉笔盒拿粉笔。呀,盒中一毛茸茸的东西吓了她一身冷汗,教室里充满了笑声。原来粉笔盒里关着一只羽毛未丰的小麻雀。

思考:如果你是李老师,你会怎么说?

李老师沉默了片刻,很自然地说:"好有心思的同学呀,找来了一只活标本。大家仔细看看,小麻雀的眼睛是不是像老舍描写的那样,小黑豆似的?"麻雀在同学手中传开了。大家忍不住赞叹老舍的观察仔细,比喻生动,也从内心里佩服李老师处理问题的艺术。

课后李老师对搞恶作剧的学生亲切地说:"你对教学很关心,很有心思。不过,要是事先跟我打个招呼就更好了。"那个同学听了后很感动,惭愧地低下了头。

教师的尊严受到了损伤,教学气氛遭到了破坏。但李老师没有发火,而是灵活机巧地借助课堂的具体情境,并以此为契机引入课堂教学,从而使教学得以正常进行。

(四) 情意语言与陈述语言的结合

情意语言是形象生动、富有感情的语言,陈述语言是严肃规范和富有说理性的语言。一方面,教师职业的"传道、授业、解惑"的责任及神圣感决定了教师职业口语的庄重性,教师应运用严谨规范科学的语言进行教育教学活动。另一方面,学校教育的对象是青少年学生,他们习惯于形象思维,逻辑思维能力正在逐步形成,尤其是小学生,他们的注意力、观察力、抽象思维能力都比较弱,这些特点决定了教师的语言应尽量生动形象、富有情感,这样可以调动学生的非智力心理因素的参与,提高教育教学的效率。因而,教师职业口语应该是情意语言与陈述语言的结合。

情意语言与陈述语言结合运用的技巧主要表现在以下几个方面:

第一、在对定义、定理等严肃知识以及教育学生做人道理的教师职业口语中,加入情意语言可以让语言更生动活泼。

案例分析

一位数学教师在教《点的轨迹》中的定义"有某种性质的所有点组成的图形,叫作有这种性质的点的轨迹"时,做了这样的处理——他扬起手中的蓝色粉笔头,将声音放低,轻轻地说:"同学们,我这里有一个刚从墨水瓶里爬出来的小虫子。现在,我们让这只小虫子距离定点A 30厘米爬行,它爬呀爬呀,身后留下点的墨迹,这就是小虫子运动的轨迹。"本来被定义绕晕了的同学们会心地笑了。

教师用形象生动的语言,很好地诠释了"点的轨迹",在对定义陈述中,语言生动有趣,吸引了学生的注意,帮助学生理解了抽象的概念。

第二、教师在严肃庄重的陈述语言表达中,加入充沛、丰富的情意语言表达。

为了能够帮助学生更好地接受教育或者理解教学内容,教师职业口语可以适当加入情感,用充沛、有感情的语言教育学生。

第三、在理性庄重的教师职业口语中,注重口语修辞的运用。

教育教学过程本身是一个动态的口语表达过程,教师针对不同的传授载体和教育教学情境,在理性庄重的教师职业口语中,注重运用恰当、完美的口语修辞方式,可以收到较理想的口语表达效果。

案例分析

特级教师于永正在教《燕子》一文的时候是这样表达他对燕子的喜爱的:"同学们,画家画春天,少不了燕子;作家写赞美春天的诗文,少不了燕子;歌唱家唱赞美春天的歌,也总少不了燕子。可以这样说,如果少了燕子,春天就会失去一半的美。"

于永正老师运用了排比的修辞手法来表达对燕子的热爱,这样的排比句式,使教师的语言节奏鲜明,对燕子的喜爱之情抒发得酣畅淋漓,增强了整个表达的语气。

语言的生动活泼与知识传授的准确无误相结合,鲜明的情感与思想品德的郑重教育相结合,修辞的生动与主题理解相结合。这样教师职业口语既能形象生动,又不会背离教育教学信息准确、科学的传递,不会让教师职业口语在严肃理性的表达中平淡无趣。优秀的教师一定会注重教师职业口语的庄重性与情感性的结合。

思考训练

1. 教师职业口语的要求是什么?请举例加以说明。

2. 比较下列每组中教师的不同说法,哪种效果更好,为什么?

(1) 一次,班里的一套图书不见了。同学们纷纷要求"捉贼"。

老师说:

① 是谁偷了书,现在还回来还来得及。只要交出来,我们不再追究。

② 拿书是爱书的表现。这次可能是哪位同学拿回家忘了带回学校,也可能他看后忘在课桌抽屉里了。我相信我们班里是不会有人故意把书拿走的,请大家好好想想,再仔细找找,找到后请马上送还,好吗?

(2) 班上举行"一分钟演讲",由于是第一次开展这样的活动,同学们有些紧张,没人愿意"打头炮",老师只好点了名。被点名的同学犹豫了片刻,鼓足勇气"嗖"地站了起来。"呼",他把窗台上的一瓶颜料碰到了地上。顿时,教室里鸦雀无声。他尴尬地愣在那儿。

老师说:

① 怎么这么不小心?以后可要注意点!好,赶快到台上来演讲吧。

② 哈!我们的第一炮打响了——一鸣惊人!好,请大家用掌声欢迎他上台演讲!

3. 评析下列各例中教师的教学口语。

(1) 师:一张四方桌,锯掉一个角,还有几个角?

生:还有三个角。

师:错!应该是还有五个角。

生:是还有三个角!

师:你这孩子别往歪处想,哪有这样锯的!

(2) 老师正指导学生学习《木兰辞》,有两个同学在座位上叽叽喳喳地小声讲话,这位老师灵机一动,化用本课第一句"唧唧复唧唧,木兰当户织"批评道:"唧唧复唧唧,有人在讲话。"学生们一听，不禁笑出声来，讲话的两个学生也心领神会，停止了讲话，惭愧地以笑容向老师表示歉意。

（3）一位教师请一学生朗读课文，让其他学生边听边想象情节。学生声情并茂地朗读，仿佛把大家带入了硕果累累的果园。学生读完后，老师看了看全班同学，煞有介事地说："这位同学读得真好！某某同学听得都入迷了。我发现他在边看边听的过程中，使劲咽过两次口水。"回过味来的同学们都会心地笑起来。老师接着说："课文中描写的景物，肯定在他的头脑中变成了一幅鲜明生动的画面。我断定，他仿佛看到了那红得几乎发紫的杨梅，仿佛看到了作者大吃杨梅的情景，仿佛看到了那诱人的杨梅果正摇摇摆摆地朝他点头，所以垂涎欲滴了……"学生们都哈哈大笑起来。老师又郑重其事地说："如果读文章能像某同学这样，在脑子里过电影，把文字还原成画面，那就证明你读进去了，就证明你读懂了。老实说，刚才我都流口水了，只不过没让大家发现罢了。"同学们更乐了。

4. 你觉得下面这位教师的语言怎样？如果你是这位教师，你会怎样与家长和孩子进行交流？设计好语言后模拟演练。

下午放学时间，某小学大门口，一教师在大声训斥，家长、孩子低头不语。"你儿子我管不了啦，他要是能转到别的班级或学校去，我就谢天谢地了。""倒了八辈子霉，碰到这样的学生，他上课从来不听讲，不是做小动作，就是挑我的刺。昨天上公开课黑板上有个字没写好，他在下面嚷嚷说'写错了'，这不是存心跟我捣蛋吗？""哼！昨天的账还没来得及跟他算，这不，今天又来了，叫他们用'虽然……但是……'造句，你知道他怎么造的？'虽然我学习很努力，但是杨老师就是不喜欢我。'我这是罪加一等了，你们走吧！"家长涨红了脸，不住地向老师赔不是，"他还小不懂事，请老师多加管教，要不听话，你只管打……"

第二节　教学口语训练

教学是一门艺术。好的教学口语一定要注意几点：用学科的专业术语表达；语言表达符合规范，无语病，逻辑性强；语言干净利索，无废话，无赘语，语言连贯流畅；声音洪亮，吐字清晰，节奏感强，语调变化有序；语音准确，普通话标准，无方言色彩，注意异读词以及多音多义字的发音准确。

教学中教师语音的运用、修辞手法的运用、口语化与儿童化运用、教学各环节口语的组织都十分重要。下面分别从语音运用技巧、清晰与流畅表达技巧、修辞运用技巧、口语化与儿童化运用技巧以及教学各环节口语表达几个角度予以介绍。

一、语音运用技巧

在教学口语中，教师要注意自己的音量调节、语调、重音、顿连、节奏的运用，吐字的清晰性，语流的流畅性等。

（一）音量的调节技巧

说话音量大小、高低、强弱的程度，是受气息支配和控制的。教师运用口语进行工作，首先要会正确地用气发声，其次还要注意音量适中，运用自己的语感进行监听调节。教学口语的音量不宜过低，也不宜过高；不宜过亮，也不宜过平。

1. 音量的高低

一般的教室面积约 70 平方米，教师的声音要让每一个学生听得清楚，声音尽量大一点，要照顾到最后一排的学生，保证他们能听清教师说的每一个音节。人耳对声音最舒适的响度为 65 dB，在安静的环境下，教师应该尽力让自己声音的响度保持在这个范围以内。声音过高，容易造成听觉疲劳。教师教学口语的用声应以中音区为主，这样教师既能感觉轻松，学生听了也不会觉得吃力。但是声音在中音区，不代表教师的音量小。在教学口语中，教师要尽力运用共鸣腔的共鸣效果来提高音量，要注意吐字归音的清晰。声音要低而不虚、沉而不浊，发音时发音部位要用力。

2. 音量的明亮与变化

教学口语的声音不可太单薄、尖利。过于单薄的声音难以承载深情；尖厉的声音刺耳，容易让人产生不舒服的感觉。声音过亮的教师在教学口语中很容易让学生产生疲倦感。音色暗一些，有助于沟通和交流。就一堂课的教学进程而言，导入、讲授、提问、诱导等教学环节，其口语的音量应有变化，有时甚至可以有明显的落差。这样的教学口语才不会平淡。

(二) 语调、重音、顿连、节奏的运用

教师在教学口语中,要注意语调、重音、顿连、节奏的运用。

1. 语调的运用

语调的变化能让教学口语富于变化、声情并茂。据有关资料显示,教师如采用变换语调进行教学,学生的学习情绪兴奋、注意力集中、反应较灵敏、学习正确率可以达98%。所以教师应根据不同教学内容和教育情境调节自己的语调类型,时而高亢,时而激烈,时而平稳、舒缓,这样有助于增强教学口语的效果。当然,教师的语调要随情、随意、随势而变,切忌拿腔捏调。

2. 重音的运用

重音是指教学中教师为了表意的需要对句子中的某些词语从声音上加以突出的现象。教学口语要根据教学目的来确定重音。如为了加深印象而重说某些首次或再次提到的概念;为体现语脉线索或逻辑关系而重说关联词;为确定某种判断或范围而重说判断词、副词;为强调某些动作、性质或感情而重说相应的动词、形容词等。

教师有时候也可能因为习惯或者是受到方言的影响而下意识地重说某些词语,这时容易造成重点偏移、语旨表述不清楚,这样的重音习惯应该避免。

在教学口语中,有时候教师会故意减弱某个字词或者短语的音量,以此来重中显轻、以弱显强,这样的教学口语能够调节表达的节奏、调动学生的注意力,有时候也可以表达某种深沉复杂的感情。

案例分析

"分数的初步认识"教学实录与评析

生:把它对折一下就好了。

师:"对折",这词儿用得好!取这1份给小男孩,取这1份给小女孩,大家看,画线的这1份就是你们说的"一半"。回想一下这"一半"是怎么来的?

生:平均分,分成2份,取1份。

在这节课上,教师将"对折""一半"作为重音突出,抓住了关键。不仅调动了学生的注意力,而且加深了学生对$\frac{1}{2}$的理解,可以帮助学生更好地理解分数的意义。

3. 顿连的运用

顿连是指教学口语中教师根据语情语境的变化,在表达中设置的间隙休止与连接。教学口语中的顿连不能是随意性的顿连,因为随意性的顿连会使表达显得零碎、松散,语流不畅。教学口语的顿连应该是合理性的顿连,教师根据教学口语的需要理性顿连,能收

到"声断意不断,声停情不停"的效果,在教学口语中往往能"此时无声胜有声"。

4. 节奏的运用

节奏是指教学口语中教师的语速、语调、语势等变化而形成的语流运动的状态和趋势。它是调动听课情绪、增强表情达意效果的一种手段。

教学口语的节奏是在对比度的调节中形成的。教学口语中句子的松紧、声音的起伏、语速的缓急、语势的强弱都要根据情意表达的需要而有所变化。有时环环相扣、层层递进,给人以百川归海的感觉;有时铺叙渲染、条分缕析,显得从容不迫;有时顿连交错,既体现层次,又包含丰富的意蕴,成为一个和谐的整体。

二、清晰与流畅表达技巧

教学口语要清晰清楚、干净利落,教师每个字的"吐字归音"都应该清晰到位,在表意方面要确切表达,不能模棱两可。同时,教学口语还应该流畅。教师在讲述一段相对完整的话时应不"卡壳",要说得流畅、没有口头禅、出语干净。在答疑接话的时候要应对敏捷、说得流畅。流畅的教学口语应该具有词能达意、冗余度小、句与句之间的逻辑关系清晰、层次清楚等特点。

要做到清晰流畅,首先要增强口齿的清晰度,可以多做前面已经训练过的"吐字归音"的练习。其次,要加深对教学内容的理解,对教材理解得清晰、透彻,才能准确、清晰表达。最后,要提高思维水平与内部语言组织能力,在实践中加强对动态语境的适应能力。

语言的清晰度与流畅度是教学口语的基本功,训练的时候可以从简单的复述开始,然后再开始即兴演讲的训练。开始练习的时候要先做好准备,话题出示以后可以给自己留出一点准备的时间。一旦开始就不能犹豫,要一句一句说下去,开始的时候语速可以慢一点,同一个话题可以多练习几次,这样下去会逐渐清晰与流畅。

案例分析

教师:有这样一道应用题——小红和小芳做红花,小红做了 3 小时后,两人合起来做了 5 小时,一共做了 755 朵红花。现在已经知道小芳每小时比小红少做 5 朵,问小红比小芳多做多少朵?

我们可以用假设法解这道题。如果我们设想小红每小时做的和小芳一样多,那么小红比实际少做:$5 \times (3+5) = 40$ 朵,也就是说总数减少 40 朵。这样我们就可以求出小芳每小时加工的朵数。这个算式可以怎么列?大家想想看。

板书:$(755-40) \div (3+5+5) = 55$(朵)

这样,小芳做的总朵数、小红做的总朵数就可以算出来了,小红比小芳多做多少朵也可以算出来。现在请大家完成这道题。

对于复杂的应用题,教师用"假设法"来解,抓住关键,思路清晰,教学口语的语言清楚,可见教师对教学内容理解深刻。

三、修辞运用技巧

教学口语中的修辞指教师在教学过程中,针对不同的教学对象和教学情境,选择恰当完美的口语修辞方式,以提高教学口语效果的一种言语活动。教学口语是一个动态的过程,渗透着教师教书育人的深刻内涵,在这个过程中教师的知识积累、思维能力、心理素质、应变能力、艺术修养、口语表达等综合要素决定着教学口语的流程美、整体美。教学口语水平的高低实质上反映了教师口语修辞水平的高低,良好的教学口语艺术修养应成为每个教师的自觉追求。

教师应针对不同的语言环境选择恰当完美的口语修辞方式。教学口语常用的修辞方式有比喻、对比、问询、追加、直表与婉曲等。多种修辞方式的恰当运用可以使课堂教学收到事半功倍的效果。

(一)比喻的运用技巧

"能博喻然后为师。""善喻者,以一言明数事;不善喻者,百言不能明其意。"比喻是教学过程中教师为了把抽象的知识具体化、浅显化、清晰化所经常采用的一种方式。在教学口语中,教师可以选取身边最熟悉的事物打比方,增加语言的生动性和表现力。

教学口语中运用比喻要注意:

首先,以浅喻深,化浅为深;以简喻繁,化繁为简;以熟喻生,化生为熟。比喻的修辞效果之一是使深奥的事理浅显化、使烦琐的道理简单化、使生僻的内容熟悉化,这就要求喻体浅显易懂。

案例分析

师:我在黑板上画了大圆和小圆。如果我要问你们它们哪一个接触的圆外面积大,同学们一定知道是大圆。因为大圆的圆周大,接触的圆外面积大,如果把圆的面积比作人们已掌握的知识,圆外的区间比作人们还不知的无穷领域,同学们说说看,怎样才能开拓未知的领域呢?

生:增多已知的知识。

师:对。这也告诉我们,知识越多的人,越知道自己知识的不足,因而越能谦虚谨慎。相反,知识很少的人往往自命不凡,得意忘形。今后我们应该怎样呢?

生:谦虚谨慎,不骄不躁,刻苦钻研,掌握更多的文化知识。

首先,教师通过圆的设喻,从有形的图案着手,向无形的思想深处推进,通俗易懂,富有启发性、说服力,取得了良好的教育效果。

其次,教师的比喻贴切。在教学口语中,教师所用的比喻必须贴切。在运用的时候,要注意事物的相似点、环境、对象等。

案例分析

一位化学教师在讲解活化能的高低与活化分子百分数大小关系时,描述道:"活化能越低,活化分子的百分数越大,这就像跳高一样,横杆越低,能跳过去的人所占的比例就越大。"针对学生对离子化合物、共价化合物的电子式容易混淆的现象,这位老师又说:"离子化合物中的成键电子是'私有制'(归阴离子所有),因此用'篱笆'(括号)围住,同时标出'贫富'(得失电子数目);共价化合物中的成键电子是'股份制',合股经营,围不得'篱笆',分不出'贫富'。"

教师职业口语中运用了比喻修辞手法,既有明喻,又有暗喻、借喻,化难为易,幽默风趣。但是如果学生没有过跳高的体验,教师的比喻学生就无法理解;如果学生不理解有关私有制、股份制的概念,学生也领会不了教师语言的幽默性。因此,教师在运用比喻时一定要根据学生所学知识、自身特点和不同环境。

(二) 对比的运用技巧

对比也是课堂教学中常用的方法。教学口语中的对比,指教师将不同的事物、事理放在一起进行比较,从而突出事物、事理的特征。这种修辞方式能帮助学生正确地认识事物的本质属性,鉴别好坏、善恶、美丑,使语言鲜明而生动,激发学生充分展开联想和深入思考。

案例分析

关于课文《绿》的教学导入语

在诗人笔下有各种各样的绿。"碧玉妆成一树高,万条垂下绿丝绦",这是早春的嫩绿;"春来江水绿如蓝"又是一种厚重的绿。嫩绿明亮、轻盈,浓绿则象征和平、静谧。朱自清笔下的"绿"也是千娇百媚、风情万种。今天这节课我们不妨去梅雨潭和朱先生一起惊诧一回绿吧!

教师通过对比创设《绿》的意境,引发学生形象思维,调动学生的好奇心理,巧妙地带领学生进入下一阶段的学习。

(三) 问询的运用技巧

除了提问以外,教师在教学中为了引起学生的注意,训练学生的思维,会在教学口语中设置各种问询,常见的问询方式有:

(1) 反问。反问是教师在教学口语中寓答于问,一般提出问题后不再作答。反问能引发学生的思考。如《桃花源记》的教学口语:"那个年代,何处有清净地?何处有家园欢?土地平旷,屋舍俨然,良田美池桑竹,鸡犬相闻,往来种作,黄发垂髫,怡然自乐,只是一个梦啊！桃花源在那时那刻是无法寻求的。俗世之人难寻！"

（2）设问。设问是教师自问自答，能引起学生对下面内容的注意。如《小蜗牛》的教学中，教师为了提醒学生注意当时的季节，是这样来设问的："他看到的这些景象是哪个季节的？对呀，是夏季。所以这里填空应该是碧绿碧绿的叶子又_____又_____的草莓。"有时候，教师为了引起学生的注意，引发学生的思考，会采用变式的设问。如老师问："冬眠就是在冬天睡觉吗？那么我们冬天的晚上在床上睡觉都应该叫作冬眠吗？"这时候学生回答："不，冬眠是动物在冬天的时候为了躲避寒冷藏起来睡觉。"

（3）商询。教师用商量的语气询问学生："是不是？""对不对？"不一定要学生回答，重在交流，在于引起学生的注意。

（四）追加的运用技巧

追加是指在课堂教学中，教师在某句话说完后，随即对其做同义的添加或解释，或加工，或补充，这类添加的部分就称为追加性教学口语。追加有别于口语中的重复啰唆，是教学口语中教师根据教学的需要，为了引起学生注意、加深印象的一种口语修辞方式。使用追加的目的在于使教学口语更缜密、更多样、更生动，让学生从多个侧面、多个层次理解主句，有助于学生听懂内容，把握要点，增强听课效果，提高教学质量。

教学口语中的追加有以下几种类型：

一是重复性追加。即对说过的话不做大的改动，在适当的地方再次说一遍。包括连续性重复和间隔性重复；整体归并性重复和局部选择性重复；自述性重复和转述性重复。

案例分析

师：现在，文中呈现的世外桃源已然成了现实。可为何还有那么多地方争着做"桃花源"呢？难道"桃花源"只是"桃花源"吗？

生：桃花源是一个象征。人们在它上面寄寓了自己的向往和追求。

师：对的。一处风景也好，一篇文章也罢。因为它们有着人文的色彩，是人们寄寓的凭借，就不一般了。桃花源不只是陶渊明笔下的桃花源，它俨然成了人们心中的_____，因此桃花源是一处文化的标识；一种精神的图腾。

教师先提问"'桃花源'只是'桃花源'吗？"引起学生的思考，再通过追加的讲解说明，通过间隔性追加重复"桃花源不只是陶渊明笔下的桃花源"让学生明白，每一个读懂陶渊明的读者，都应当将"桃花源"作为自己的精神追求。学生随着阅历的增长，在生命的某个时刻，会回味和明了"桃花源"对于自身生命的非凡价值！教师的这种追加会帮助学生更好地理解课文的主题。

二是增饰性追加。增饰就是增添、修饰的意思。其表现形式一般是有意将一句话、一个意思分开来说，先做一般的概括，然后追加修饰词句。它使紧句变为松句，舒缓了表达节奏，也有助于增强表达效果。如"壁虎不讨人喜欢。样子长得很难看，灰头灰脑的，趴在墙上一动不动，像块脏布。"

三是复释性追加。即对说过的意思换一个角度做进一步的解释。它不是单纯的词语反复,也不是仅仅追加几句修饰限制的内容,而是换一种说法,使学生理解得更透彻、记得更牢。如"就拿东北地区来说,面积约83万平方公里。别看它还占不到全国总面积的七分之一,但是同日本和英国相比,大约相当于两个多日本或三个半英国那么大。"

案例分析

师:我们吃的果实,是不是都一样呢?当然不一样。吃起来,味道就不一样,有的甜、有的酸;形状也不一样,是不是?西红柿是圆形的,鸭梨呢?像个大窝窝头。橄榄,都见过吧?是椭圆形的——就是说,果实的味道、形状都不一样。还有颜色,有红的、黄的、青的,这么多不一样,为什么都一样叫果实呢?是不是有相同的地方呢?

生:他们相同的地方,都是好吃的东西。

师:好吃的东西?好吃的东西多着呢,肉包子也很好吃,这么说肉包子也是果实吗?

生:(笑)不是。果实都是植物上长出来的。

师:果实是植物上长出来的,有道理。可是,植物上长出来的东西很多,有根、茎、叶、花,这些难道都叫作果实吗?当然不能这么说。我们把果实切开看看,都有些什么?原来果实的里面都有种子……

这是一段教学实录,运用了问询、追加等手法。通过这两种方法的运用,不断帮助学生厘清概念,启发学生思考。

(五)直表与婉曲的运用技巧

教学口语中的直表就是直截了当、清楚明白地说出自己的意思。教学口语中的婉曲是教师在教学中用委婉曲折的表达方式,针对不同的教育对象、不同的教育情境、不同的教学内容"绕弯子"表达。

教学口语中直表的运用有助于传递准确密集的知识信息,调动学生的思维,给学生留下清晰完整的印象;教学中婉曲的表达能给学生一些"暗示",可以启迪学生思考。在教学评价中运用婉曲的方式指出学生的错误或缺点,会显得间接又温和,让学生乐于接受。

直表和婉曲的运用方式不同。一般来说,教学密集型的知识信息时,为了语言更简洁、学生更好地掌握,教师要用直表的方式表达。在教学评价中对学生予以肯定的时候也适合用直表的方式。直表的教学口语,要注意用词准确精当、通俗易懂;语句简洁明快,语气确定;重音落点清晰、确切;句子之间的顿连干净利落。而在启发诱导学生思考、引导学生认识新知或者在教学中对学生的缺点、不足进行评价的时候,可以用婉曲的方式表达。在婉曲的教学口语中要注意:语速变慢,注意情绪交流;迂回铺垫,表达看法;用商询语气、模糊语言暗示。苏霍姆林斯基说:"教育技巧的核心是暗示。"婉曲表达常常是在出语前后对语音、语态、语意等方面做变通处理:急变缓、直变曲、明变暗。总之,如何运用婉曲的表达方式需要教师用智慧去思考,而不是脱口而出。

案例分析

直表：没有救过落水小孩，却胡乱编出一个救落水小孩的事，这样的作文不真实，快拿回去重写！

婉曲：写作文要真实，是不是？你没有救过落水小孩，却乱写出自己救落水小孩的事，愿不愿意把作文拿回去重写？

直表：肖像描写？不对！还有对话描写呢！

婉曲：你说得对，是用了肖像描写，如果再加上对话描写，说得就更全面了。

直表：怎么搞的？你们动了脑筋没有！

婉曲：（面带笑容）哪个同学能把问题的范围再缩小一些？谁能说得再明确一点？同学们想一想，能不能再说得具体些？

两种表达方式的使用，哪一种更好呢？其实，在具体的教学环境中，你一定会发现婉曲的表达让老师的语言更亲切。即使是批评学生的话，也更容易让人接受。

四、口语化与儿童化运用技巧

教学口语既有书面语色彩，又具有口语化特点。教学口语的口语化是经过准备的积极的语言，语言更通俗易懂，在词语的选择上，往往应注意趋易避难，多用常用词和双音节词语，慎用文言词语和容易混淆的同音词，尽量做到顺口、顺耳，让人一听就懂；在句式的选择上，采用口语惯用的语序，将难以理解的长句换成短句，修饰成分较多的句子分成多句来表达。

在口语化的基础上，还应注意教学口语的儿童化。教学口语的"儿童化"与"儿童口语"不可混为一谈。教师应以规范化的口语给学生以良好的影响，而不是向儿童不成熟的表达靠拢。教学口语"儿童化"的表达特点主要有以下几点。

1. 词语运用的"儿童化"

儿童词汇不丰富，他们常常通过形状、色彩、声音、动态的感受来思考，所以儿童化的教学口语选词要尽量符合儿童的年龄特点。词语的运用原则是以易换难、以浅代深、以长句换短句，尽量用浅显的词语代替深奥的词语，以抽象变形象，尽量选用表示具体的概念、色彩、形态、动作的词语。句式运用也要突显儿童化。句子要更短小、更简单一些，附加成分尽量少；少用指令句，多用祈使句、商询句；多将直接提问变为后续句诱导方式，即教师说一半，学生接着说。

2. 语情语趣的"儿童化"

对儿童说话要多一些感情色彩，节奏要慢，语音要和谐自然，语气要亲切、温和，表达要有趣味，并辅以亲切的态势语，让学生在快乐有趣的氛围中学习。

> **案例分析**
>
> **关于《氓》的教学片段**
>
> 甲：诗人在这首诗中系统地、具体地、详细地给我们介绍了一个遭遇不幸的妇女与那个坏男人相识、恋爱、结婚以致后来被虐待、被遗弃的完整过程。
>
> 乙：诗人在这里，叙述了一个遭遇不幸的妇女的故事。先写她同那个坏男人相识、恋爱，接着写他们成家，最后写她怎样被虐待，甚至遗弃。整个过程写得详细、具体、系统、完整。
>
> 乙的语言要多一些感情色彩，节奏比甲要慢一些，短句多，口语化色彩浓，使语言更亲切自然，表达更有趣。教师在教学中应使用更加接近学生的生活语言，更容易被学生接受。

五、教学环节口语

按照教学不同的环节和教学口语在教学中的不同作用，可以将教学口语分为导入语、结束语、讲授语、提问语与评价语几种。教学口语内容的组织要根据不同的教学环节，精心设计不同的语言。教师的教学口语一定不是随意的，而要体现内容组织的设计性，因此，教师一定要精心设计各环节的教学口语。

（一）导入语

导入语又叫导语、开讲语，是教师在上课开始时对学生讲的与教学目标有关、能调动学生学习兴趣的话。良好的导入语可以激发学生的学习兴趣，起承上启下、沟通情感、活跃气氛的作用。导入语在设计中要注意：一是要短小精悍，忌冗长拖沓；二是要引趣布疑，忌平淡刻板；三是要庄谐适度，忌庸俗低级。要在条理完整、逻辑严密的基础上，通过多种手段（故事导入、悬念导入）进行。

因此，教师的导入语在内容的组织上要考虑：

第一，做好沟通。首先是教学内容的沟通。教师的导入语设计要用简明扼要的语言建立"旧知"与"新知"之间的联系，或作为即将学习的新知的媒介，引导学生尽快进入学习状态。其次是心理的沟通。好的导入可以成为师生心灵沟通的开始。教师可以用亲切的目光、关切的眼神、友好的微笑架设理解、信任的桥梁，做好心理沟通。

第二，布疑引趣。俗话说，兴趣是最好的老师，而"思维自疑问和惊奇始"。因此，教师的导入语要巧设疑问，引起学生学习的兴趣，或用学生感兴趣的话题吸引学生。在导入中，教师还要注意语情语态的渲染，语速不紧不慢，语调从容不迫，注意用强调性的重音突出重点，用回味性的顿歇吸引学生，调动学生的求知欲，让他们愉快地投入学习。

第三，激发情感。导入语应声情并茂。若要学生动心，教师自己必须动情。导入时一定要有激情，要用符合教学情境的声音、感情，带领学生进入与教学内容相关的意境与氛围中。

案例分析

课文《四季》的导入语

（边播送音乐边朗诵）"秋天到,秋天到,园里果子长得好,枝头结柿子,架上挂葡萄,黄澄澄的那是梨,红彤彤的这是枣。"

同学们,儿歌描写了哪个季节的景色?一年四季中你喜欢哪个季节?

教师用音乐带领学生进入课文情境,通过提问引导学生思考。这种方式能够很好地吸引学生,调动学生的求知欲,让他们愉快地投入学习。

(二) 结束语

结束语是收尾词,是教师对于一堂课的最终陈述,起到梳理脉络、总结内容的作用。和导入语一样,结束语也可以使用别具一格的故事、诗歌、名言等。又由于结束语处于课堂教学中的特殊位置,它是课堂教学语言留给学生的最后印象,所以,不同教学内容的结束语在风格上也有所不同。一般来说,结束语侧重在感情上意蕴悠长,而简单完整、幽默生动等风格也可以在结束语中展现出来。

结束语在内容组织上需要考虑两方面:第一,提纲挈领,概括表达。结束语的信息比较密集,因此教学口语要简洁、提纲挈领、概括表达,切忌拖沓。一般来说,语速要慢、语调要平稳。第二,语气确定,承上启下。结束语一般是对本节课关键内容的总结,要起到小结、巩固、强化的作用。教师要用肯定的语调来说,同时要着眼于知识的过渡与拓展、思想感情的启迪与升华。要用点睛之语将课堂教学效果延伸到新的层面,给人"余音绕梁"之感。

案例分析

"美洲彩蝶王"的结束语

同学们,彩蝶王能够长途跋涉,飞跃高山大洋,即使中途殒命也在所不惜,总是向着既定的目标迁徙。它们为什么具有一般蝴蝶所没有的习性呢?它们勇敢、顽强地向远方飞行的目的究竟是什么?这种习性是否长久不变呢?这还是一个有争论的不解之谜……

教师的语言简洁,用提问结束新课,可以引导学生思考,给学生留下未解之谜,引导学生课后去探寻。

(三) 讲授语

讲授语是教师较系统、完整地阐释教材内容的教学口语用语。在课堂教学中,传授知识、培养能力、发展智力是教学的主干,这些都必须通过系统讲授来实现。讲授语体现了教师在教学过程中的主导地位和教学才能,能够展示教师的学术造诣和精深的学识。适用于各级各类学校的各门学科的教学,是教师运用最广泛的教学口语。

教学口语中的讲授语,要注意语言的逻辑性、系统性、准确性,以利于学生的感知、理解和记忆,促进学生知识、技能和品德的发展;还要力求形象生动,深入浅出,具有吸引力;讲授不可平均用力,要根据教学目的有所侧重,同时要讲问结合。

在语音方面,讲授语要注意节奏的变化。为了突出,应注意重音、顿连的使用,还可以用重复性追加突出重点、难点。在修辞上要注意多种修辞手法的综合运用,以增加语言的生动性。语言表达要注意根据教学内容有感情变化,要将丰富的知识融入形象生动、富有感情的表述中。

案例分析

讲授元曲名家马致运的《秋思》

在深秋晦暗的暮色里,那枯藤老树上,晚归的暮鸦在巢前树头上盘旋着,小桥流水旁一户人家的窗前透过温暖的光亮,乌鸦归巢,家人团聚,而苍茫的暮色里,瑟瑟西风中,奔波在荒凉古道口的游子尚不知投宿何方?

这是教师在学生基本理解诗中意象的基础上精心组织选择的讲授语。这情真意切、生动准确的语言组合吸引并感动了学生。教师通过讲授,让学生在大脑中产生想象和联想,很快便勾勒出一幅深沉、悲凉、逼真的画面,不由自主地进入诗的意境中,对诗人所描写的元代下层知识分子那种"儒人不如人"的凄苦情感产生深切的同情。

(四) 提问语与评价语

提问语是指教师针对教学要求和学生的实际情况,根据教学目的和要求创设问题情景,提出问题、引发学生思考、培养其探究意识和能力、反馈学生学习效果的教学环节口语。提问语可以激发学生的兴趣,使学生注意力更集中;可以沟通师生之间的情感,反馈信息;可以启发思考、活跃思维。

提问要适时、适度、适量,讲究策略。教师的提问能增强学生的探索意识,引导学生主动地、创造性地学习。因此,在提问语的建构过程中,要注意提问形式的灵活性、多样性、新颖性。

案例分析

师:车轮是什么形状的?
生:(不假思索)圆形。
师:为什么车轮要做成圆形呢?难道不能做成别的形状吗?比方说做成三角形、四边形等。
生:不能,他们无法滚动。
师:那就做成这样的形状吧(教师在黑板上画了一个椭圆)。
生:(先茫然,继而大笑)这样一来,车子前进时就会一会儿高,一会儿低。

师：为什么做成圆形就不会一会儿高一会儿低呢？
生：(七嘴八舌，讨论)因为圆形的车轮上点到轴心的距离是相等的。
师：这节课我们学习了圆，那么"圆"究竟是什么？
生：(一起回答)在同一平面内到定点的距离等于定长的点的集合叫作圆。

教师通过提问，引导学生对所学知识进行回顾，让学生学会用所学知识来分析生活中的常见现象。教师的提问适时、适度，符合学生的认识规律，不仅引发了学生思考，而且通过提问适时修正了学生对圆的概念的理解，激发了学生的兴趣，使学生注意力更集中。

评价语是指教学中教师对学生的答问、演示、作业等活动所做的评说。恰如其分的评价能创造良好的学习氛围和激发学生的学习兴趣，有助于推动学生知识技能的掌握，也体现出教书与育人的和谐统一。

评价语一般是在教学过程中的即兴表达，这就要求教师要在特定语境中很快决定"说什么""怎么说"。因此，教师在表达中首先要注意观察、听辨，要根据教学目的很快确定有必要作出评价的信息；其次，语意不可旁逸，对于着意要强调的某个侧面要讲得清清楚楚，同时评价要恰如其分，用语要有分寸感。

六、根据学科特点组织表达内容

不同的学科有自身不同的特点，因此在教学中教师要根据学科的不同，适当组织好教学口语的内容。一般来说，文科教学口语力求做到形象生动、感情丰富；理科教学口语力求做到简洁、准确并富有逻辑性；技能类学科的教学口语，力求具有指令性、提示性和演示性的特点。

（一）文科教学口语内容的组织

文科教材的内容以叙述、描述为主，有比较鲜明的感情色彩。为了切合教材的这些特点，教学口语应当具备形象性、情感性的特色。因此，在组织文科的教学口语内容时，要多用描述性的语言，表达要直观可感，教学中，可结合教学内容插入形象化的比喻、拟人、举例等，尽量做到形神毕现、轻松活泼。教师要着眼于教材"最感人"的动情点，做声情并茂的表达，但要把握分寸、放得开、收得拢、起伏有度、浓淡相宜。

案例分析

大自然可神奇了！它有四个非常可爱的女儿，可以让花儿变红，草儿变绿；可以让太阳变成火球，晒得我们直淌汗；可以让红红的果实爬上枝头；还可以让世界一夜之间变得一片雪白。想和这四位小姑娘做朋友吗，请在黑板上写上春天，夏天，秋天，冬天。

教师用生动的语言向学生描绘了色彩绚丽的四季景色，给学生以直观的感受和美的享受，对低年级学生来说，形象化的语言，有感情的表达，符合他们的认知水平。

（二）理科教学口语内容的组织

理科教材的内容一般是介绍自然科学的基本常识、培养学生的初级运算能力等。教师在课堂教学中主要运用说明性口语解释概念、揭示原理、解析例题，所以在教学口语内容的组织上要简洁、准确，在逻辑性方面有更高的要求。

在理科教学口语的内容组织上，一般来说，多用直表方式，突出重点、抓住关键、表述清晰、绝不含糊。在选词用语方面更审慎，力求精确无误。例如教数学，就要注意用数学语言做精确的表述，而不能一味追求形象和生动；在容易造成误解的地方，要变换角度做准确地追加复释，说话要语气肯定、语调平稳、语速不能太快。

理科教学口语在内容的组织上要更重逻辑性，表达中要正确地使用概念，周密地进行判断，合乎逻辑地进行推导，要运用重音、顿连等体现句子与段之间的因果、递进、转折及归纳演绎等逻辑关系。但在表达时要内紧外松，也就是说思维语言的组织是审慎的，但语态是轻松活泼的。

案例分析

师：大家看，涂色部分的大小、形状都一样吗？

生：不一样。

师：形状、大小不一样，为什么都能用 $\frac{1}{2}$ 表示呢？

生：因为这些图形都被平均分成了2份，取了1份涂色，所以都能用 $\frac{1}{2}$ 表示。

师：看来，不管是一个圆、一个正方形、一个三角形、一个长方形，只要平均分成了2份，取其中的1份就是它的——$\frac{1}{2}$。

学生看涂色部分，教师在引导学生理解了大小、形状不一样，却都可以用 $\frac{1}{2}$ 来表示以后，教师顺势做了总结。教师的教学口语逻辑严密，层层深入，最后学生对 $\frac{1}{2}$ 的理解水到渠成。

（三）技能类学科教学口语内容的组织

技能类学科的教学以培养技能、提高素质为目的，教学过程中重在对学生操作行为的指导。因此，教学口语在内容组织上应当具有指令性、提示性、演示性的特点。

指令性是指教师用肯定的语气要求学生按指定的方式、规定的程序操作，话要说得明确、简洁、响亮，注意突出"要""一定要""必须"等一类指令词。体态宜亲切一些，并使用敬辞"请"，体现对学生的尊重。

提示性是指教师在学生操作过程中，随时说几句提请注意的话，以保证训练的有效性。提示语包括预测性提示语、插入性提示语和终结性提示语三种。提示语的话，要说得简单明了、亲切委婉,可以重复,但不可絮絮叨叨,用责怪的语气说话。

演示性是指教师在示范操作、展示图表实物的过程中所做的辅助性说明。目的是使学生的感受更准确。教师要将操作演示与简明生动或富有趣味性的解说融为一体,帮助学生掌握操作程序和操作要领。

案例分析

师:我们学钉纽扣儿。请大家跟着我学着做。先穿针,把线穿过针孔,线的另外一头要打个结,为什么要打个结呢?谁说说看?

生:不打结,线就一下子抽过来了。

师:是啊!线抽了过来,纽扣怎么钉得上去呢?好,现在摆纽扣,请大家把纽扣摆在正对扣眼的地方。注意,不但要正对扣眼,还要同别的纽扣排在一条线上,上下一定要对齐。我来看看,(巡视)摆得很好。

教师职业口语在内容组织上很好地体现了技能训练课程的特点。教师边演示边做辅助性的讲述,适时发出指令,提示语简明、准确、针对性强,保证了技能课的教学有效性。

思考训练

1. 教学口语有哪些特点?

2. 下面是《田忌赛马》的教学片段,请结合教师的教学口语,说一说教师的教学口语的特点。

师:学完课文,同学们还有什么疑问?

生:课文写第二次赛马时,第一场孙膑让田忌用下等马对齐威王的上等马。一个是最差的下等马,一个是最快的上等马,它们比赛肯定会差很多,这一点难道齐威王看不出来?

师:(惊奇,继而微笑)这个问题提得很有价值。同学们,你们认为齐威王看出这一点了吗?

生:没有。如果看出来了比赛就不可能进行。

师:齐威王都没有看出来,而这位同学却看出来了,真了不起!那么,齐威王为什么没看出来呢?

(学生思考片刻)

生:我觉得齐威王是个很骄傲的人,他是被胜利冲昏了头脑。他认为就是再赛一次,他也是会赢的。

师:你怎么体会到这一点的?

生:我是从"得意洋洋""轻蔑"这两个词中看出来的。齐威王看不起田忌,他认为自己用每个等级的马都比田忌强,强对弱,当然不会输。

师:有道理。谁还有别的看法?

生:我觉得齐威王没有头脑,他根本不知道孙膑在里面用了计谋。

师:(赞许)说说你的想法。

生:课文后面写第二场、第三场赛完后,齐威王"有点儿心慌了""目瞪口呆",这说明他不明白这到底是怎么回事,他连一点疑心也没有,我觉得齐威王真笨。

师:(微笑)同学们对齐威王的看法都是合理的。那么,孙膑知道齐威王的这些特点吗?

生:我认为孙膑什么都想到了。他对田忌说话时那么胸有成竹,说明他认为齐威王肯定不会起疑心的。

师:看来,孙膑的确了不起,他不但知马,还知人,这也正是他能帮田忌转败为胜的原因。

3. 阅读下面的文章,说说对你有哪些启示?

改改"口头禅"

口头禅,本是佛教语,指不能领会禅理,只是袭用禅宗和尚的常用语作为谈话的点缀。后来指说话时经常挂在嘴上但并无多大实际意义的词句。

不知何时,口头禅被我们的一些老师引进课堂,诸如"是不是""对不对""这个""那个""嘿""啊""是啊""当然""那么""哼""嗯"之类的口头语,满教室乱飞。有位老师上课时爱说"当然",据学生粗略统计,该老师一堂课竟"当然"了60多次,因而被学生戏称为"当然先生"。这种无意识重复的口头禅,没有任何语义,不仅给人大量的无用信息,还常把好端端的一句话弄得支离破碎,使人听起来别别扭扭。这是一种干扰素,干扰了学生对有用信息的接受,对教学的危害很大。

……口头禅常常是不经意溜出来的,这与心中没谱、说话急躁有关;口头禅是一种语言定势,这与说话的习惯有关。

口头禅的治疗方法有三种:第一是多学习一些民间语言、各类作品等,不断拓宽知识面,语汇丰富了,就不至于经常偏重使用个别浅显粗俗的词了。第二种方法是,说话前在思想上做到深思熟虑,说话时避免急躁,把话说得慢些,稳健些,使词汇"对号入座",有条不紊。第三种方法是努力矫正说话时的习惯。说了口头禅,遭人指责,红了一次脸,出了一身汗,就要下决心痛改之。要强制自己多读,高声朗诵,锻炼自己敏捷的思维和严谨的语言习惯,这样,口头禅才不会轻易插足于你的说话之中。

——摘自《江苏教育》1993年3月(有改动)

4. 仿说下面这一段教学口语,说说这是直表还是婉曲?运用得好吗?

青蛙的舌头长得很特别:舌头根长在嘴的边上,舌尖却倒过来向着喉咙。舌头长得又尖又长,上面布满黏液。平时折叠起来,但是一看到虫子,舌头就会迅速翻到嘴的外面,以极快的速度"反向伸出",轻轻一粘,送到嘴里。有人做过统计,一只青蛙,平均一天要吃掉70多只害虫,所以人们都说,青蛙是捕捉害虫的能手。

5. 仿说下面的教学口语,说说哪些地方体现了口语化与儿童化的特点。

小公鸡和小鸭子一块出去玩。它们一块走到草堆旁,小公鸡的嘴尖尖的,在草堆中找到很多虫子,吃得很欢。小鸭子的嘴扁扁的,捉不到虫子,急得直叫。

6. 以"做数学作业不可粗心"为话题,设想自己面对某个教学班的学生,做2~3分钟的讲述。要求音量适中,有层次感,不能太亮,也不可太平。

7. 请查看全书末尾处附录优秀教学口语案例两则——《登鹳雀楼》和《绝句》。

第三节 教育口语训练

学校通过两个方面对学生进行培养,一是学科教学,主要依靠教学语言使学生的知识与文化得以积累与滋养;二是教育活动,主要依靠教育语言对学生的道德、思想、情操、品质予以引导和培育。教育口语也是教师日常语言中十分重要的教师口语。

一、教育口语的特点

教育口语是指教师在对学生实施思想品德教育、行为规范教育过程中所使用的工作用语。因其贯穿于教育过程的始终,它同教学口语一样,是教师完成教育教学工作不可或缺的工具,是教师必备的基本功之一。

案例分析

椅子在哭泣

上课铃响了,我捧着语文书大步流星地往教室走去。教室里,同学们安静地坐着等待上课。而我的视线被讲台前一把损坏的椅子吸引住了。

天天强调要爱护公物,怎么还是这样? 必须及时处理这件事。我心里想着。

突然,我灵机一动,在黑板上写下"椅子在哭泣"。

我冷静地走下讲台,把那把"受伤"的椅子小心地放在讲桌上。在我将椅子放到讲桌的一刹那,同学们哄堂大笑。面对学生的笑声,我极力控制着自己的怒火,指着椅子沉重地说道:

"同学们,好笑吗?"

"不好笑!"

"为什么不好笑?"全班同学都摇头。

"老师看到这把椅子,心里非常难过,非常伤心,我实在笑不出来! 为什么呢? 要知道没有它们,我们就得站着上课,它为我们付出了那么多,可作为我们——椅子的主人,却如此伤害它,我们难道不觉得惭愧吗? 现在椅子正在伤心地哭泣,你们听见了吗?"

此时的教室鸦雀无声。随后全班同学纷纷举起了小手。

有的说:"我听到了椅子的哭泣声,我想对椅子说,'别难过,相信损坏你的人此时正在自责呢! 他一定会帮你治好创伤的!'"

有的说:"我们是椅子的主人,我们没有理由不爱护它。"……之后,我让他们把今天课堂上发生的事写下来。

作文交上来了,效果出奇的好,连平时最怕写作文的同学也洋洋洒洒地写出了600多字,感情真挚,认识深刻。更可喜的是,中午放学后,椅子已被极为调皮的男生悄悄地修好了……

> 这是一段成功的教育口语，教师针对小学生的特点，抓住教育时机，情理结合，达到了教育目的。

可见，教育口语对提高学生认识、培养良好的品质情操有直接的重要的作用。恰当的教育口语主要有以下几个特点。

（一）有的放矢

教师对学生实施教育是指在特定的时间、场合，针对特定的对象，为达到某个特定的目的而进行的一种活动，针对性很强。教师只有做到有的放矢才能取得预期的教育效果。具体来讲，要注意以下几点。

一是要因事施言。教师对学生进行思想教育谈话前，首先要明确为什么事而谈、谈话要解决什么问题、达到什么目的，以便恰当地选择和组织语言。

二是要因人施言。不同的学生个体在性格特点、接受能力、知识层次等方面不一样，而且不同的学生集体也往往在志向、兴趣、爱好、行为习惯等方面有所不同。因此，在教育过程中，教师应针对不同的教育对象的特点采取不同的言语策略，做到因人施言。

三是要因地施言。环境通常会对人的心理产生一定的影响，教师进行思想教育谈话要注意场合，如个别谈话一般不宜在公开场合开展，而应选择在安静的场合进行，以免谈话内容外传。

（二）相机诱导

教师对学生进行教育除了因人、因事而定以外，还要根据谈话的内容与目的，敏锐地抓住教育时机，采用灵活多样的语言，在思想上给以点拨、引导，使教育语言发挥最大的作用。

要使教育口语起到诱导的作用，首先应注意教育内容的逻辑性，表达要由表及里、由浅入深、循序渐进；其次，要注意表达方式的灵活性，或简洁直陈，或含蓄委婉，或风趣幽默，以利于学生接受思考；再次，要注意话语情感的丰富性，要在充分尊重信任学生的前提下，对学生抱以极大的热情和诚挚的爱心，做到语气平和恳切、语态真挚耐心。切忌以盛气凌人的态度训斥、辱骂或恐吓学生，也不应以尖酸刻薄的语言讽刺、挖苦学生。

（三）以理服人

以理服人是恰当的教育口语的鲜明特点。在教育中，教师对学生的说服、劝导或者批评等，不能用强制、压服和简单粗暴的方法，更不能空洞说教，而必须正面引导，晓之以理。教师要善于把握学生的心理，通过耐心诚恳的说理教育，使学生分清是非善恶、真假美丑，自觉地以道德规范指导自己的行为。

要富有说理性，首先，须对客观事实进行细致的解剖分析，把握要害，明辨是非；其次，论说要以正确的理论作为说理的依据；再次，说理要观点鲜明，论据充分，论证有力，措辞准确，语速适中；最后，还要讲究方式方法，刚柔相济，事理结合。

(四) 用情感人

教师在教育学生的过程中,既要晓之以理,又要动之以情。在与学生谈话时教师饱满的热情和精彩的言辞,往往能带动学生,对学生的认知、情感、行动起到激发和促进的作用。它一方面可以唤起学生深刻的理性感悟,另一方面也可带给学生强烈的情感体验。

要想真正感染和打动学生,首先,教师应当以真挚的感情,深入学生的内心世界,用心与心的交流完成情与情的沟通;其次,教师要用积极健康的情绪感染学生,要善于创设温馨和谐的情境,努力营造关心体贴、互助互谅、真诚友好、奋发向上的良好氛围,把学生的情感引上正确的轨道;再次,教师的语言表达必须力求形象生动、真实可感;最后,教师要随时观察和了解学生情绪变化的发展进程,针对学生情感变化的差异,采用相应的方式,以期达到更好的教育效果。

二、常用的教育口语技能训练

教育口语基本技能的训练,旨在能针对不同的教育目的、对象和场合,选择恰当的教育口语,自如地运用各项教育口语技能,对学生进行有效的思想品德教育。在各种类型的教育谈话中,经常用到的教育口语有沟通语、启迪语、暗示语、激励语、评价语等。

(一) 沟通语

沟通语是教师在教育情境中消除学生心理隔阂、取得心理认同的教育口语。教师冷漠的态度、空洞的说教、轻率的训斥以及谈话时的紧张气氛和不适宜的时间或地点等,都是不利于教育谈话的因素。要消除这些不利因素,教师要注意了解和理解教育对象,用轻松幽默或者亲近友好的话语缓和与化解紧张气氛,选用恰当句式和语气来与学生沟通。

案例分析

妈妈的50块钱

师:小磊,你这几天好像不高兴?瞧,人都瘦了一圈儿。

(生欲言又止。)

师:嗨,有什么。不是有这么一句话嘛,叫作"忧愁有两个人分担就少了一半"。说出来,也许会好受一点儿。

生:老师,我偷偷拿了妈妈50块钱,妈妈正到处找。我害怕她知道了会打我,会伤心。你知道,我没有爸爸,妈妈上班又累,身体也不好……

师:你还是个挺会替妈妈着想的孩子嘛!说给老师听听,你为什么要拿妈妈50块钱?

生:我那天看报纸,上面介绍了一个贫困山区的失学儿童,真可怜。

师:你是想捐钱给他,让他读书,是吧?为什么不对妈妈明说呢?

生:我怕她不同意。

师:你们家是比较困难的。不过,你妈妈是一个善良、有同情心的人。上次外省闹水灾,你不是说她还捐了衣物吗?

生:(低头不语,过了一会儿)那我现在该怎么办呢?

师:这样吧……

教师及时、深入地了解了学生的基本情况,整个交流过程中教师始终用"心"为之,以一个理解者的角色与学生进行交流,而不是说空话,从而解决了学生思想、行为中存在的问题,为学生的成长提供了指导和帮助。

案例分析

小刚在走廊上踢球,砸碎了教室玻璃,被带到教导处。教导主任恰巧不在,小刚既不敢走,又不敢坐,心里很害怕。几分钟后,教导主任来了。

主任温和地说:"你就是那位不小心砸碎了玻璃窗的同学吧?"

"嗯。"小刚满脸狐疑。

主任打量了一下小刚,和气地说:"坐吧,先坐下。"

小刚于是坐了下来。主任站起身,给自己倒了一杯水,同时给小刚也倒了一杯,递上,仍和颜悦色地说:"渴了吧?喝点水。"

学生因犯错十分紧张害怕,然而主任的话语里却透露出宽容、友好、理解,一句"不小心"很轻松地缓解了学生的紧张情绪。随后这位主任用一系列友好的话语和行动,进一步缩小了与学生之间的心理距离,从而为沟通创造了一个良好的氛围。

案例分析

一个学生迟到了,站在教室门口。

师:今天你为什么又迟到了?

生:我家的钟迟了。

师:(生气地)你就会狡辩,我不是提醒你要提前10分钟到学校吗?

生:(委屈地)我是比我家的钟提前10分钟来的。

师:(大发雷霆)你还在狡辩,就是不想承认错误是吧?

生:(带着哭腔地)我真的是提前10分钟来学校的……

师:(打断学生话头)难道你每天都要这个样子吗?

生张开嘴还想申辩,但又闭上了嘴巴,眼泪却流出来了。

教师的几句话全是责备与追问,语气生硬,这样师生的感情不但不能沟通,还会拉大彼此的心理距离。我们不妨把问句改成感叹句或陈述句,就平和些。比如有位教师就认真地看了看表,微笑着说:"不错,你比昨天足足提前了8分钟,如果你能再提前3~5分钟,我就满意了。"这样就减弱了学生的对抗性,同时让学生看到了老师的大度胸怀,并为自己的"屡次迟到"感到惭愧。

(二)启迪语

启迪语就是教师启发、开导学生的教育口语。启迪语运用得好,能促使学生的思想认识得到理性的感悟和升华。教师要运用好启迪语,一是要充分信任学生;二是要善于设置问题;三是具备足够的耐心。

案例分析

某学校的毕业班同学学习积极性很高,但不注意劳逸结合与科学用脑,就连课间也很少休息。

师:同学们,问大家一个问题,8-1>8成立吗?

生:老师,这么简单的问题还问我们啊!肯定是不对的。

师:不,8-1>8是成立的,这是世界公认的答案正确的一道题,请同学们想一下其中的道理。

同学们想不出来。

师:(微笑)这是一道思想应用题,单靠数学知识是理解不了的。大家知道,我们每天安排7节课,每堂课间休息10分钟,这是有科学根据的。心理学研究表明,一个人学习一段时间后适当地调节一下,就能记住所学知识的56%,如果不停地学习,只能记住26%。大家看,休息占去了1小时,可是却换得7个小时的高效率,比8个小时不休息还要强。大家说"8-1"是不是大于8呀?

同学们会心地笑了。

这位老师对学生充分信任,也十分耐心,善于启发诱导学生。

常用的启迪语有提问引导、分析明理、类比举例、设譬启迪等几种。

提问引导是根据谈话目的,有针对性地向学生提出问题,目的是引导他们对客观事物做出肯定或否定的评价,以促进道德情感的转化。提问具有"引起注意"和"调控话题指向"的作用。

案例分析

五年级学生周涛是一个不幸的孩子。三岁就失去双亲,是奶奶一手把她抚养长大;学校的老师也很同情她,无论是学习上还是生活上都很关心她。但这半学期以来,周涛受班上一些调皮学生的影响,成绩有些下降。期中考试到了,因害怕考不好,竟采用夹带方式作弊,被监考老师当场发现,并转告了班主任。

整个下午,周涛惴惴不安,心中紧张得很。班主任通过观察和向同学打听,了解到了周涛的心理。晚上,他觉得周涛反省得差不多了,找到了满脸羞愧的周涛:

"心里很难受,是吧?"小周涛使劲点了点头。

"告诉你奶奶了吗?"

"没有。"

"要是你奶奶知道了,她心里不知道有多难过。你想,你奶奶那么大年纪了,还在为你操心,天没亮就起来为你做饭;你生病了,给你熬药,着急得不得了。她一心盼你能好好学习,将来能有出息。可是,你看你今天下午做的事?"

　　周涛使劲咬着双唇,头埋得很低很低。

　　老师继续说:"你回忆一下,五年了,班上的哪一个同学没有帮助过你?给你上课的老师,哪一位没关心爱护你,就连你的学费也是学校给你免掉的。这半学期,你交了一些不好的朋友,成绩下降了许多,老师着急,同学着急。今天你又做出了不该做的事。你不觉得对不起老师,对不起同学,对不起学校和爱你的亲人吗?"

　　"老师,您别说了……"周涛已经泪流满面,泣不成声,"我辜负大家了。我,我一定再也不这样了。"

　　班主任成功地抓住了周涛觉得对不起奶奶、对不起关心她的老师和同学的心理,引导周涛认识自己的错误。首先连用两个问句,投石问路,然后连用几个反问句,起到了震撼心灵的作用。

　　分析明理是人们认识事物的基本方法。限于认识水平,小学生往往不能分清事物的主次、表里、本质等,因此教师做思想工作,要通过分析帮助学生提高思想认识,明白事理。

☾案☾例☾分☾析

　　下午,我去上班会课,一进校门就遇见数学老师告我们班小轩的状:不交作业;不改试卷上的错;叫他留下来,居然偷跑,追出教室捉住他,还顶嘴。我压制自己的情绪,把他叫到办公室里来。

　　师:听说你今天跟数学老师发生了矛盾,是怎么回事呢?

　　生:那么多同学没有交作业,他不管,就整我,不公平。

　　师:那你知道为什么数学老师对你不公平呢?

　　生:平常我最调皮,所以老师都注意我。

　　师:嗯!这句话还诚实。谢谢你,说明你信任我这个老师。还有没有呢?

　　生:没有。

　　师:那我来帮你分析。1. 你调皮,刚才你已经说了。2. 数学老师知道你家庭情况,一家生活靠你母亲一人操劳支撑,所以希望你好好学习,拿出成绩回报你母亲,所以才对你严格。你却理解成整你了。3. 在我们班上50多个学生中,你的名字非常独特,新来的数学老师容易记住,其他同学的名字有可能还记不住。所以就只叫你留下,你却感到委屈。

　　师:十五岁的人了,自己遇事要多动动脑,想想事情的利弊。不能只想弊,有时要换个方式想,例如今天这事,你换个方式想就不一样了,这不是整你是严格要求。我分析得对吗?

　　生:对。我当时是认为不公平,所以就顶嘴了。

教师帮助学生认清事情的表里,抓住小轩说的老师对自己"不公平"这一主要问题进行细致分析,晓之以理,从而让小轩明白了数学老师的"不公平",其实是对自己的严格要求。这样,不仅让小轩明白了自己的错误,而且提高了小轩的思想认识。
　　类比举例是根据小学生以形象思维为主的特点,教师依据教育内容的特点通过类比举例的方式,变抽象为具体、变模糊为清晰,从而说明事物、说清道理。

案例分析

　　某一年级班主任给学生讲解《小学生守则》第 10 条:诚实勇敢,不说谎话,有错就改。首先解释"诚实":

　　"诚实"是什么意思呢?心里想的、嘴里说的和行动上做的一个样儿,就叫诚实。比如不骗人家的东西叫诚实;做了错事敢于承认,也叫诚实。列宁爷爷小时候到姑妈家玩,不小心把花瓶打碎了,当时列宁没有承认花瓶是他打碎的。好几天,他茶饭不思,心里总觉得对不起姑妈,后来在妈妈的教育下,就主动写信向姑妈承认了错误,所以姑妈说他是个诚实的人。

　　教师先用通俗的儿童化口语解释"诚实"的意思,接着列举"不骗人、不说谎话"等情况做具体说明,再用列宁小时候勇于承认错误的例子生动形象地表明诚实的小孩应该怎样做。这样,教师通过类比列举的方式将抽象的概念变得具体、鲜明了。
　　设譬启迪作为一种方法往往用于带哲理性的事理说明,要求学生有一定的想象能力与逻辑推断能力,因此,设譬所阐释的道理比一般的举例深刻得多。

(三)暗示语

　　暗示语是指教师用含蓄的语言或态势语使学生领会的教育口语。暗示语常用于提醒、点破、批评、告诫等教育场合,是一种委婉的表意方式。教师在对学生进行教育时,有些不能或不便于直接点明的事、理,就可以使用暗示语。
　　暗示语要求教师在使用时语言要含蓄委婉,避开对方的心理障碍,在不经意之间将自己的思想渗入学生的潜意识中,从而达到影响学生、教育学生的目的。

案例分析

　　中学抄袭作业的问题令很多老师感到头痛。
　　一位老师对学生说:"天公造物真是无比奇妙,即使是同一种、同一类的物也会千差万别。人们不是说,天底下绝对没有完全相同的两片叶子吗?可这一次我们班却出现了一个奇怪的现象,批改作业时我发现不少人的面孔一模一样,比如这个嘴角往下歪,那个嘴角也往下歪,孪生姐妹也没像到这个程度呀。请你们帮助我解答解答这个问题。"
　　学生先是表情有些惘然,接着笑着大声说:"抄。"

> 教师将斥责的含义寓于幽默话语中，顺向暗示部分学生作业有抄袭现象，既达到了批评教育目的，又维护了学生的自尊心。

（四）激励语

激励语是教师对学生进行激发、鼓励的教育口语，常用来激发学生积极向上的情绪和意志。它对学生的健康成长有巨大的推动作用。

教师在使用激励语的时候，要注意：

一是语言的鼓舞性。激励的语言要从正面肯定入手，以赞扬为主，要从消极看到积极，透过现象看到本质，激发学生情绪，鼓励学生奋发向上、不断进取。

二是语言要富有激情。教师使用激励语必须饱含激情，要用自己炽烈的情感和肯定有力的语言来激励和鼓舞学生。

三是语言表达要切合实际。教师要从整体效应着手，认真分析学生的优点、缺点、积极因素、消极因素、有利条件和不利条件。做到切合实际、方向准确、合理顺情、自然得体地使用激励语。

案例分析

四年级一班男子篮球队的两名主力队员因上课迟到受到班主任张老师的批评，两名队员在下午的班级球赛中情绪低落，没能发挥应有的水平。结果，一班篮球队输给了对手。

"这简直是不负责任！"

"他们是拿比赛撒气！"

"是故意让我们班难堪！"

同学们七嘴八舌，气愤不已。

张老师却没有责怪这两位同学，真诚地对大家说："他们俩没打好，输了球，我们大家难过，他们心里也一样的难过。从他们的眼里，我看出他们憋足了劲儿，要向下一个班挑战，认真打好每场球，为班集体争得荣誉。"接着，张老师双臂用力一挥，大声问道："你们俩敢不敢向全班同学保证一定尽力打好每一场球？敢不敢和下一个对手、上届冠军队四班一争高下？"那两位同学激动地红着脸，异口同声答道："敢！"

果然，与四班的那场比赛，打得难解难分、异常激烈，两位受批评的学生放下包袱，敢打敢拼，赢了对手。

这位老师先对输球表示理解，体现了教师的宽容，拉近师生之间的心理距离，接着辅之振臂有力的态势语，配合语调高昂、节奏明快、气势强烈的两个问句，从正面强有力地激发了学生的信心和力量。

（五）评价语

评价语是教师对学生的思想行动做出评价的话语。教师对学生的评价语首先一定要实事求是、客观公正;其次要注意以激励为主,少强调学生的缺点;最后,教师的评价语要有的放矢,讲究评价的方式。

评价语分为表扬和批评。

表扬是对学生良好品质与行为给予肯定评价的积极的教育口语形式。表扬能激励学生并促使其产生愉悦的情感,让学生增强自信心,激发内驱力,促使学生向更高层次迈进。说表扬的话要热情、有感染力。一般情况下,语调昂扬、语速较快、用褒义词、色彩鲜明,有时用重音强调值得表扬之处,并大多辅以点头、微笑、挥手等态势语。

案例分析

谁说我们班是"烂班"?

一位老师接受了一个"差班",她一踏进教室,便听到有学生称自己班是"工读班""烂班",称自己是"烂学生"。自卑的阴影笼罩着全班。

这位老师诚恳地对学生说:从今以后,我便是咱们班中的一分子,我跟你们荣辱与共,谁说我们班是"烂班"?谁说我们是"烂学生"?我们班人才济济,有会唱歌的"百灵鸟",有长跑第一的"飞毛腿",有擅长绘画的"小范曾"……我们的同学是最聪明的学生,我们的同学是最有潜力的学生,我们的班级是最有希望的班级,我们的班级是藏龙卧虎的地方,我们应有自己的地位和价值……

教师真诚而充满感情的表扬,在学生们的心中引起了极大的反响。向来受尽冷遇的学生,第一次受到如此尊重,于是师生感情靠拢了,学生们的自尊心也复苏了。

批评是对学生错误思想和不良行为进行否定评价的教育口语形式。批评与表扬的目的都是为了教育和帮助学生。不过批评主要用来指出缺点和错误,总结经验教训,点明正确的做法和方向,使学生提高认识。教师要敢于批评,但更重要的是要善于批评。批评既要有冷静的分析,又要有热情的勉励和殷切的期望。

批评语要语重心长、有感召力。一般情况下,应语调沉缓、语速较慢、措辞准确而有分寸,要争取大多数同学的认同,其内容和语句理性色彩可以浓一些,并大多辅以摇头、摇手表示否定意义的态势语。批评语的表达方式是多种多样的,诸如正面交锋、以褒代贬、间接提醒、分散注意、巧下台阶、参照对比等。

案例分析

经常迟到的学生

一位经常迟到、做事拖拉的学生今天上课又迟到了。老师对他进行了批评:"你今天上课又迟到了。看来这一周我们班的纪律流动红旗要被别的班夺去了。你经常迟到,这样很不好,既耽误了自己的学习,又损害了班集体的荣誉,你应该好好想想,认识一下自己的错误。"这位同学难过地低下了头。

针对学生的问题,老师直截了当地指明学生的错误,并对其错误进行态度鲜明的否定,从而提高学生的认识,让学生明辨是非,自觉地改正缺点和错误。

找回丢失的习惯

开学以来,我一直要求每个学生离开座位后,必须将椅子插进桌子下面,一是便于清扫,二是可使桌椅整齐美观。可讲了许多次,仍有许多学生记不住。

一天下午放学后,又有许多人忘了插椅子。我灵机一动,将学生们重新招进教室,神秘地说:

"同学们,你们好多人丢了一样宝贵的东西,现在被我拾到了,想不想要啊?"

同学们面面相觑,然后大喊:

"想要!"

"你们先把椅子插到课桌下面去,我再还给你们!"

大家七手八脚,眨眼间所有椅子全部插了进去。我笑眯眯地说:

"你们丢了一个好习惯,不过你们已经捡回来了!"

我的话刚讲完,他们便露出会心的微笑。

此后,只要有同学忘记插椅子,其他同学就会提醒他:

"你丢东西了!"

于是班级桌椅变得整齐了,地面也干净了……

学生的不良习惯往往屡教不改,反复说教作用不大。这位老师采用直话曲说的方式予以批评,促使学生心悦诚服地理解并接受教育,从而高效率地解决了问题。

在实际运用时,以上所述各种教育口语基本技能绝不是相互孤立的,而是交互兼用的。

思考训练

1. 阅读示例《捕捉最佳教育时机》,指出教师是如何相机诱导的。

开学第一天,我就给学生们宣读了班级纪律和一日常规,然而陈志斌同学却不理茬儿,我行我素,在座位上吃瓜子,和同学说话。我暗暗想:来者不善。如果处理不当,会影响大局,先静观其变。

在一次自习课上,一位同学不守纪律,大声说话,影响了同学们学习。陈志斌突然站起身,对那个同学大声训斥(可能是显示自己的威风)。我知道后,马上在班上对他的行为予以肯定:"自习时间影响他人学习是不守纪律的表现,应该受到批评;陈志斌同学大胆阻止违纪现象,值得表扬。不过你对同学要客气一点,要讲策略。"

事后,我把陈志斌叫到办公室:"你对老师自习课上的问题处理有什么看法?"

"我认为您处理得很公正。"

我趁机发挥:"同学违反纪律不对。那你以前上课讲话、换座、吃瓜子、不守纪律对吗?"

他低下了头,没有说话。

于是我进一步开导:"从这次事情当中看得出你是一个非常有责任感的人,我希望今后你能严于律己,好好表现。好吗?"

此后,陈志斌表现非常好,再也没有出现上课违反纪律的事了。(参见:唐为民,林兆森,董延荣.初中班主任工作精彩案例[M].北京:开明出版社,2007:171-172.)

2. 阅读示例《20分钟的启示》,谈谈教师的教育口语是怎样做到以理服人的?

一次早自习(20分钟),教室里十分嘈杂,很多学生无所事事地在座位间走动,还有的三人一群,两人一伙地扎堆聊天,有几人规规矩矩地坐在位子上低头写着什么,但被这喧闹声吵得无法继续。

我走进教室,对同学们说:"你们知道20分钟之内人们可以做些什么吗?"

学生们不语。

"一名技术好的自行车组装人员在20分钟内可以组装4辆自行车;王军霞在20分钟内可以跑完将近7 000米的距离;常阅读的人20分钟可以速读10 000到12 000的文章……"

孩子们被这些数字深深地吸引住了。

我接着说:"可在我们班里,有些同学并不珍惜20分钟,每天早晨都让它悄悄地从自己身边流过……"

没等我说完,就有同学站起来说:"老师,下一次早自习我们一定好好学习,不再浪费时间了。"

学生们为他的发言鼓起掌来,我欣慰地笑了。

3. 阅读下列教育示例,说说教师使用沟通语的成功之处。

一所学校有一段时间考试风气不好,师生们反响强烈。学校领导决定在期末考试中狠抓考风。一时间,学生如临大敌,个个十分紧张。一位教师发现这种气氛不利于学生发挥应有的水平,在考前宣读完《考场纪律》后,说:"同学们,你们可以做武林高手,但切莫做'舞(舞弊)林高手',武林高手是勇敢而强健的,'舞林高手'可是怯懦而卑微的哦!"

同学们会心地笑了。

4. 阅读下列教育示例,指出教师运用了哪种类型的启迪语,并加以评析。

(1)某三年级学生有随地吐痰的坏习气,老师找他个别谈话。谈话围绕下列几个问题展开:

师:你知道,看到地上有痰迹,人们是怎样想的吗?

师:我们能只图自己方便,而不管别人怎么想吗?

师:你还记得《小学生守则》第4条是怎么说的吗?和老师一起念一遍好吗?

师:老师给你一叠纸,用来接痰。这一个星期,我会随时监督你,是不是还随地吐痰,你能给我满意的回答吗?

(2)小雄最近变了,我发现他眼神中充满了光亮,穿衣打扮也很讲究,对走廊里的镜子也非常感兴趣,常会站在那儿照上一会儿。我暗地里向同学们打听,得知他和班上某个女生来往密切。我大吃一惊。

第二天班会上,我给同学们讲了一个故事:小时候,我家周围有大片的果树园,寒来暑往,春华秋实。有一年秋末年初,我惊奇地发现,有些就要落叶的果树上,竟然又开出一簇簇小小的果花。不久,花谢了,居然也结出了山楂般大小的果子。可惜没过几天,霜冻就来了,叶子落尽了,小果实也烂掉了。后来,我才明白:不该开花的时候开花了,不该结果的时候结果了,是会受到自然规律惩罚的。现在同学们中的一些事情同样引起了我的思索。你们都还是处在青春期的孩子,有些同学的所作所为,是否也像这秋后结出的果子呢?同学们,好好地想一想吧!

我特别注意了小雄的表情,他把头低下去了,显然有些不好意思。事后,他主动和我谈了他和那个女生之间的情况,我给他分析了此中的利害关系,告诉他:"男女生交往无可厚非,对某个异性有好感也很正常,但绝不能沉迷于其中,因为你是学生,不能因此荒废学业,否则你将来会后悔一生的。"

他保证说:"我会处理好这件事的,请老师放心。"

我深深地点了点头:"好的,我相信你。"(参见:唐为民,林兆森,董延荣.初中班主任工作精彩案例[M].北京:开明出版社,2007:64.)

5. 小学生做事情常常三心二意,请用《小猫钓鱼》的故事,设计一段教育谈话,暗示学生做事必须一心一意,持之以恒。

6. 读下列示例,注意激励语的要求,试加以评析。

(1) 这次你三门功课没有考好,真出乎我的意料。有人说你天资低下,我认为并非如此。恰恰相反,你反应很快,就是舍不得用功。一次考试失败了并不可怕,可怕的是无动于衷,自甘落后。我想你一定能吸取这次的经验教训,发挥你的聪明才智,在期末考试时打个翻身仗,让事实证明你是好样的?

(2) 某校三年级某班,"做时间的主人"主题班会即将结束。

师:珍惜时间是一个人的美德,懂得珍惜时间的人,生命才有价值。大家都表示要做时间的主人,还订了"惜时公约"。对于公约规定的几条,有没有不赞成的?

生:没有!

师:既然大家一致通过,我们就应该说到做到。现在我们把"时光老人"赠送给我们的礼物——时钟挂在教室后面,让它来监督我们,好吗?

生:(热烈鼓掌)好!

师:同学们注意!(稍停)还有一件重要的事情别忘了,那就是一个月后,我们要进行一次"珍惜时间小标兵"评比活动。同学们有没有信心当标兵啊?

生:(激动地)有!

(3) 有一个性格倔强的学生平时纪律观念差,总是随随便便、拖拖拉拉。老师多次找他做工作都毫无效果,最后一次老师对他说:"我看你根本就改不掉拖拉、松散的毛病。"一句话激起了这个学生的逆反心理,他抱着"非改给你看不行"的想法,注意改正自己的缺点,最后成了一名"三好学生"。

7. 根据下面提供的情境,运用适当的表扬方式作口头表扬。

(1) 小强向来不太关心班集体,不过这次校田径运动会却踊跃报名。不巧运动会期间他患了感冒,但他在 5 000 米赛跑中带病坚持跑到了终点。

(2) 五年级二班十多位同学冒着倾盆大雨清理教室外排水沟中的淤泥和教室内的漏水,避免了教室被淹的严重后果。第二天,班主任及时表扬这十多位同学。

8. 根据下面事实,设计一段批评语。

(1) 晨读时,班主任来到教室门口,忽见一把扫帚丢在走廊上。

(2) 一位教师在期末考试监考时,发现一位同学偷看写在手上的小抄。

9. 欣赏下列教例,思考教育语言的成功之处。

(1) 育才小学校长陶行知在校园看到男生王友用泥块砸自己班上的同学,当即制止了他,并令他放学时到校长室里去。

放学后,陶行知来到校长室,王友已经等在门口准备挨训了。可一见面,陶行知却掏出一块糖果送给他,并说:"这是奖给你的,因为你按时来到这里,而我却迟到了。"王友惊疑地接过糖果。随之,陶行知又掏出一块糖果放到他手里,说:"这块糖也是奖给你的,因为当我不让你再打人时,你立即就住手了,这说明你很尊重我,我应该奖你。"王友更惊疑了,他眼睛睁得大大的。

陶行知又掏出第三块糖果塞到王友手里,说:"我调查过了,你用泥块砸那些男生,是因为他们不守游戏规则,欺负女生;你砸他们,说明你很正直善良,有跟坏人作斗争的勇气,应该奖励你啊!"王友感动极了,他流着眼泪后悔地说道:"陶……陶校长,你……你打我两下吧! 我错了,我砸的不是坏人,而是自己的同学呀!……"

陶行知满意地笑了,他随即掏出第四块糖果递过去,说:"为你正确地认识错误,我再奖给你一块糖果,可惜我只有这一块糖了,我的糖没有了,我看我们的谈话也该结束了吧!"说完,就走出了校长室。

(2) 某班主任开学时对班上学生做"回顾与奋进"的讲话,他说:"这个话题,我要重点讲'奋进'。我不再说上学期同学们的学习进步,不再说校运会取得了同年级总分第一,不再说我们在'艺术节'取得的美术、书法与文娱表演的各种奖励……"

(3) 小磊给小刚起外号,小刚把小磊的书包扔在地上。为此老师找小刚谈话。

老师对他说:"有一个人走路时被石头绊了一脚,很痛。他生气极了,又用脚狠狠向石头踢去。你看他聪明吗?"小刚说:"傻瓜一个!""他傻在哪里?""脚已经痛了,再踢不是更痛吗?""那怎么办?""绕开走不就得了。""别人也会被绊摔跤呀,最好的办法是什么?"小刚想了想,说:"把石头搬到墙角或垃圾箱里。""对! 这样做,既不会让脚更痛,又做了一件好事。"

过了一会儿,沉思后的小刚说:"老师,小磊给我起外号是不对的,好比石头绊了我的脚。我扔他的书包,就好像踢石头。这样既伤害了他,又伤害了我自己。我去找小磊谈心,共同把这块'石头'搬掉!"

(4) 某学校六年级同学就要毕业了,他们照顾一位孤寡老人的任务要移交给一个新的班级。四年级的同学们知道了,想把这个任务接下来,班主任说:"这个想法很好,我支持。可是人家六年级班级干了3年,先进事迹还上过报呢? 你们能干得像他们那样出色吗? 我看这不太容易。"同学们一听,决心更大了。

本章小结

教师职业口语是教师在教育教学过程中运用的规范语言,对学生知识技能的培养、世界观和人生观的培育有着十分重要的作用。本章主要介绍了教师职业口语的特点、教学口语中语音的运用、修辞手法的运用、口语化与儿童化的运用、教学各环节口语的组织等内容。同时,教师职业口语是为教书育人服务的,本章也分别对教育口语的特点、常用的教育口语进行了相关阐述。

拓展阅读

(一) 理论拓展

［1］国家教育委员会师范教育司组.教师口语(试用本)［M］.北京:语文出版社,1998.

［2］吴雪青.小学教师口语［M］.上海:华东师范大学出版社,2010.

［3］刘丽群,石鸥.课堂讲授策略［M］.北京:北京师范大学出版社,2010.

［4］陈涵平.教师语言美［M］.广州:中山大学出版社,2004.

［5］傅道春.新课程中教师行为的变化［M］.北京:首都师范大学出版社,2001.

［6］张颂.朗诵学［M］.北京:北京广播学院出版社,1999.

(二) 实训拓展

1. 请任选小学某一课程,设计一节教案,注意教学口语的综合运用,并在组内进行试教,共同评议。

2. 班上同学到班主任办公室反映,小丰偷了小刚的乒乓球。老师把小丰叫到办公室准备批评。他理直气壮地说:"这是我自己的乒乓球。反正我是差生,老师不相信我。"

(1) 请根据这个教育情景,设计与该同学的个别谈话。要求运用沟通语、启迪语、批评语、说服语等教育语言。

(2) 请与人合作模拟这次谈话活动。

第八章　教师态势语及礼仪训练

章首语

　　子曰："其身正，不令而行。其身不正，虽令不从。"古往今来，人们都认为"教师是文明礼仪的化身"。学生、家长及社会各界最喜欢的教师，总是那些热情友好、文明礼貌、学识渊博、循循善诱的育人楷模。教师在传播知识的同时，以自己的言行举止、礼仪礼貌对学生进行着潜移默化的影响，从而成为学生成长路上的导航者和榜样的示范者。当前在素质教育、基础教育、新课程改革的教育思想和教育观念日益深入人心的形势下，教师更应该重视自身素质的提高，重视礼仪训练。

本章提要

　　本章主要介绍态势语及教师礼仪两部分内容。全章旨在帮助学生了解态势语的定义及作用；明确手势语、表情语、身姿语的类型及运用原则并能熟练掌握；了解教师礼仪的重要性及作用；明确教师工作中的礼仪要求及技巧并能熟练掌握。努力提升教师技能素养，为未来成长为一名优秀的人民教师打基础。

情景导入

　　我国自古就有"礼仪之邦"的美称，承载着"教书育人、为人师表"的教育工作者更应注重态势及礼仪。金正昆教授说："教师礼仪指教师在教书育人的岗位上如何表现教师应有的气质与风度。"正因为教师职业的特殊性，教师的态势及礼仪具有系统性、强制性、集体性、示范性和审美性的特点，在塑造教师的职业形象、维护教师的职业威严、引领学生的修养导向等方面有重要意义。

第一节　教师态势语概说

《礼记·乐记》中有这样一段记载——子贡拜见乐师乙,并向他请教:"赐闻声歌各有宜也,如赐者宜何歌也?"意思是听说声音歌唱各有所宜,像我这样的人,适宜唱什么歌呢?乐师乙并没有直接给出建议,只是讲述了自己的见闻并总结道:"说之,故言之;言之不足,故长言之;长言之不足,故嗟叹之;嗟叹之不足,故不知手之舞之,足之蹈之也。"从乐师乙的回答我们可以看出在很多时候,声音并不能完全表明我们的所有情感,更多时候在姿势动作的帮助下表达会锦上添花。

在人际交往中亦是如此。人们除了用有声语言来进行思想及情感交流外,还会借助目光、表情、手势、身姿动作等辅助表达。这些用来帮助表情达意的身姿动作就是态势语,又称"态势语言""体态语"。态势语是一种无声的语言,是口语交际中传递信息的重要手段,主要由身姿、手势、目光、表情、服饰、空间等构成,具有不可忽视的作用。

一、态势语的作用

在人际交往过程中,态势语的重要性及作用日益凸显。一般来说,态势语言可以单独进行,而有声语言是不能单独进行的。因为没有态势语言参与的声音语言几乎是没有的。在交际过程中,通过适度而恰当的态势语言,可以洞察交际对象的心理,了解对方的行为目标、动机和情绪变化,获取大量的有用信息;同时,也可以运用态势语言向交际对象输出思想和感情信息,将自己的感情信息和意向传达给对方。教学过程作为师生双向的交流过程,态势语的作用更是举足轻重。

(一) 补充、强化口语信息

早在两千多年前,古罗马政治家和雄辩家西塞罗教导雄辩家们说:"一切心理活动都伴有指手画脚等动作。双目传神的面部表情尤为丰富。手势恰如人体的一种语言,这种语言甚至连最野蛮的人都能理解。"在口语交际过程中,人们的思想、情感、信息,不是单靠口头语言就能完全、充分地表达出来的,自觉地运用表情变化来传神会意,能补充、强化口语信息。

在教师职业口语中,恰当地运用态势语作用于学生视觉系统,可以扩大教师教育教学信息的发射量,尤其可以扩大对学生感官的刺激面,容易引起和保持学生大脑皮层的兴奋,增强他们信息接受系统的摄取能力,从而有效地提高教育教学效果。

(二) 沟通、交流感情

如果说言(口语)为心声,那么态势语则是无言的心声,是交际双方心理状态和情感自然而真实的表现。

美国心理学家布鲁克斯说:"教师对本学科的酷爱所表现出来的富于感染力的激情,在很大程度上要通过体态语言显示出来,专心致志、津津乐道的教师的体态总是微微向前倾,面部表现神采飞扬,语气热烈而富于激情。"实践证明由于体态语表达的表情性,使得它在对吸引学生的注意力和实现师生感情交流方面具有不可替代的作用。

(三) 控制、调节口语交际活动

在口语交际过程中,说话者自然地运用态势语,可以引起听众的注意。有意识地通过身姿、手势、表情等手段传递信息可以调动或影响交际对象的情绪,启发或引导对方的思路。

教师如有意识地通过体态语间接传递信息,可以掌握教育教学的主动权,调控交流过程。有人曾形象地说:"组织课堂教学,第一流的教师用眼神,第二流的教师用语言,第三流的教师施以惩罚。"

(四) 增加表达的生动性

有声语言作用于人的听觉,而态势语则作用于人们的视觉。这两种信息同时协调传递,不仅可以使人听到绘声绘色的讲述,还可以通过丰富多彩的表情、身姿、手势等,获得形象的感受,大大提高口语表达的准确性、生动性、形象性。

总之,可以这么说,没有丰富的、协调的态势语,就不可能有生动的、感人的口语交际。恰当地运用态势语,既是一般口语交际的基本功,也是教师职业口语的基本功。

二、态势语运用的原则

态势语作为信息及情感传递的重要手段,要与自己的身份、交际语境、表达内容,特别是与有声语言协调一致。同时态势语本身各构成要素(如身姿、手势、表情、目光)之间要做到局部与整体的协调一致。人及其言语和身体的动作是一种复合的过程,在口语交际中只有将这些因素有机结合起来,才能达到真正地了解和沟通,从而取得良好的沟通效果。具体运用原则如下:

(一) 目的性原则

态势语的运用受口语交际目的的制约。用与不用、用多用少、什么时候用、用的频率和程度如何,都要根据需要而定:一是交际表达的需要,二是说话人内心感情表达的需要。另外,态势语还要和口语表达紧密配合、相互补充、相互照应、相得益彰。不同的交际目的,态势语的运用也不一样,如在演讲中所使用的态势语与会话中使用的态势语就有不同;教师教学时所使用的态势语与家访时所使用的态势语也不一样。

(二) 适度性原则

态势语运用的幅度、力度、频率等都要受到有声语言的制约,要注意把握分寸。态势语的动作应本着少而精的原则,幅度不宜过分夸张,力度要集中,频率不宜过高,形式不宜复杂,要有助于口语表达。

教师应尽量控制表现不良情绪的态势语的表达,减少表达时的多余动作,使之准确而精练,虽少而胜多。

(三) 审美性原则

态势语的运用应符合审美的要求，讲究和谐。和谐，包括得体、自然、优美。得体，是指听、说双方的态势语要同特定的交际场合相符合，要同双方的身份、年龄相符合。自然，是指态势语的运用要自然大方，是自然情感的真实流露，是个性风格的具体体现、随情所致。优美是指运用态势语要注意动作的协调性，要与说话者的个性风格相一致，在视觉上给人美感。

教师运用态势语虽然与演员在舞台上表演不同，但追求的效果却是相同的，那就是要给学生以美的享受与熏陶。教学是一门教人求真的科学，科学来不得半点虚假。课堂上，一举手，一投足，一颦一笑都应当准确恰当、优美规范、自然亲切，切忌矫揉造作、装腔作势，应当自然、真诚、不做作、不虚假，追求"清水出芙蓉，天然去雕饰"的效果。

总之，没有丰富的、协调的态势语，就不可能实现完美的交际行为。在口语交际中一个理解的眼神，一个亲切的微笑，一个充满尊重的手势，就如催发感情的高效酵母，胜过千言万语。

第二节　教师手势语训练

手势语是态势语中最重要的部分，它是指用手指、手掌和手臂的动作和造型来表情达意的一种态势语言。手势语历史悠久，它是人类最早使用的一种重要的交际方式，直到现在手势在人们的社会交往及教学活动中仍被广泛地使用。不同的手势造型能表达人们潜在内心的各种微妙的情感，同时也可描摹出事物复杂的状貌。在教育教学中，手势语是教师必不可少的一种教学辅助手段，是构求教师主体形象的一个重要因素，也是教师表情达意的有效方式。

一、手势语的类型

在教育教学中，手势语是教师必不可少的一种教学辅助手段，是构成教师主体形象的一个重要因素。有经验的教师，总是以文明大方、得体自如的手势语感染学生，激发学生的情绪，引起学生强烈的情感共鸣。但教师教学使用的手势语不完全等同于日常生活中的手势，而是一种严格地与讲授内容相一致、与有声表达相协调的艺术化的手势。正因为教师手势语的复杂及多变性，我们可以按手势在教育教学中表情达意的功能特点将其分为以下几种类型：

（一）情意手势

能够表达说话人的不同情感的手势。如伸手一挥表示向往；双手握拳表示气愤；捂胸表示痛苦等。

（二）指示手势

指示具体对象的手势。如伸出一根手指表示数字"一"，用手指指向具体的人或方位以表示人称或处所等。

（三）象形手势

主要用来摹形状物，比画大小，给听众一个直观形象的感觉。如表示"像米粒大小"时，用手指掐着指尖比画，表示很小；表示"这么大的大南瓜"时，双手合抱，表示很大。

（四）象征手势

用手势表达抽象的概念、思想、感情等，能引起听众的某种联想，启发听众的想象。如表示"永远跟党走"时，可以把右手向前伸出，以表示前进的方向和不变的决心；表示"同志们，冲啊！"时，用右手向前上方有力地伸出，这个手势就象征着奋勇前进的大军。再如表示胜利的"V"型，停止的"T"型，同意的"OK"型。

二、手势语的活动范围

手势动作只有在与口语表达密切配合时才最为生动具体。教师在教学活动中的手势必须随着自己的教学内容、情感和课堂气氛自然地流露出来。手势的部位、幅度、方向、力度都应与教学活动的有声语言、面部表情、身体姿态密切配合,协调一致,切不可生搬硬套,勉强硬凑手势。不同场合由于教学的内容和情感不同,手势的活动区域也就不尽相同,且每个活动区域都有它特定的内容。

(一) 上区

说话时手势超过肩部的动作,称为上区手势。手势在这一区域活动,一般表示理想、希望、喜悦、激动、祝贺等;手势向内、向上,手心也向上,其动作幅度较大,大多用来表示积极向上的、慷慨激昂的内容和感情。如表示殷切的希望、胜利的喜悦、幸福的祝愿、对未来的展望、美好的前景等。

(二) 中区

说话时手势在肩部至腰部之间活动的动作,称为中区手势。手势在这一区域活动,多表示叙述事物、说明事理和较为平静的情绪,一般不带有浓厚的感情色彩。其动作要领是单手或双手自然地向前或两侧平伸,手心可以向上、向下,也可以和地面垂直,动作幅度适中。中区手势是日常生活与工作中运用最多的一种。

(三) 下区

手势在腰部及以下活动的动作,称为下区手势。手势在这一区域活动,一般表示憎恶、鄙视、反对、批判、失望等。其基本动作是手心向下,手势向前或向两侧往下压,动作幅度较小,一般传递出消极否定的信息。

三、手势语的意义

手势语又可分为手掌、手指和拳的动作。手掌、手指和拳以其运动的不同方式和不同形式表示不同的意义,也表示手势的不同作用。如掌心向上、胳膊微曲、手掌稍向前伸,这种手势主要用来表示贡献、请求、许诺、欢迎、诚恳的意思;掌心向下、胳膊微曲、手掌稍向前伸,则表示神秘、压抑、否认、反对、制止、不愿意、不喜欢的意思;双手由合而开,多表示空虚、失望、离散、消极;双手由开而合则主要表示团结、亲密、联合、全面、积极等。手指可帮助听众明确所指,化抽象为具体。伸出大拇指,就意味着赞颂、崇敬、钦佩;伸出小拇指,则表示轻视、蔑视。握拳,一般用来表示愤怒、决心、意志、毁灭等强烈的思想感情,有时也可表示团结、抗争、力量等积极的含义。

当然,手势的运用离不开身体其他部位的配合,手势各部位之间也要相互配合,表情达意。

四、手势语运用的原则

手势在教学中的作用是多方面的,由于双手活动幅度较大、活动最方便、最灵巧,形态变化也最多,因而手势的表现力、吸引力和感染力也最强。教师善于利用手势可以扩大其思想容量,加强其形象表达,增强其感情色彩。但手势语毕竟只是有声语言的辅助手段,不可喧宾夺主,更不应当代替有声语言,也不可能与有声语言具有相同的功能。因此在手势的运用上应该遵循以下几个原则:

(一) 简洁

所谓简洁,就是指手势的动作本身要简单、明了、不刻意雕琢。在交际过程中不宜频繁使用手势,以免干扰有声语言的表达。

(二) 和谐

所谓和谐,就是指手势既要与其他的态势语配合,又要与所表达的内容相协调。从整体上既要有助于有声语言的表达,又要给人以和谐的美感。

(三) 自然

自然是感情的真实流露,手势的运用贵在自然。只有自然才能真实地表情达意,才能给人以美感。手势不做则已,要做就得做得舒展、大方,给人以赏心悦目之感。一般说来,手势也讲究"该出手时就出手",手势要落在相应的字词上。出手要快,收手要慢。在交际中,手势要富于变化。

手是人体的表情器官之一。手势是使用频率最高的体态语言形式。由于双手活动幅度较大,活动时最方便也最为灵巧,富于形态变化,因而手势的表现力、吸引力和感染力也最强,最能表达出丰富多彩的思想感情。教师在口语交际活动中一定要掌握不同手势语的不同含义,要注意选用适当的手势语来辅助自己的口语表达,不断锤炼自身的口语表达技巧。

思考训练

扫码查看
资源链接

1. 什么是手势语,手势语的作用有哪些?
2. 给下面的句子设计相应的手势,然后展示。
(1) 看! 太阳升起来了,它光芒四射,普照人间。
(2) 什么是爱? 爱不是索取,而是奉献!
(3) 小赵,真是个好样的!
(4) 中国人民是无所畏惧的,就是天塌下来,我们也顶得起。
(5) 同志们,千万注意,这次实验是非常关键的一次。
(6) 这种损人利己的行为,我们是坚决反对的。
(7) 嫖娼、吸毒,这些旧社会遗留下来的腐败事物,必须彻底清除!
(8) 她轻轻地躺倒在草地上,仰望着蓝蓝的天空。

(9) 高大的建筑物突然陷入地下。

(10) 伸出我们的双手吧,拿出我们的智慧吧,献出我们青春的热血吧,我们是中华儿女,我们要做中华的脊梁!

3. 列举人们说"你""我""他"时的不同手势并比较。

4. 朗诵臧克家的《有的人》,注意手势语的设计。

第三节　教师表情语训练

面部表情,顾名思义,包括眉、眼、鼻、耳、口及面部整体的表情。心理学家阿尔特·蒙荷拉比研究指出:感情表达＝7％言辞＋38％声音＋55％面部表情。这充分说明了面部表情在口语交际中的重要作用和地位。教师在教学过程中不仅可以运用有声的口头语言,也可通过目光、面部表情等表情语将信息传递给学生,起到"无声胜有声"的特殊效果。

教师在教学中的表情可以分为两种:一种是较稳定的面部表情,面带微笑,做到和蔼、亲切、热情,这是教师面部表情的基本要求,带着微笑的亲切表情能使学生产生良好的心理态势,营造和谐轻松的学习氛围。另一种则是有变化的面部表情,这种表情既会随着教学内容而产生的喜怒哀乐变化,也会随着教学情境改变与学生产生不同的情感共鸣而变化。它能使教学效果丰富、生动而又充满活力。

教师的表情语训练最重要的是目光语的训练。在表情中最能与听者产生交流力量的是眼神。人们都说眼睛是心灵的窗户。古人说得好:眼神明澈坦荡,表现为人正直,心怀博大;眼神狡黠奸诈,表现为人虚伪,心胸狭窄;眼光执着雄视,表现为人志怀高远;眼光浮泛溜动,表现为人轻薄浅陋;眼光聪慧机敏,表现为人正派敏锐;眼神晦衰则表现着自毁自堕……总之,人们的喜怒哀乐大都能从眼睛里透视出来。

教师的目光要随时保持神采,用丰富明快的眼神是有声语言更加生动传神。教师在课堂上要扩充目光语的范围,始终把每一个学生纳入自己的视野范围,并用广角度的环视表达对所有人的关注。要学会用眼神的交流组织教学,及时捕捉学生反馈的信息。具体来说,目光语的运用方法有以下几种:

(一) 前视法

视线平直向前方流转,统摄全场。视线可落在最后一排听众的头顶部位。前视可使听众感受到说话人的指向性,感受到说话者对自己的注意,从而认真倾听,积极配合。但平直向前的视线并不是要一动不动地直视,而是要用弧形的视线兼顾全场,尤其不可忽略后排及两侧的听众。

(二) 虚视法

这是一种并非完全指向性的目光,讲话人并没有看清什么,但听众却感觉到他在同听众进行"视觉交往"。这种眼神可以使说话者克服分神、紧张的毛病,而显示出彬彬有礼、落落大方的神态,把注意力集中到交际的内容上来。

(三) 环视法

目光环视场内的全体听众,从左到右,再从右到左,从前到后,或从后到前,这种环视不是机械性的头部转动,而是有节奏地用目光同全场听众进行交往,增强相互间的情感互动和联系。运用环视法要防止眼睛滴溜溜地频繁乱转,同时注意每个角落都环顾到,不要冷落了坐在角落的听众。

（四）点视法

讲话人目光有重点、有选择地注视，点视主要用于不安静或不注意听讲之处，不可频繁使用，也不可持续较长的时间。

（五）闭目法

这是视线变化的特殊表现，是一种无方向、无视线的视线。闭目法有它特定的意义和作用。当讲话人到情绪特别高涨，或感情特别真挚，或痛苦特别深刻，或心情特别沉重时，都可以短暂地闭一下眼睛，以表示特殊的感情。这一特殊动作，能够促成听众情绪的高度凝聚，引起高度共鸣。但这种方法的使用不要过多过繁，否则，不仅会影响说话人正确思想感情的表达，而且有损说话人的形象。

对于教师而言，面部表情的运用要和有声语言所表达的情感同时产生、同时结束，以加大感染力和震撼力；表情一定要准确、明朗，一定要反映内心的真情实感，否则，会给人华而不实、虚张声势，甚至滑稽可笑的感觉；面部表情的运用还要注意适度，要不愠不火，适可而止。只有这样，表情语才能在教学中发挥出最大的作用。

思考训练

1. 眼神运用的方法有哪些？试着熟悉各种不同教学情境下的眼神及表情语。
2. 假如你是一名新进语文教师，今天是第一天上班，接下来要给3年级（2）班的同学上第一堂课，你遭遇了以下情境：

（1）上课铃响了，教室里的学生依然吵闹，乱哄哄的。

（2）作为一名新教师要做自我介绍。

（3）上课时，给学生朗读课文《燕子》。

"一身乌黑光亮的羽毛，一对俊俏轻快的翅膀，加上剪刀似的尾巴，凑成了活泼机灵的小燕子。

才下过几阵蒙蒙的细雨。微风吹拂着千万条才展开带黄色的嫩叶的柳丝。青的草，绿的叶，各色鲜艳的花，都像赶集似的聚拢来，形成了光彩夺目的春天。小燕子从南方赶来，为春光增添了许多生机……"

（4）读课文时，有的同学认真听讲，有的学生窃窃私语。

（5）提问环节，请学生回答问题。

（6）有一位学生举起手又放下。

（7）你请该生回答问题，但她回答得结结巴巴。

（8）经你眼神安慰并加以引导，她最终答了出来。

请结合所学内容，任意选取一个情境片段，设计生动形象的目光语和表情语并进行展示。

3. 对镜自视，观察自己在不同的心理状态下面部表情的变化，如大笑、苦笑、忧愁、惊讶、悲伤、平静、兴奋、愤怒等。

4. 观察日常生活中与你交流的人的面部表情。

5. 朗读下列诗句,用眼神表现出括号中提示的表情。

我,常常望着天真的儿童。(微笑)

素不相识,我也抚抚红润的小脸。(亲切)

他们陌生地瞅着我,歪着头。(陌生)

像一群小鸟打量着一个恐龙蛋。(惊奇)

他们走了,走远了……(失望)

第四节　教师身姿语训练

教师的身姿语指的是教师的身姿动作,包括身体姿态和身体动作,主要由头部位置、立姿、坐姿、行姿所组成。

一、教师的头部位置

头为仪容的主体,它的位置应当平正闲适,不要偏侧倾斜,头部动作应与其他态势语相协调。一般来说,点头表示赞同;摆头表示否定;抬头表示希望或勇气;低头表示沮丧或忧虑;后仰表示娇弱或失望;倾斜表示得意或愉悦;左右微摇表示怀疑或无奈;前倾表示惊讶或幽默;直立表示庄严或坚毅……

二、立姿

在台上发言的常见站立姿势有三种:一种是"丁"字步,一只脚在前,一只脚在后,两脚之间呈90°垂直的"丁"字形,两腿前后交叉,距离不超过一只脚的长度,全身的力量应集中在前脚上。另一种站姿是"稍息式",两脚之中任何一脚略向前跨步,两脚之间约为75°,脚跟距离在20厘米左右。这种站姿要求两脚直立,全身力量多半集中在后脚。这种站姿有利于缓解疲劳,因而在演讲时被广泛使用。还有一种是"平分式",即两脚平分,和自己肩宽相等,身体的重量自然平均分散在两只脚上。这种站姿不适宜长时间讲话。

三、坐姿

俗话说"行如风,坐如钟,立如松。"坐着进行交际时,要注意自己的坐姿要端庄。一般说来,身体略向前倾,表示洗耳恭听;欠身或侧身坐在椅子的一角是谦恭或拘谨的反应;抬头挺身靠在座位上,表现倨傲不恭的心理;跷二郎腿不停地晃动表达傲慢或不耐烦;不停地变换坐姿,表示厌倦或要发表意见。在口语交际中,作为说话者要善于根据对方的坐姿来推测对方对自己的态度,随时调整自己的口语表达;作为听话者,要注意通过身姿的变换,调控口语交际过程,实现与对方的沟通。

四、行姿

行走时,要步履稳健而轻捷,不要慌慌张张、摇摇晃晃、拖拖沓沓。

在台上说话时,始终站着不动会给人呆板的感觉;但也不能在台上随意走动,必须根据说话内容的需要,或听众期待心理的需要而动。走动的幅度不能太大。脚的移动也和其他态势语一样,表达着一定的含义,向前表示勇敢、热情;向后表示恐惧、谦让;左右移动则表示叙述、描绘。此外,在台上的行姿不可如日常生活中的散步,要注意保持大方、自然的姿态,给听众留下良好的印象。

作为一名教师,要给学生留下良好的印象,身姿动作非常重要。教师的身姿动作稳健、挺直、端庄,能给人精神饱满、正直挺拔的感觉;而弯腰驼背,则让学生觉得别扭、压抑、精神不振。因此,教师要重视自己的身姿动作,纠正一些不良的态势。

思考训练

1. 请根据下列两个情境,找出你认为有问题的身姿语,并进行纠正。

(1) 放假了,晓民到曾经的中学同学家玩,正与同学谈起曾经的朋友,这时候他发现同学坐下时并没有面对自己,只是不停地在看手机、发信息,同时眼睛时不时看向门外,脚不停地在晃动……

(2) 一次数学课上,教师在讲解题目,突然发现班上的一个学生正伏在桌子上睡觉。这位教师心中很不高兴,直接用手指指向学生,并叫学生的名字请他站起来,但这位学生根本没反应。教师怒火中烧,快步走到学生面前在桌子上猛拍了一下,学生吓得一下子惊醒过来,略带惊恐又不知所措地呆望着怒目圆睁的老师。

2. 每天有意识地做几次"坐如钟"(正襟危坐)、"立如松"(挺身直立)、行如风(步履稳健)的训练,与人交际要逐步养成良好的身姿,纠正不良的身姿动作。

3. 自我训练:四人一组,相互观察坐姿、站姿、行姿,指出不良的姿势,在同学的监督之下自我纠正。

4. 情境训练:与邻座的同学轮流扮演年长、年轻或同龄的不同身份的人,找一个话题进行交谈,注意对方的坐姿、站姿是否正确。

第五节 教师礼仪概述

教师不仅是科学文化知识的传播者,也是学生思想道德的教育者,是传承文明的力量。教师良好的综合素质是社会进步的必要条件。一名合格的教师,不仅要有高尚的品德、广博的知识、现代化的教育能力和健康的身心,还要有为人师表的职业形象。教师这个职业的使命与教师的个性、道德紧紧相连,而教师良好的文明礼仪习惯,不仅是教师个人道德品质和个性展示的基础,也是教师必须具备的基本素质。

一、教师礼仪的内涵

著名教育家马卡连柯曾指出:"高等师范学校应当用其他方法来培养我们的教师。如怎样站、怎样坐、怎样从桌子旁边的椅子站起来、怎样提高声调、怎样笑和怎样看待等,这一切,对教师来说都是很有必要的,如果没有这些技巧,那就不能成为一个教师。"可见,对于教师来说,礼仪有其更为特殊的意义。教师作为传道、授业、解惑的典范,一言一行都对学生起着潜移默化的影响,并贯穿学生受教育的始终。因此,教师礼仪不仅是教师个人的品质修养,而且会在教育过程中对学生的思想、道德、意志、情感、个性品质、言行举止等方面产生巨大的影响。

所谓教师礼仪,就是指教师在工作岗位和社会生活中表现出来的应有的气质和风度。它是教师在教育教学和社会交往过程中所遵循的尊敬他人、讲究礼节的程序,是所恪守的仪容仪表、待人接物、为人处世的行为规范和准则,也是教师的师德修养、文化素质、风度气质、行为操守等的外在表现。

教师礼仪是教育工作者必备的职业素质和职业道德,也是教育工作者必须掌握并娴熟运用的人际传播技能。《中小学教师职业道德规范》对教师的礼仪做了如下规范:"衣着整洁大方,举止端庄,语言文明,礼貌待人,以身作则,为人师表。"由此可以看出,教师礼仪至少应包含内在的精神素养和外在的礼貌礼节、仪表仪容、言行举止等方面的规范要求。

二、教师礼仪的特点

教师承担着传承人类文明、弘扬民族精神的特殊的职业使命,面对的是人生观、价值观、道德感正在形成发展过程中的特殊的交际对象——学生,教师礼仪也呈现出自己所独有的特点。

(一) 系统性

教师礼仪不只是说话有礼貌、做事有礼节这样简单、常规的言行举止的要求。教师作为学生成长道路的引领者,对其礼仪要求是从内在的精神风貌到外在的言行形象的一个完整系统。就内在的精神实质而言,教师礼仪应是包括自尊自信的心态、真诚正直的品质、活泼开朗的性格、豁达宽容的心胸和平和健康的情绪在内的振奋的精神面貌。就外在的具体表现而言,教师礼仪应包括由健康洁净的容貌、美观朴实的发型、文雅得体的着装所呈现的端庄高雅的仪容；由标准的发音、文明的用语、亲切的语气、艺术的效果所构成的规范艺术的语言；由稳健协调的身姿、得体适度的手势、和蔼可亲的表情所呈现的有礼有节的举止。

（二）强制性

无论古代社会还是现代社会，不同职业的人，都要遵守自己的职业规范。教师的言行举止不仅展现着教师的职业风貌，还影响着学生乃至社会的道德风尚。这就要求教师的言行要更加谨慎稳重，严格恪守教师职业所特有的礼仪规范，一切以职业规范和要求为核心，不能随心所欲，更不能因自己个人的喜怒哀乐而影响或违反职业要求。在教师的职业生涯中，要有更多的自我克制，甚至是自我牺牲，来共同遵守和维护这份职业的礼仪规范，从而使教师的形象更有气质，更有魅力，更有感染人、感化人的力量。

（三）集体性

教师不仅是一种职业，也是一个特殊的社会群体。在这个群体中，任何一个个体的形象，都会影响自己的学校、整个教师群体乃至教育事业的形象。因此，教师礼仪不仅是教师个人的行为，更是教师集体的行为。可以说，教师礼仪是教师作为一个教育工作者所应该具有的价值标志，是教师对自己个性和职业选择的自我尊重和自我肯定的基础，也是社会尊重教师队伍、尊重教师职业的一个参照体系。

（四）示范性

教师是学生心目中知识的源泉、言行的典范。教师，特别是小学教师，往往是学生模仿、学习甚至崇拜的第一对象。除了知识的汲取，学生还在潜移默化中习得教师的思维方式和行为模式，教师的知识、眼界、品格、言行等都对学生有着重大的影响。在校园学习生活中，教师的礼仪形象在举手投足间，渗透教育教学活动的每一个环节，学生往往通过对教师形象的观察和模仿，逐渐形成自己形象的定位和塑造。规范有品位的教师礼仪在树立教师自身良好形象的同时，也影响着学生形象的塑造，对学生价值标准、审美标准的形成起着不容忽视的引导作用，也对学生的品德修养、言行规范有着重要的示范作用。

（五）审美性

礼仪文化具有自身的审美价值。教师礼仪的审美性主要是指教师的礼仪文明给学生和其他社会成员带来的感官上的赏心悦目和内心的感染熏陶。教师职业的特殊性使得教师的每一次亮相、每一个细节都在学生审视的目光之中。作为"人类灵魂的工程师"，当教师内在的学识修养和外在的礼仪形象和谐地统一起来，让人于朴实大方中见高雅的情趣，于规范得体中见丰富的涵养，教师庄重优雅的礼仪风度就能带给人们以美的熏陶和感染。

三、教师礼仪的意义

教师是人类灵魂的工程师，是为人师表的典范，承担"教书"与"育人"的重要职责。教师的个人修养和礼仪文明，不仅直接影响着职业形象的塑造和学生素质的培养，还影响着整个社会文明礼仪传播的进程。具体而言,教师礼仪具有如下几方面的意义。

(一) 塑造教师的职业形象

就个人而言,礼仪是一个人思想水平、文化修养和交际能力等的外在表现;就社会而言,礼仪是社会文明程度和道德风貌的重要反映。教师礼仪不仅是教师在教育教学工作和社会生活中所应恪守的行为规范,也是教育工作者所应具备的职业道德和职业素养。

教师不仅是学生的人生启蒙者,也是社会文明的传播者。教师形象的优劣影响着学生和社会对教师群体和教育行业的认同度,影响着全社会对礼仪文明的认知、践行与传承。教师良好的礼仪规范,可以帮助教师塑造良好的职业整体形象,拉近教师与学生之间、教师与其他交际对象之间的心理距离,提高全社会对教师职业的信任度,形成对教师教育教学活动的有效认同。同时,教师也能在良好礼仪规范的自觉恪守中,增强职业自信心、职业责任感和职业自豪感。

作为教师应该清醒地认识到教师礼仪不是一般的礼貌,而是一种职业素养、一种道德境界。因此,每位教师应该怀着高度的事业心和对社会的强烈责任感,自觉遵守教师礼仪,加强师德修养,培养高尚的文明行为,自觉不断提升自身的礼仪素养,做到举止得体、文雅谦和、言而有理、行而有矩,只有这样才能符合职业需求,才能赢得学生和社会的尊敬与喜爱。

(二) 维护教师的职业尊严

教书育人是教师工作的首要任务,教育教学活动的过程是人与人相互影响的过程。在这个过程中,知识的传递、品行的培养、人格的塑造,都是通过人际交往的形式来实现的。因此,教书育人最具感召力的就是教师的行动表现中所展现出来的人格魅力与职业威信,即师德的力量。

教师的礼仪文明是师德最直接的外显化形式,规范的教师礼仪不仅能使师德成为一种重要的教育力量和教育要素,也是师德师风的社会价值得以实现的一种基本途径。它不仅有利于增强教师行为的道德示范性,培养学生健康的道德情感,也有利于维护教师的职业尊严,在学生及各社会成员中树立教师的威望。

教师的威望是一种潜在的教育力量,它的形成不仅与教师的学识、能力等密切相关,同时也受教师外在礼仪形象的影响。举止文雅、仪态端庄的教师形象,有助于教师在学生中树立威信。反之,在公共场合言行举止粗俗,在教育教学活动中不尊重学生,日常形象举止过于随意或过于矫揉造作等与教师礼仪相悖,乃至缺乏起码的礼仪规范的教师,往往成为学生背后指点的对象,最终会丧失教师的威信与职业尊严。

(三) 协调教师的人际关系

人际关系是在人与人交往过程中产生和形成的一种直接的心理关系或心理距离。人际关系反映了个人或群体寻求并实现自己的社会存在感、认同感和价值感的心理需求,因此,人际关系的变化发展取决于交际双方心理需要的满足程度。礼仪的一项重要功能就是调节人际关系。人们在社会交往过程中,按照礼仪文明的规范去待人接物、为人处世,有助于加强人们之间互相尊重、友好合作的新型关系,缓解或避免某些不必要的情感对立。

教师的职业特点,决定了教师的职业活动总是在与人交往的过程中完成的。人际关系的沟通与协调能力,对教师的职业活动,尤其是教育教学活动的成效有着重要的意义。

教师在与学生、同事、家长等交际对象的交往中,自觉主动地用礼仪文明来规范自己的言行,树立自己的良好形象,除了可以使自己在职业活动中充满自信、胸有成竹、处变不惊外,还能够更好地向交际对象表达自己平等、尊重的立场和友好、和善的态度,有利于增进交际对象对自己的信任,增强彼此之间的了解。从而使交际双方避免和消除不必要的误解与矛盾,更好地形成有效沟通,促进交际双方思想与情感的传递与反馈,在和谐的人际关系中提高工作效率,顺利完成工作。

(四)引领学生的修养导向

苏联教育家马卡连柯曾指出,教育者对被教育者的作用"首先是教师品格的熏陶,行动的教育,然后才是专门知识和技能的训练"。教师礼仪恰恰是教师把这种"品格熏陶"和"专门知识和技能的训练"有机连接在一起的桥梁和纽带。

首先,教师良好的礼仪行为能有效地让学生体验到一种被尊重、被理解的心理认同感,从而使传统的师生关系转变成人格平等、相互尊重的新型师生关系,构建起师生相互信任、相互理解的教育渠道,促进学生的健康发展。

其次,教师良好的礼仪形象,直接关系到学生的学习兴趣和教育效果的好坏。古人云:"其身正,不令而行,其身不正,虽令不从。"教师庄重得体的礼仪形象,规范文明的礼仪言行,在展示自己的自信、气质、涵养的同时,必然能留给学生良好的师者形象,获得学生发自内心的尊重。学生也会在教师的人格魅力的影响下,自然而然地"亲其师"而"信其道",激发其内在的学习动力,积极主动地投入学习与训练中,从而使教师顺利地完成教育教学任务,提高工作效率和教育实效。

再次,教师良好的礼仪形象,有利于学生良好品格的形成。作为人生的导师,教师形象往往是许多学生模仿的榜样,教师在施教的同时,学生会通过对教师形象的观察、模仿,而形成对自己形象的定位。一名优秀的教师不仅通过课堂教学对学生实施教育,而且在日常生活中规范自己的言行,以良好的师德风貌、高尚的人格品质对学生实施潜移默化的影响。因此,教师的礼仪文明,对学生正确的人生观、价值观的树立,对学生健康的审美情趣、良好的人格品质的形成,都有着重要的示范与影响作用。

最后,教师的礼仪行为,还肩负着传承与弘扬中华民族传统美德的崇高使命。规范的教师礼仪不仅能使师德成为一种重要的教育力量和教育要素,也是师德师风的社会价值得以实现的一种基本途径。教师的个人修养如何,不仅直接影响学生的学习效果,而且会直接影响整个社会传播文明礼仪的进程。学生既是中华传统美德的传承者,又是体现时代进步要求的新道德规范的实践者。教师的礼仪文明的示范作用,一方面让优秀的中华民族美德在青少年一代身上得以继承和发扬,另一方面,又在此基础上形成了崭新的时代美德。

第六节　教师工作中的礼仪训练

苏联教育家苏霍姆林斯基说:"品德首先是在人们相互交往中形成的。"教师的工作交往关系主要包括师生关系、同事关系、家校关系三个方面。

教师工作礼仪,指教师在课堂活动和课外活动等师生互动场域中、在办公室和教学研讨活动等同事互动场域中、在一对一的家访和一对多的家长会等家校互动场域中的仪容仪表、行为举止等符合礼仪规范。不同场域中的教师礼仪,具有共性和个性。教师在工作中,应始终保持自然大方、端正得体的教师形象,同时要符合不同场域对礼仪的特殊要求。

一、课堂活动中的教师礼仪

课堂是师生交往最频繁、最重要的场所。课堂活动是以教学活动为载体,以学生全面成长为目的,通过双方和谐而有效的配合,一步步达成课程目标的过程。与其他社会活动相比较,它具有教师主导、目标明确、场地传统等特性。

(一)教师主导

在班级授课制占主导地位的教育大背景下,几乎每一学段的所有课程都由该课程的任课教师独立组织并完成。教师在该课堂上发挥着主导作用,其教学风格,即其个人性格、个人气质与生活观念、专业思想、教学技能的有机融合,在一定程度上影响着学生的学习和生活。教师在学生心中具有权威性,除了知识的讲授和传递,教师自身的形态礼仪、精神面貌、观念意识、情感态度等,也会对学生产生示范作用和引导作用。教师应注意自身的每一处细节,包括肢体、体态、发型、着装、配饰等各个方面。

(二)目标明确

教学目标是教师根据教学大纲、教材以及学生的实际水平而制订的,具有明确性,课堂中的所有活动都是为了教学目标的达成。教师在课堂教学活动中不仅应运用清晰准确、简洁通俗的语言讲解教学内容,还应结合学生的实际水平,根据课堂教学的具体情况,运用肢体动作或面部表情辅助教学,特殊情境下还需要服装配饰以营造教学情境。若学生未能及时达成教学目标,教师应及时进行自我反省,审视并调整自己的教学目标和教学方法。

(三)场地传统

学生的传统学习地点为教室,课堂活动的开展地点往往也在教室内,其教学形式也随之受到限制。因此教师需在礼仪规范的约束下丰富自己的语言、表情、动作等,以活跃教师的课堂教学表现,调动学生的学习积极性,同时丰富并优化教学形式,如情境扮演、小组合作、游戏教学等,重视学生在课堂中的主体地位。在以教师为主导、学生为主体的课堂教学中,教师还应注重合乎礼仪规范的正确点评和及时表扬,使学生获得积极的学习体验,增强学习兴趣。

课堂作为师生交流的重要场所,教师的仪容仪表是学生对教师形成第一印象的关键。

尤其是新教师,在接触尚未熟悉的学生时,大方得体、自然端庄的仪容仪表会使学生更容易亲近教师。因此,在课堂上,教师的发型、妆容和着装都应保持干净清洁、大方得体,佩戴的饰物也应搭配合理、安全简便。

但有时因为教学内容或教学情境的特殊性,教师需做出适当的调整。如在语文课或英语课上,教师需要和学生一同进行情境表演时,为配合演出,教师可以化相应的妆容、做相关的发型、着相似的服装、佩戴相近的饰物。例如,语文教师在讲《小壁虎借尾巴》一课时,若需要情境表演,可穿壁虎连体服。为更好地带学生进入情境,教师可戴有壁虎样式的面具或帽子,应穿舞鞋、运动鞋或平底鞋。在社会科学课上,当教师讲到不同地域的风土人情时,为丰富课堂内容,拓宽学生视野,使其身临其境地感受异域风情,教师可选择穿戴当地的服饰。例如,教师在讲新疆地区时,可以自己穿上新疆的服装,戴上具有地域特色的帽子,女教师还可根据当地人的特点适当化妆,从自己的穿着打扮入手,向学生介绍当地的风土人情。教师在班会课上与同学们共同进行节目表演时,可以根据节目内容适当造型。例如,女班主任和同学们一起表演白雪公主时,若教师饰演皇后,为符合人物形象特征,教师可在学生可接受的范围内,化烟熏妆、穿高跟鞋。

二、课外活动中的教师礼仪

课外活动是师生除课堂活动之外的另一重要交往场域。它是在课堂活动之外,由学校或校外教育部门组织、指导的,用以补充和扩展课堂活动,实现培养目标的一种教育活动。与课堂活动相比较,课外活动具有受教育者自主性高、活动内容伸缩性强、活动形式多样的特性。

(一) 受教育者具有自主性

目前,基础教育阶段的课外活动内容丰富、形式多样。所开展活动的规模大小、时间长短、内容选择均由学生的身心发展状况决定,无固定模式。学生可以根据自己的兴趣、爱好、特长以及实际需要,自愿地参与或选择性地组织活动,自主性比较高。这既有利于发挥学生的积极性和主动性,也有利于学生优良品质的培养,使其才能和个性得到充分发展。因此,教师需尊重学生的自主性,积极配合、全力支持课外活动的展开。

(二) 活动内容具有伸缩性

课堂分科教学往往按照教学大纲、教学计划和教科书设计教学方案,常常忽视各学科之间、教学内容与生活实际之间的联系。课外活动内容则不同,课外活动内容具有伸缩性,往往结合生活实际、综合课堂所学知识,可浅可深、可多可少,且通常根据地区和学校的实际情况以及学生的实际情况决定。当然,在课外活动进行的过程中,教师应合理把控教学内容,积极参与并有效组织、指导活动的进行,竭力承担起活动中的重要角色。

(三) 活动形式具有多样性

由于课外活动不受教学计划和活动地点的限制,其活动形式具有多样性,一切符合教学目标、有利于学生身心发展的活动,均可以创造条件、积极开展。丰富多彩的课外活动既能满足各类学生的具体需求、兴趣爱好,有助于教师因材施教、学生个性成长,也能帮助孤僻内向的学生有效学习、融入集体。

教师在各种形式的课外活动中，都应做好的引导者和示范者，注重不同场所对教师礼仪的特殊要求。

三、家长会教师礼仪

会议式家长会，是教师召开家长会最普遍常见的一种形式，通常由教师主导，通报该班学生近期的表现情况，并针对一个或多个主题进行讲述。

在会议式家长会中，教师作为主角，需做好会前准备、推进会议开展、进行会后互动。在整个会议过程中，都应当使自己的妆容服饰、态度表现、语言表达、行为举止等符合礼仪规范。

（一）做好会前准备

家长会的前期准备工作至关重要，是整个会议的前奏部分。

在家长会召开前，教师需塑造良好的个人形象，提前洗澡、洗脸、洗发、理发、修剪指甲、清洁口腔等，换上干净得体的服装，女教师还可以化淡妆。教师在家长会上可穿着较为正式的服饰，展现良好的职业修养。比如，男教师穿西装、打领带，女教师穿职业套装、佩戴别致的胸针等。

此外，教师需合理安排会议时间，尽量在周末或下午放学后召开家长会，确保绝大多数学生家长能到场参会。安排好会议时间后，教师应及时利用电话短信、微信、校讯通等与学生家长联系，告知其会议时间、地点、注意事项等，以便家长有充足的时间协调安排自己的工作。在家长会开始前，教师应确定并熟悉会议流程、主要环节、重点内容，还应提前布置好会场，营造出整洁、温馨的家长会氛围，并注意在桌角贴上学生的姓名，让学生提前告知家长座位，便于家长对号入座，保持秩序井然，尽量从细节处体现出教师对家长的尊重以及对家长会的重视。

（二）推进会议开展

会议时间、会议内容、语言表达、行为表现等是会议式家长会是否能够正常进行、有序开展的重要影响因素。

教师为推进家长会有序有效地开展，首先需要关注会议时间，家长会应按时开始，切勿由于个别家长未到场而推迟会议，更不能因教师的个人原因随意更改会议时间，并应将会议时间控制在预期的范围内。其次，会议内容应具体充实，做到目的明确、中心突出，避免空洞乏味、形式化的无效内容占据时间。

语言表达方面，教师应文明有礼、谦逊温和。教师的用词、语气等不能呈现出居高临下之感，也不能将个人的不良情绪表现在语言中。在向家长传递家庭教育理念及教育技巧时，教师应使用谦虚的口吻和商量的语气，耐心细致地向家长描述和解释相关的内容，以得到家长的理解、支持、认同和积极配合。另外，教师在会上的发言内容应充分体现出对学生以及学生家长的尊重，不得当众透露个人隐私，且应杜绝出现"你的孩子太笨了，已经无可救药了""你们这些父母是怎么教育自己孩子的，为什么会有这样的行为"等伤害家长自尊的过激言语。尤其是告知家长学习困难、不守纪律等特殊学生的相关情况时，教师应避免在家长会上进行实名批评，给家长难堪，造成尴尬的局面。

行为表现方面,教师应仪态得体、举止得当。若教师保持站立姿势,应挺拔庄重,头部保持端正、双肩平直、挺胸收腹、双臂自然下垂、双腿并拢,避免身体倾斜、弯腰驼背、不停抖腿,尽量给家长以稳重端庄的感觉。若教师在会议室内走动时,应大方稳重,走动时应轻而稳,注意昂首、肩平、挺胸、收腹、身正。女教师走动时,头部端正,微缩下巴,上身挺直收腹,以肩关节为轴,两臂自然摆动,两手前后小幅度摆动,小步前进。男教师走动时,应抬头挺胸,收腹直腰,双臂自然摆动,双脚走两条线,两线尽可能地靠近,步幅适宜,尽量显得稳重有礼。除了站姿和走姿,在行为细节方面,教师也应注意自身的礼仪规范:若教师持物时,无名指和小手指不能无故上翘;若教师鼓掌时,最好右手在下左手在上,且有节奏地有力鼓掌;表示夸赞时,可举起右手,竖起大拇指;眼神交流时,不可直视或斜视家长,也不可将目光长时间停留在一位家长身上;任何时候都应避免用食指对家长指指点点。另外,在对话交流环节,无论学生的成绩好坏,抑或是学生家庭环境是否优渥,教师应对所有家长一视同仁,应礼貌、真诚地邀请想要发言的家长走上讲台发言或请其在原位发言。

(三) 进行会后互动

会议的结束并不意味着家长会的结束,在会后,当家长上前咨询学生相关情况时,教师应礼貌接待,认真聆听其问题,并耐心细致地进行回答。若在咨询的过程中,家长向教师递烟、送礼时,教师应诚心道谢、理性拒绝。在咨询结束后,家长主动与教师握手时,教师应热情回应,伸出右手与之相握,并在握手的过程中微笑注视家长。

此外,教师还应委婉地请有特殊情况的学生的家长等待片刻,在家长会结束后与其到办公室进行交谈。在谈话的过程中,教师应尊重、理解家长,语气平和地与家长共同商讨解决问题的办法,并积极对孩子的家庭教育提供帮助。如果教师要指出学生的不足时,应充分考虑家长的感受,先肯定学生的优点再指出其缺点,并且指出缺点时应就事论事,避免责备甚至斥责家长。当教师面对态度强硬的家长时,应不卑不亢、保持理智、耐心倾听、坦诚相待、语气平和、避免争论。

家长会结束后,教师还应第一时间整理、分析家长会上家长提出的意见、反映的信息,并通过微信、电话、邮件等通信方式向家长进行后续反馈。

思考训练

1. 结合生活实例,谈谈你对礼仪原则的认识。
2. 你是如何理解教师礼仪的意义的,试举例说明。
3. 请根据下列材料,分析两位教师的礼仪行为是否得体?并说出你的理由。

(1) 一位青年教师在家长会结束时,要求一位家长留步,当着其他家长的面居高临下地并用手指向这位家长说:"你不要走,等我回来,研究一下你孩子的事。"谈话过程中,谈到学生的错误,教师生气地叉腰,挥手,对家长说:"这孩子我管不了,我看学校也教育不了他了,你把孩子领回家去吧!"

(2) 家长会上,一名家长向教师询问自己孩子的在校情况,这名教师先是扭头确认,然后沉着脸对家长说:"你的孩子在校表现还可以,整体情况还不错。语文成绩还行,数学也没什么问题,其他的像英语、音乐、体育也都过得去。就是有个别地方需要改进。"说完扬长而去。

4. 阅读下面材料思考：

张老师是某小学五年级(1)班的语文老师,她在讲解《松鼠》这篇课文时,特意购买了松鼠的演出服装,设计在课堂给小朋友一个惊喜,意图使课堂更精彩。但由于她将舞鞋忘在了家中,只好穿着高跟鞋进行表演,表演出来的效果很生硬。而且,当穿着高跟鞋的她表演时,因为视线被遮挡,被讲台的阶梯绊了一下,重重地摔在了地上。同学们见老师摔倒在地,都吓坏了,连忙将她送到校医室就诊。这堂课便也无疾而终。

王老师的这堂课不仅让自己受伤,也没有起到良好的教学效果。王老师陷入这种窘境的原因是什么?

5. 阅读下面材料思考：

学习成绩一直不错的乐乐最近上课注意力总不集中,成绩也直线下滑。在本周的单元测试中,她的语文只考了60分,数学甚至出现了不及格的情况。班主任张老师在与乐乐沟通后,并未找到她成绩下滑的原因。于是决定到乐乐家里进行家访。第二天,在没有提前与乐乐家长沟通的情况下,张老师突然在放学后到访,让乐乐的爷爷、奶奶感到茫然无措、十分意外。通过与爷爷奶奶的交谈,张老师得知乐乐的爸爸妈妈本周在外出差。于是她便向爷爷、奶奶陈述了乐乐在学校的表现,并想与他们沟通乐乐在家的学习表现以及对乐乐的教育意见。然而,乐乐的爷爷、奶奶年纪较大,听力较弱,对张老师所说之事听得迷迷糊糊。此外,乐乐的家庭教育也都是孩子的父母在管理,他们对教育方面的事情知之甚少。再加上临近饭点,奶奶着急做饭,所以,这次家访张老师和乐乐爷爷、奶奶基本没有有效的沟通,也并未获得更多的有效信息。

张老师的行为存在哪些问题？你会如何改进？

拓展阅读

[1] 茱迪斯·A.迪尔奥.师生沟通的技巧——当代西方教师教育译丛[M].潘琳,译.北京：北京师范大学出版社,2006.

[2] 丁艳丽.学会表达 懂得沟通[M].北京：企业管理出版社,2016.

[3] 王怀玉.小学家校沟通的艺术[M].北京：中国轻工业出版社,2014.

[4] 路玉才,张海燕.教师口语训练教程[M].天津：南开大学出版社,2012.

[5] 国家教育委员会师范教育司组.教师口语(试用本)[M].北京：语文出版社,1998.

[6] 郭起明,赵林森.教师语言艺术(修订本)[M].北京：语文出版社,2002.

[7] 鄢月钿.教师的语言艺术[M].长春：吉林大学出版社,2007.

[8] 冯增俊.把教学目标落实到位：名师优质课堂的效率管理[M].重庆：西南师范大学出版社,2008.

[9] 郭华.课堂沟通论[M].北京：北京师范大学出版社,2006.

[10] 杨朝晖.艺术批评：批评的"恰当方式"——教育故事对教师进行艺术批评的启示[J].河北教育(综合版),2009(11):24-27.

[11] 吴天德.批评也要讲点艺术[J].人民教育,2002(2):38.

第九章　中小学教师资格考试中的面试技巧训练

章 首 语

中小学教师资格考试是评价申请教师资格人员是否具备从事教师职业所必需的教育教学基本素质和能力的考试。中小学教师资格考试包括笔试和面试两部分。笔试主要考查申请人从事教师职业所应具备的思想政治素质、教育理念、职业道德、法律法规知识、科学文化素养、阅读理解、语言表达、逻辑推理和信息处理等基本能力；教育教学、学生指导和班级管理的基本知识；拟任教学科领域的基本知识，教学设计实施评价的知识和方法，运用所学知识分析和解决教育教学实际问题的能力。小学教师资格考试的笔试科目为《综合素质》和《教育教学知识与能力》，中学教师资格考试的笔试科目为《综合素质》《教育知识与能力》和《学科知识与教学能力》。面试是实施教师资格制度的重要措施，通过采用结构化面试和展示相结合的方法，考评准教师在职业认知、心理素质、技能技巧和交流沟通等方面的能力，以此判断其是否具备教师应具备的理论素养和实践教学能力。

本章提要

本章主要帮助学生了解中小学教师资格考试面试的内涵、要求等基本知识；知悉中小学教师资格考试面试的内容和流程；掌握结构化答题和试讲技巧；进行结构化答题和试讲的训练。

情景导入

王思同学的职业规划是成为一名初中语文老师，她通过前期的努力准备，成功通过了教师资格考试的笔试，接下来就要步入面试考场了。比起笔试，面试面临的压力更大，考试的形式、流程此前也从未接触过。她该如何应对即将到来的面试呢？

第一节　中小学教师资格考试中的面试介绍

一、教师资格考试面试的内涵

教师资格考试面试的目的主要是考查申请中小学教师资格人员应具备的职业道德、发展潜质、教育教学实践能力是否达到相应的要求。教师资格考试是由国家建立考试标准，省级教育行政部门统一组织的、实行"国标、省考"的标准参照性考试。

标准参照性面试是根据特定职位的胜任特征要求，遵循固定的程序，采用专门的题库、评价标准和评价方法，通过考官小组与应考者面对面的言语交流等方式，评价应考者是否符合招聘岗位要求的人才测评方法。其主要要求是对报考相同职位的应试者，应该测试相同的面试题目，使用相同的评价标准。

二、教师资格面试的特点

教师资格考试面试的特点，最鲜明的是试讲或辩论的模式。其次，面试过程往往是双向沟通的方式，最后就是面试的内容具有全面性。想要取得教师资格证书，不仅要通过笔试的所有科目，而且还要在面试中表现合格。

（一）以试讲、辩论为主要手段

面试的重要方式就是观察和辩论。在教师资格考试面试中，考官重点考查的是考生是否具备作为一名人民教师的根本素质。因此，在试讲或辩论过程中，考官主要观察考生的语言表达、思维逻辑、教姿教态等素质；在答辩环节中，考官向考生提出各种问题，通过考生的作答，可以直接地、有针对性地了解考生某一方面的情况或素质。

（二）双向沟通的过程

面试是考官和考生之间的一种双向沟通过程。在面试过程中，考生并不是完全处于被动状态。考官可以通过观察和谈话来评价考生，考生也可以通过考官的行为来判断考官的价值判断标准、态度偏好、对自己面试表现的满意度等，从而调整自己在面试中的行为表现。

（三）面试内容的全面性

教师资格考试面试既注重考查考生的专业知识和对教材知识的熟悉程度，也注重考查考生的实际教学能力或潜力，另外还注重考查考生的应变能力、口语表达能力等根本素质。测评手段多样，考查内容全面。

三、教师资格面试的内容

教师资格考试的面试内容包括回答两个规定的问题（5分钟）、试讲（展示）（10分钟）

及答辩(5分钟)三个部分。考官只提示20分钟的终点时间,所以考生要自己把握试讲的10分钟。面试考纲将这几个环节考查的内容规定为八个方面,其中职业道德、心理素质、仪表仪态、言语表达、思维品质等属于教师基本素养的要求,教学设计、中小学教学实施和教学评价等属于教师基本技能的要求。以小学教师资格面试的评分细则为例:

职业道德:评判考生对教师职业的认识与看法,了解考生对教师职业的观点。

心理素质:考查考生面试过程中的紧张情绪是否适宜。

仪表仪态:考生服饰仪表是否符合教师职业要求,举止是否具备教师素养。

言语表达:考生语言表达是否符合授课学生的心理特点,是否表达准确、无知识性错误、简洁流畅,并具有教学语言的特点。

思维品质:考生对教育教学问题的思考是否周全,思路清晰,能将问题原因、策略各个方面的逻辑关系表达清晰,回答具有一定的思想性。

教学设计:试讲时,考生能否根据授课对象的心理特点和知识基础,进行假想课堂的教学过程设计,是否有完整的课堂片段教学设计。

教学实施:考生是否根据授课对象的心理特点、学科教学规律开展教学活动,对于教学过程中的环节是否能够全面关注。

教学评价:考生与假想授课对象的交流是否恰当,并且在答辩环节对自己的教学过程是否有准确客观的评价。

四、面试的流程

教师资格考试面试流程包括:抽题、备课、回答规定问题、试讲、答辩等。教师资格考试面试遵循教师资格考试标准和面试考试大纲,主要考查应试者职业认知、心理素质、仪表仪态、言语表达、思维品质等教师基本素养和教学设计、教学实施、教学评价等基本技能。

(一)抽题

1. 抽签

工作人员根据考生分组抽签的顺序号,并依据面试室测试进程情况,每隔20分钟左右,分批次叫号,考生进入抽题室。

2. 核对信息

核对考生基本信息,组织考生签到,提取系统中的考生信息。

3. 抽题

以小学教师资格考试为例,第一种情况:报考小学语文、数学、英语、道德与法治、科学、体育、音乐、美术等科目。考点工作人员登陆面试测评系统,从题库中随机抽取1道试题,考生确认后,工作人员打印试题清单。第二种情况:报考小学心理健康教育、信息技术、小学全科等科目。考生从报考科目的教材(考点提供)中随机抽取章节(课),作为备课和试讲内容。其中,报考"小学全科"科目的考生先从语文、数学、英语、音乐、美术、体育6科中随机抽取1科,再从该科目教材中随机抽取章节(课),作为备课和试讲内容。工作人员将考生抽取的章节(课)登记在试题卡上,考生签名确认。试题卡一式两份,考生一份,考官一份。

4. 发放备课纸

待该组考生抽题结束后,统一发放备课(活动设计)纸。

5. 进入备课室

考生携带准考证、试题清单、备课(活动设计)纸前往备课室。

(二) 备课

1. 开始备课

考生进入备课室后,备课时间为20分钟。

2. 停止备课

备考满15分钟时,考官会提醒考生备课剩余时间5分钟。5分钟后宣布备课结束时间已到,考生停止备课。

(三) 回答两个规定的问题

1. 进入面试室

考生由工作人员引导进入指定面试室,并将准考证、试题清单呈交面试考官。(考务工作人员开始录音、摄像)

2. 抽题

考官通过面试测评系统从试题库中随机抽取2道规定试题,告知考生问题并要求考生开始回答。时间5分钟左右。

3. 评分

考官根据考生表现,做相关评分记录。

4. 答题结束

考生回答完毕后或回答时间超时,考官提醒考生并进入试讲环节。

(四) 试讲

1. 开始试讲

考生按准备的教案(活动演示方案)进行试讲(演示),时间为 10 分钟。这个环节没有面对面的学生配合,完全靠考生的自编自导自演。不仅要演得有板有眼、像模像样、生动有趣,而且要能够比较全面地体现教师的教学理念、教学手段、教学评价、教学机制等多方面的素质。

2. 评分

考官根据考生表现,做相关评分记录。

3. 试讲结束

考生试讲(演示)完毕或试讲时间超时,考官提醒考生结束试讲并进入答辩环节。

(五) 答辩

1. 提问

考官根据考生试讲情况,提出 2 道问题并要求考生回答,时间 5 分钟左右。面试答辩是在基础理论或试讲基础上,进一步考查考生的能力素质、经验、职业理解、专业知识等方面的综合情况,从而真正使考官得到一个比较全面、客观的立体形象,为选拔合格的教师提供充分依据。历年真题中有要求考生朗读的,有要求考生解读重点字词的,有针对教学中不明情况考官虚拟学生的角度来提问的,等等。答辩环节主要测查考生以下几个方面的素养:语言表达能力,逻辑思维能力,是否具备良好的心理素养,人际交往能力以及对教案设计的解读能力等。

2. 评分

考官根据考生表现,做相关评分记录。

3. 离场

考生答辩后将教案(活动演示方案)呈交面试考官,及时离开面试室。

第二节 考情分析及备考技巧

一、考情分析

回答两个规定的问题(以下简称结构化)是教师资格面试的第一个流程,考生的表现关系到给评委老师留下的第一印象,也影响着考生试讲及答辩的信心。

结构化试题是考官从试题库中随机抽取 2 道规定的问题,要求考生回答。时间一般为 5 分钟左右。所谓结构化,是指这些题目是在试题库里提前准备好的题目,非考官随机提问。根据历年考生回忆的结构化试题来看,题目主要围绕教师这个职业角色来命制。例如:小明很努力,但成绩一直不见好,你怎么办?家长向班主任反映自己孩子在家与他作对,作为班主任,你怎么办?学生在课堂上扰乱课堂纪律,身为老师你要怎么处理?

通过这些试题会发现,结构化试题主要是将教师角色经常遇到的问题、看法等编写成题目,考查考生对教师职业的认知和理解。

二、试题分析

结构化试题可分为几大模块,分别是自我认知类、人际沟通类(沟通交流类)、组织管理类、应急应变类、综合分析类。另外,还有一些教育时政、教育理论类题目,不同模块的试题出题形式和考查侧重点各有不同,结构化问题按模块分类如下。

(一)自我认知模块

1. 教师不仅要有渊博的知识,还要有良好的品德、健康的身体,你怎么看?
2. 你觉得怎么做一个好老师?

(二)人际沟通模块

1. 家长向班主任反映自己孩子在家与他作对,作为班主任,你怎么办?
2. 任课老师和班里的同学打成一片,班主任觉得不可并不让他这样做,假如你是这位老师,你怎么办?

(三)应急应变模块

1. 如果你在上课进门时不小心摔倒了,学生哄堂大笑,你怎么办?
2. 下课时间到了,然而你的课还没有讲完,你怎么办?

(四)组织管理模块

1. 组织一次春游活动,你该怎么组织?
2. 组织一次班会,你该怎么组织?

(五)综合分析模块

1. 吾生也有涯而知也无涯,你怎么看?
2. 你赞同"没有教不好的学生,只有不会教的老师"这句话吗?
3. 老师把人人都安排成官,你对这个现象怎么看?
4. 班里有四组学生,老师倡导组内团结组外竞争,你怎么看?

三、应试表达技巧

通过观察以上试题会发现,教师资格考试面试的结构化试题如果转化成笔试题目让广大考生用笔来答题并不难,它的难点就在于当场听题、当场作答,对于考生的临场应变、口语表达、心理素质等都是很大的挑战。大部分考生在考场听完题后要么脑袋一片空白不知道怎么回答,要么是话到嘴边说不出来,其实这些都可以通过一些技巧来改变。

(一)准确快速定位

首先,要熟悉教师资格证结构化常考的各题型题目的答题思路与方法。虽然结构化试题的题目千变万化,但大部分主要考查考生"怎么看""怎么办"的问题,所以听评委老师读题的时间里,不仅要反应迅速,还需要准确把握题干,针对题目的特点快速定位考察题型属于哪个模块,然后快速找到该模块的答题思路。教师资格面试考试频率超高的题型为人际沟通类、应急应变类、综合分析类等。下面结合例题对各模块结构化面试试题的答题技巧进行介绍。

1. 教师资格结构化面试——职业认知类

(1)对自我进行梳理,包括梳理过往的学习经历、实践或工作经历,总结自身的性格特征、特长、爱好等。

(2)了解教师职业特征,教师的职责可以概括为"传道、授业、解惑"。

(3)在自我和职业之间寻找匹配性。

例题:谈一谈自己对教师这一职业的看法。

【参考回答】虽然我还没有登上讲台,但是我一直都立志成为一名教师,对于教师这个职业我有以下几点看法:

第一,教师这个职业的职责是教书育人,作为教师要有甘为人梯、甘做蜡烛的精神,要关心爱护学生。

第二,教师这个职业具有鲜明的示范性,与多数职业相比具有更高、更严格的职业道德要求。因此,教师必须注重身教,为人师表。

第三,教师与学生交流比较多,可以使自己保持一颗年轻的心。

第四,教师是众多职业中的一种,但是教师这一职业社会价值高,受大家尊重,相对稳定,还有寒假和暑假两个假期,可以给予我们继续学习、提高自身知识素养的机会。

总之,我认为教师这一职业是高尚的,是充满奉献精神的,如果我能够有幸成为其中的一员,必将倾尽心力做到教书育人。

2. 教师资格结构化面试——人际关系类

人际沟通类题目大多是设置一个人际沟通的情景障碍或者潜在的障碍,如误解、冲突或矛盾,让考生应对。

(1) 稳定情绪。
(2) 及时地进行反思,分析事情发生的原因。
(3) 针对事情发生的原因,及时地进行沟通。
(4) 进行自我反省。

例题:如何与不同类型的家长沟通?

【参考回答】与家长沟通,我认为首先要明确以下几点:第一,尊重家长是沟通的第一原则,也是教师基本素质的表现。第二,教师要有较强的服务意识。第三,应重视沟通方式,通常情况下对学生的评价要先扬后抑,让家长在心理上有一个适应过程。

另外,家长的组成非常复杂,其知识结构、职业类别、性格气质、修养程度等都参差不齐,教师应当对学生家庭进行调查分析,对家长的文化水平、职业状况、年龄、家教思想、家庭关系等做到心中有数。

在与家长沟通的过程中,尽量做到有针对性和实效性。对于粗暴型家长,要多说学生优点,旁敲侧击缺点;对于冷漠型家长,教师需要动之以情,强调学生的优秀表现,引起家长关注,转变其态度;对于热情自信型家长,应多提示其注意孩子存在的问题。

3. 教师资格结构化面试——应急应变类

(1) 控制状况,避免情况继续恶化。
(2) 分清轻重缓急。
(3) 针对事情的优先排序,分别采取相应的措施。
(4) 进行事后反省。

例题:你上课的时候,学生向你提出了一个你也不知道怎么解答的问题,你准备怎么办?

【参考回答】遇到这样的突发情况,我要保持冷静,新老师遇到解答不出的问题是件很正常的事情,但在课堂上首要的事情是不能让教学活动中断,否则,一方面会影响学生的学习,另一方面也会影响教师的教学。所以如果我遇到这样的情形,我会从以下几个方面考虑:

首先,我会赞赏该学生,表扬他能够勇敢地提出这么好的一个问题。

其次,我会告诉该学生,为了不影响其他同学听课,等下课时到老师的办公室来单独解决这个问题。

再次,课下我会马上查阅相关资料或请教其他老师来解决该问题,并及时给学生答疑解惑。

最后,我会深刻地反省自己,既然在知识方面存在空白区域就一定要及时地补上,并且在教学工作中要不断地吸收新知识,真正做到"自己先有一桶水"。

4. 教师资格结构化面试——计划组织类

(1) 事前。事前要做的事是与领导沟通确定主题。

(2) 事中。事中要做的是将计划落实到位,这时要做好明确的分工,将责权落实到人。

(3) 事后。事后要做的是将活动的效果进行宣传,扩大其积极的影响。

例题:校长让你来组织一次夏令营活动,你打算怎么办?

【参考回答】夏令营活动有助于培养学生热爱生活的情感和团队合作的意识,是一项非常有意义的活动,校长把这项活动交给我来组织,是对我的极大信任,我一定尽全力把它组织好。

首先,我会跟领导进行沟通,明确此次活动的主题,跟有相关经验的同事沟通,获取相关组织经验,之后撰写策划,并报领导审批,根据反馈意见进行修改,确立方案。

其次,在活动过程中,我会将责任落实到人,分别负责联系班车,接送学生到达活动现场;组织学生开展活动,发放活动材料;后勤负责人按时为学生提供水、食物等必需品,安排大家的住宿;校医跟随队伍,如果有学生发生中暑等突发情况就及时地进行救治。我个人也会参与其中,保证整个夏令营活动有序有效地开展。

最后,活动结束后,我会总结经验,对不足之处进行反思,为今后更好地开展类似工作积累经验。

5. 教师资格结构化面试——综合分析类

(1) 表明态度。

(2) 阐明观点。针对社会现象类的题目可以采用辩证的方式阐明观点。

(3) 做总结。为保证答题的完满,考生可以在最后做一个简短的总结。

例题:"学高为师,身正为范",对此你是怎样理解的?

【参考回答】"学高为师,身正为范"是一句古话,它折射出的是一种教育的哲理,朴素地揭示了教师应当具备两方面的素养:一是知识素养,二是道德素养。"学高为师"说的是教师必须业务精,知识面广,有高超的教育教学能力。"身正为范"指的是教师担负着培养祖国未来接班人的特殊历史使命。在学生的心目中,教师是智慧的代表,是高尚人格的化身,教师的言行就是道德标准。

因此,教育工作者要做到"学高""身正",必须不断勤奋钻研,刻苦学习,加强自身修养。如果我能成为一名光荣的人民教师,成为一名传播人类文明的使者,在今后的工作中一定不断地学习知识,为人师表,严格要求自己,从思想作风到生活作风,从言行到举止,从心灵到外表,都体现教师应有的文明风度和良好的精神面貌,做一个"学高""身正"的人民教师。

6. 教师资格结构化面试——教育教学类

(1) 明确态度。

(2) 分析原因,并积极化解问题。

（3）做总结。

例题：如何适应教师这个行业？

【参考回答】作为一名新老师，如果能够快速地适应岗位要求，较快地实现角色转变，对于工作的开展是有很大益处的。如果我能够成为一名教师，我打算从以下几个方面着手适应教师这个行业：

首先，我会通过亲友中的教师来了解这个行业的特点，并虚心地向周围的老教师请教工作上的问题，如日常工作流程、学校的相关政策、备课和上课中需要注意的一些问题、如何与学生更好地沟通等。

其次，我会与学生保持沟通，多参加学生的集体活动，多和学生交流，了解他们的想法，吸收他们好的建议。另外，还要通过家长会的形式与家长建立联系，了解班里学生的家庭环境，以便后期更好地开展教学。

最后，我会积极参与学校组织的活动，多与同事们接触，增加沟通的机会，以便更快地了解组织，了解同事，了解行业特点。相信通过我的努力，一定能够很快地融入教师队伍。

在结构化答题时，首先，要分辨问题归属于哪一类，可以先提出自己的观点，开门见山，深入指出问题的本质，表达自身观点。然后，论证观点，分析该现象背景、产生原因、积极意义或危害、不足等。最后，落实观点，针对消极方面提出可行性改进建议、发展趋势。

（二）按照答题思路与方法，想好答题要点

这一步十分重要，如果考生无法记住太多的作答思路，反复练习依然混淆的话，建议可以按这个小技巧解决。如果遇到评委老师问你"怎么看""怎么办"的问题：

第一，表明自己的看法（如价值判断、是合理的还是不合理的、是对的还是错的，或者说你将要本着怎样的原则去处理问题或是你想要达到什么样的目标和效果等），给予一个大层次上的说明。

第二，分点细细分析，可以分析其中的原因、影响，也可以分析当前的主要矛盾、次要矛盾，抑或是提供相应的论据支撑你第一段所提出的观点等，要有一个分析的过程，确保分析简明扼要、条理清晰、逻辑性强。

第三，谈谈自己所能提供的解决措施方案，即使是问你"怎么看"，你也要在答完怎么看后适当表达怎么做，这样才能表明你不仅具备分析问题的能力，还具备解决问题的能力。

（三）用完整的话将要点串起来

在答题过程中，用语应尽量规范化、书面化，所以考生在平时训练的时候就应该注意用词。考生尽量要结合自身实际阐述，这样才能有理有据、血肉丰满、感染力强，也可以积累一定的答题素材，多读一些以往试题的解题思路。

（四）注意保持答题状态

在进行结构化答题时要观点明确、表达清晰、声音洪亮、语言干练、肢体得体。如不要过多使用"嗯""额""然后"之类的词，尽量要用"第一、第二、首先、其次、再次"之类的表述。可以在表达的过程中适当配合肢体语言，注意保持与考官的眼神交流等。

第三节 试讲表达技巧

一、语言要有抑扬顿挫、感染力以及不失风趣

教师讲课的语言应富有逻辑和条理、精练朴实、通俗易懂、幽默又不失风趣,讲课的语调要抑扬顿挫、绘声绘色。对重点内容、公式、定理应加重语气,力求集中学生的注意力,调动学生的学习积极性。否则语言平淡呆板,只能成为催眠曲,使学生昏昏欲睡。教师讲课的语速要适中,要始终与学生的思维协调、合拍。

(一)掌握重音表达的技巧

重音具有区别词意的作用,如"这篇文章的大意是什么","大意"是指大概的意思,如果把"意"轻念,就是"粗心"的意思,一个词语,重读和轻读表达的意思是不一样的。体现重音的方法有四种。

1. 加大音量,使重音凸显

如:这个敏感的精灵,——它从雷声的震怒里,早就听出了困乏,它深信,乌云遮不住太阳——是的,遮不住的!(高尔基——《海燕》)在这里,为了凸显海燕的信心,我们可以将"是的,遮不住的"用加大音量的方法凸显出来。

2. 延长音节,使重音凸显

如:西花厅的海棠花又开了,观花的人啊,你在哪里?(邓颖超——《西花厅的海棠花又开了》)在这个句子中,为了凸显作者对逝去的丈夫的思念之情,我们可以采用延长"哪里"这个音节的方法。

3. 重音轻吐,凸显重音

如:漓江的水真静啊,静得让你感觉不到它在流动;漓江的水真清啊,清得可以看见江底的沙石;漓江的水真绿啊,绿得仿佛那是一块无瑕的翡翠。(人教版小学语文——《桂林山水》)在这句话中,我们可以用轻读"静""清""绿"这三个字的方法凸显漓江水的特点。

4. 巧用停顿,凸显重音

停顿可以分为语法停顿和强调停顿。标点符号是书面语的重要表达手段,在口语中需要用停顿来显示,这种停顿称之为语法停顿。为了强调某一事物或突出某种特殊的感情所做的停顿,叫强调停顿,它受语法停顿的限制,往往根据表情达意的需要来决定停顿的地方和停顿的时间。

如:第二天早晨,这个小女孩坐在墙角,两腮通红,嘴角带着微笑,她/死了,在旧年的大年夜/冻/死了。(安徒生——《卖火柴的小女孩》)在这个句子中,我们运用三处停顿,表

达出对小女孩悲惨命运的同情和对不公平的社会制度的愤恨。

"好的一个/值一千元",运用停顿表示"好的只有一个",其他的"不足一千元"。

"教室里的人/谁/心里都明白"运用两处停顿,使句子显得有起伏。

(二)导入语设计要情趣盎然

导入语是一堂课的开场白,将学生由非学习状态转入本堂课学习的准备阶段,是为了引导、启发、激励学生完成学习任务、掌握知识、提高能力所运用的教学语言。好的导语像磁石,能把学生分散的思维一下子聚拢起来;好的导语又是思想的电光石火,能给学生以启迪,提高整个智力活动的积极性,为授课的成功奠定良好的基础。在课堂上,师生都要成为进入作品特定的"角色",而不是旁观者。因此,教师不仅要用思想逻辑说话,还要用生动的形象和激越的感情说话,精心设计情趣盎然的导语。

比如特级教师薛法根讲授《雪儿》这一课的导入语:

师(板书自己的名字):读我的名字有什么感觉?

生1:我觉得很奇怪。

生2:有点土。

师:但我很自豪,这是我爸爸给我取的。请问你叫什么名字?

生:丁佳楠。

师:这个名字好,高雅、大方,还很温柔。

学生踊跃介绍,老师逐一点评。

师:有没有想到每一个名字都寄托了父母殷切的希望、美好的祝愿?来看看这个名字(板书:雪儿),多读几遍,你能感受到这个名字有什么特别吗?

生1:我觉得这个名字很美。

师:有审美的眼光。

生2:很温柔。谁叫这个名字呢?

师:一只鸟呀。

众笑。

师:下面自己读课文两遍,声音要响亮,然后告诉老师这只鸟儿是怎样来到我们身边的?

二、课堂提问形式要多样

课堂提问有利于启发学生对知识的求知欲,设计的问题必须掌握一定的方法和技巧,要富有逻辑性、系统性,同时要注意由浅入深、由此及彼的原则,既不能冒进,也不能保守。

从提问的目的来看,可以分为三类。第一,为导入而设计的提问。这种提问可创设一些悬念,为讲清新课内容铺平道路。第二,为突出重点、难点而设计的提问。通过有意设计的提问,启发学生思考的能力,让他们自觉地接受、掌握本节课的重难点。第三,总结式的提问。这种提问一般在每节课的小结时进行,老师可以了解学生对所学知识掌握的程度。

从创设的情境来看,也可分为三类。第一,创设有效的问题情境,让学生在惊奇中学到知识。古人云："学起源于思,思源于疑。"思维从疑问和惊奇开始,在课堂教学中教师要充分发挥自己的创造性,利用学生好奇、好问的心理特点,以及学生的认知水平、知识经验等创设新奇有趣的问题情境使学生在获取知识的过程中保持探索问题奥妙的积极性。第二,创设有效的悬念情境,让学生在质疑中学到知识。在课堂教学中,针对学生好奇心强的特点,教师创设新奇的悬念式情境。学生会带着强烈的学习动机和问题意识主动地探索知识规律,这样,既培养了学生积极的心态,又强化了学生的问题意识。第三,创设有效的趣味情境,让学生在快乐中学到知识。俗话说:"兴趣是最好的老师。"教师平常在教学中,要注意培养学生对学习的兴趣,只有对所学新知识产生兴趣,学生才能爱学、乐学、会学、善学。因此,在课堂中应通过各种有效的手段诱发学生的学习动机,激发学生的尝试欲望,吸引学生的注意力。

三、巧妙安排师生互动

试讲环节至少设置互动三次。可以设定学生回答错误加以鼓励和表扬的形式,也可以设定成回答正确或者需要其他学生补充的情况。和学生互动的时候是自问自答的形式,一定不要害羞,在提问和回答的时候,要做到自然流畅且评价得体全面,展示未来教师的风采。在进行师生互动时要有对象感,可以直面考官进行眼神交流,展现自己的自信大方。

试讲时台下虽然并没有学生,但是要做到眼里有学生,心中装着学生,这样做出来的互动,讲出来的话才是真实的、生动的。平时练习时可以对着镜子练习,也可以用手机给自己录制视频,在反复的练习中不断提升,这样才能做到考试时胸有成竹。

准备多种互动方式,要做到自然衔接、自然引用。导入环节可以设计一些有趣的互动,活跃课堂气氛,毕竟好的开头就成功了一半,让学生带着问题学习。记得提问时,要设置学生回答。设置对于回答不上来的情况,要进行鼓励和引导。评价激励语用的是最多的,记住核心内容,模仿学生回答之后,要有得体的评价。

四、切忌向考官提问

提问,在任何一个科目的教学活动中都是非常重要的环节。我们在课堂上进行提问,就是为了暗示考官,我们是有互动意识的。既然试讲是模拟有生课堂,但实际是没有学生在场的,那么在提问之后,老师应如何过渡才能够让教学显得更自然?这时需要使用教学智慧,首先在提问之前预设好学生可能的回答,继而在提问结束后复述学生的观点。

例:老师在提问过后,可以稍等一两秒钟(此处动作不要太做作),然后虚指一处位置请学生作答,继而可以这样过渡"刚刚这个同学说的是……"注意学生回答完了之后要进行点评,这样更能达到还原真实课堂的效果。

既然需要在试讲的过程中对学生进行提问,但现场没有学生只有考官,而且又是模拟有生课堂,那么可以提问考官吗?这时一定要慎重考虑,最好不要提问考官。因为很可能你想设计一个精心的提问互动,而考官的反馈是严肃、无反应的。这会加重你的心理负担,所以只需要模拟学生和自己的互动提问环节就可以了。

五、其他相关注意事项

不要无效提问。所谓无效提问是指"对不对""是不是"这些形式的提问,这些提问学生只能二选一,并不能让学生发散思维,进行独立思考。

难易程度要适中。简单的问题可以直接向学生提问,但是面对较难的题目,我们需要进行适当处理。通过语言逐步引导学生一步一步理解问题。

提问时的形体表述。肢体动作应做到三到,即"眼到、手到、身到",具体表现为:提问时要将手伸向你所问学生的方向,眼睛也要注视这学生,同时身体微微前倾,这样整个互动过程就显得更加真实自然。

问题、答案提前设置。在备课时,就应该将设计好的互动环节与问题写在教案中,并将整个教学过程在脑子里捋一遍,记住问题和答案的关键词。

及时给予评价和反馈。回答正确时,可以使用以下语言评价:① 回答得真好!非常有创造性!② 这位同学的发言很完整,也很踊跃。③ 这位同学回答得非常完整,大家说他说得对不对呀?④ 这种想法别具一格,令人耳目一新,请再说一遍好吗?回答错误时,可以使用以下语言评价:① 别急,再想想,有哪个知识点遗漏了?② 我想××同学一定在思考,我们再给他一点时间,好吗?③ 这位同学说……,其他同学有什么要补充的吗?④ 这位同学是这样想的,其他同学有不同意见吗?大家一起交流探讨一下。

案例分析

试讲稿范例

试讲开场语:尊敬的评委老师,大家上午/下午好,我是 X 号考生,我抽到的试讲题目是《××××》,接下来开始我的试讲:

1. 创设情境

师:上课,同学们好。在上课之前,老师想问大家一个问题……,好的,你的手举得最快,你来说。

【迁移】问题和本次课程有关,学生进行回答。

师:很好,请坐。刚刚这位同学说……(复述具体内容)同学们回家之后调查得可真多,那现在老师请同学们看大屏幕,你们发现了什么?

【迁移】

(1) 可以通过观看大屏幕,提出问题。

(2) 可以讲与课题相关的故事导入。

(3) 可以创设一个生活中的具体的情景导入。

师:同学们不知道没有关系,学完这节课,老师相信大家都能掌握的。这就是我们这节课要学习的新内容……(板书课题)

2. 合作探究

师:通过刚才的观察和讨论,现在请同学们……(环节1)

【迁移】
(1)(语文)阅读课文寻找生字词,划分自然段,说一说比较复杂的生字词(多音字、生僻字、通假字)。
(2)(数学)列出计算公式或画出图形。
(3)(音乐)聆听音乐,谈谈感受,包括情绪、速度等。
(4)(美术)观察示例的作品,谈一谈它的艺术风格/创作背景。
师:大家都完成了吗?老师请一位同学来……大家看对不对呢?
【迁移】方式可以是点名回答、以开火车的形式轮流作答等。
师:在认识完生字词/初步了解图形或算法/对本节课的歌曲有初步认识/对本作品有了初步认识/对基本动作有所了解之后,接下来……(环节2)
【迁移】
(1)(语文)阅读文章,找一找文章主要写了什么内容/描写的具体景物。
(2)(数学)通过观察算式/图形,初步谈一谈算式的算理/图形的特点或性质。
(3)(音乐)教师范唱,学生用 la 小声模唱,谈一谈歌唱过程中遇到的难点,包括旋律节奏等。
(4)(美术)观察作品,谈一谈创作的手法及作品特点。
师:接下来,请同学来说一说……
师:现在我们四人为一小组……稍后老师会请一组代表来谈一谈你们小组的看法。(环节3)
【迁移】讨论时注意限制时间,一般为3~5分钟。
(1)(语文)谈一谈重点句子的修辞手法、在文章中的作用以及它所表达的情感。
(2)(数学)总结算理规律/图形的性质、特点。
(3)(音乐)讨论乐曲中包含的乐器以及作者想表达的情感。
(4)(美术)动手实践,分小组或个人进行作品创作,教师随堂进行指导。
师:好,讨论/创作时间到,哪一小组的代表愿意给大家说说你们小组的看法/展示本小组的作品(美术)?第二小组的代表你来说说。
师:很好,这位同学是这样认为的……那你能告诉老师为什么你要这样做吗?
【迁移】转述学生的回答。
师:很棒,这一小组的同学对之前所学的知识掌握得很牢固。还有其他小组有不同的意见吗?好的,那就请第四小组的代表来说。
师:你们组的想法很独特,思考的都很积极,那你们这样做的依据又是什么呢?
【迁移】转述学生的回答。
师:同学们对……理解得很深入,看来大家这节课上课听得非常认真。大家把掌声送给自己好不好(拍手鼓掌)。
【迁移】本节课的主要内容。
3. 巩固练习(注意:美术的巩固练习为环节3)
师:本节课的新课部分就学到这儿,接下来老师想要和大家……老师在PPT上展示两道练习题,同学们分为两组,老师左手边为一组,右手边为另外一组,试着用我们刚才所学的知识来解决,看看哪组既对又快。

【迁移】可以是游戏(通用)、朗读(语文、英语)、板演习题(理科类)、创编音乐剧、加入舞蹈、为歌曲编配伴奏等(音乐)。

师:大家的表现都非常好,现在老师想要将难度升级一下,你们想挑战自己吗?

师:好,都想要挑战自己,这种勇气令老师佩服。那么接下来……(活动)

师:大家的表现非常棒,看来大家对这节课的内容有了很好的理解和掌握。

4. 课堂小结

师:现在我们一起来回忆一下这节课都有什么样的收获?

师:没错,我们本节课学习了……(本节课主要内容)看来大家这节课掌握得都很不错,很好。

5. 布置作业

师:愉快的课堂生活总是转瞬即逝,同学们回家之后呢,将……并讲给爸爸妈妈听,下节课我们一起来交流讨论一下。这节课我们就先上到这里,下课,同学们再见。

【迁移】一般为开放性作业,例如,将本节课的知识讲给你的伙伴;将课后的两道练习题完成;找找生活都有哪些可以用我们今天所学的知识来解决的,并尝试着解决一下。

6. 试讲结语

我的试讲到此结束,感谢各位评委老师,谢谢!

这份试讲稿教学设计思路清晰,知识由浅入深,谆谆诱导。创设情景,引发学生积极思考,促进师生互动,课堂气氛活跃。引导学生归纳总结,体现了教师主导和学生的主体地位。

真题链接

一、结构化
(一)假如你是班主任,你会如何进行班级文化的建设?
(二)为了让学生考个好成绩,经常采用题海战术,你怎么看待这种做法?

二、片断教学试讲
小学数学《圆的认识》。试讲要求:认识圆的特征;理解并掌握直径与半径的关系。

三、答辩
(一)如果让你重新设计导入语,你会有更好的方式吗?
(二)如何让学生从生活中认识到圆形?

本章小结

本章介绍了教师资格考试面试的流程与面试的相关要求,帮助学习者熟悉八个维度评分的要领,掌握结构化、试讲的相关技巧。

思考训练

模拟教师资格面试的真实考场,分成若干小组,每一小组派代表到台上展示,老师和两名同学当考官,模拟结构化、试讲和答辩三个环,节进行测评。模拟测评后,互相点评,指出问题,然后进行修正。

一、结构化

同学,你好,欢迎参加面试,本次面试共 20 分钟,程序如下:先请你回答两个规定问题,然后试讲。下面我们随机抽取两个问题,请你认真听清题目,思考后回答,时间是 5 分钟,注意把握时间,好,请听题:

1. 你上课时,学生突然打闹起来,你该怎么办?
2. 如何处理班上学生的"追星"现象?

二、片段教学试讲

材料:叶圣陶《荷花》

清早,我到公园去玩,一进门就闻到一阵清香。我赶紧往荷花池边跑去。

荷花已经开了不少了。荷叶挨挨挤挤的,像一个个碧绿的大圆盘。白荷花在这些大圆盘之间冒出来。有的才展开两三片花瓣儿。有的花瓣儿全展开了,露出嫩黄色的小莲蓬。有的还是花骨朵儿,看起来饱胀得马上要破裂似的。

这么多的白荷花,一朵有一朵的姿势。看看这一朵,很美;看看那一朵,也很美。如果把眼前的一池荷花看作一大幅活的画,那画家的本领可真了不起。

我忽然觉得自己仿佛就是一朵荷花,穿着雪白的衣裳,站在阳光里。一阵微风吹来,我就翩翩起舞,雪白的衣裳随风飘动。不光是我一朵,一池的荷花都在舞蹈。风过了,我停止了舞蹈,静静地站在那儿。蜻蜓飞过来,告诉我清早飞行的快乐。小鱼在脚下游过,告诉我昨夜做的好梦……

要求:带学生理解荷花的美;有感情地朗读课文。

三、答辩

1. 小学三年级的朗读指导有哪些具体的方法?
2. 如何让学生更为直观地理解文中荷花的美?

拓展阅读

一、理论拓展

查阅下列书籍进行拓展学习:

[1] 冯增俊.把教学目标落实到位:名师优质课堂的效率管理[M].重庆:西南师范大学出版社,2008.

[2] 郭华.课堂沟通论[M].北京:北京师范大学出版社,2006.

[3] 李岩.中小学优秀班主任经典案例评析[M].北京:中国人事出版社,2007.

[4] 莫提默·艾德勒.如何听,如何说[M].吕捷,译.北京:商务印书馆,2008.

[5] 齐欣.让每个孩子都成为好学生:名师的人格教育力[M].北京:九州出版社,2006.

[6] 王晓春.教育智慧从哪里来:点评100个教育案例(小学)[M].上海:华东师范大学出版社,2005.

[7] 叶蜚声,徐通锵.语言学纲要(修订版)[M].北京:北京大学出版社,2010.

[8] 何兆熊.新编语用学概要[M].上海:上海外语教育出版社,2000.

[9] 戴维·迈尔斯.社会心理学(第九版)[M].黄希庭,等译.北京:人民邮电出版社,2013.

[10] 周成平.外国优秀教师的教育特色[M].南京:南京大学出版社,2009.

[11] 叶亚玲.中小学教师资格考试面试通关教程[M].北京:北京大学出版社,2015.

二、扫本页二维码观看视频——教师资格面试完整版试讲

扫码查看
资源链接

附录一

三年级下册第一单元第一课

绝 句

湖南第一师范学院第一附属小学　陈　静

教学目标:

1. 认识生字"鸳鸯",读准字音,正确书写"鸳鸯""燕""融"。
2. 正确、流利、有感情地朗读古诗,背诵古诗。
3. 能试着一边读一边想象画面,理解诗歌内容。

教学重难点:

抓住关键词,在朗读、想象中感受诗句中描写的画面。

教学准备: PPT

教学过程:

导入:同学们好!我是湖南第一师范学院第一附属小学的陈静老师。今天,我们进入三年级下册第一单元的学习。请先看单元导语,一起来读一读:飞鸟在空中翱翔,虫儿在花间嬉戏,大自然中,处处有可爱的生灵。【课件出现导语】为了更好地触摸这些小生灵,本单元,我们还要学习:试着一边读一边想象画面,体会优美生动的语句,试着把观察到的事物写清楚。【课件出现导语,框出语文要素】带着这些学习的期待和准备,让我们进入第1课《古诗三首》。【课件出现第一课课文截图,完整的】

一、初识课文

我们一起来看看课文,第一首是唐代诗人杜甫的《绝句》,第二首是宋代苏轼的《惠崇春江晚景》,第三首是宋代曾几(两个字都是第一声)的《三衢道中》。今天,我们学习第一首诗。

二、研学《绝句》

1. 字字落实正音调【出示诗歌】

师:首先听老师读一遍,注意课文中标注拼音的地方。

绝 句

[唐]杜甫

迟日江山丽,春风花草香。
泥融飞燕子,沙暖睡鸳鸯。

师:这是一首五言绝句,我们要读准每个字音,做到"字字落实"!【出示:字字落实】你们先练习读一读吧!【老师停顿5秒】

师:读好了吗?考考你们,这个词怎么读?【出示:鸳鸯,放田字格里】这两个字都是第一声。我们

213

再读一遍:鸳鸯。

师:看看它们的部首,猜猜跟什么有关?都是鸟字底【鸟字底标红】,根据字形,我们知道鸳鸯是一种鸟。那是一种什么鸟呢?【出示鸳鸯图片】它是中国著名的观赏鸟类。鸳指雄鸟,鸯指雌鸟,它们多成对生活在水边。

认识了鸳鸯,我们再把整首诗正确地读一遍,注意燕子一词,"子"字读轻声,燕子。

2. 朗朗上口得韵律

师:读得"字字落实"了,我们还得读得朗朗上口。朗读时,适当的停顿能让我们感受到诗的音乐美,【出示划分了停顿的诗句】这首诗每句五个字,朗读时可以在第二个字后面停顿一下。我们一起读一读。

绝 句

【唐】杜甫

迟日/江山丽,春风/花草香。

泥融/飞燕子,沙暖/睡鸳鸯。

当然,诗歌停顿的方式不止这一种,你可以用你喜欢的方式再读一读。

诗词读起来朗朗上口还有其他原因。我们把香和鸯标上拼音。你发现了吗?【香、鸯标红】

师:它们的韵母都是 ang!

师:这就叫押韵!押韵让诗歌读起来更顺口、更悦耳。你可以再读一读这首诗,注意押韵的两个字。【老师停顿 5 秒】

3. 历历在目见画面

师:是呀,好的诗词就像一首歌!其实,好的诗词啊,还是一幅画!读着读着,我们就好像看到了这幅画!

师:这首《绝句》写的是春天,请你小声读一读,在杜甫描绘的画面中,你看到了哪些景物?【出示诗歌,自学要求,老师停顿 5 秒】

(1) 迟日江山丽

找到了吗?现在,带着我们的发现走进第一幅画。什么是迟日呢?【出示第一句诗,再动画标红迟日】注释告诉我们迟日就是春日,即春天的太阳【出示注释】。它出自《诗经·七月》"春日迟迟,采蘩祁祁。"【出示诗经中的句子】迟迟就是缓慢的样子。春日迟迟是说春天白天变得长了。

春天的太阳什么样啊?【课件:诗句下出现:_____的太阳】是明媚的、温暖的。【课件:明媚的、温暖的太阳】春日暖阳下的江山又是什么样的?在春日照耀下,山明亮起来,树呀、草呀变得更绿了,水面上,也闪着粼粼的波光。

这明媚、美好的一切作者只用了一个字,"丽"!看到它【诗句标红"丽"】,你能想到哪些词?秀丽、明丽【课件出现:美丽、壮丽】。看,简简单单一个"丽"字就写出了春天阳光明媚,山河无比秀丽。我们读丽字时,要想象这样的画面。来,一起读:迟日江山丽。

小结:看,我们在景物前面加上一些修饰性的词语或句子,短短一行诗就变成一幅多姿多彩的图画了。

(2) 春风花草香

接下来,请大家运用学习上一句的方法,自由说说第二幅画。【课件出现第二行诗,诗下面出现

_____春风
_____花
_____草
_____香】

这是一阵怎样的春风?闻闻,春风给我们带来什么香气呢?

你可能会说:一阵温暖的春风拂过,各种花的香,加上草儿、甚至泥土的气息交织在一起,扑鼻而来,

真是沁人心脾呀！只有春天才有这醉人的香！

你看，加上一些修饰性的词语或句子，我们又描绘出了一幅"春风送香图"。【课件标红"香"】来，一起读读这香气扑鼻的诗。（师读：春风花草香）

（3）泥融飞燕子

迟日，春风让我们看到春天到了。【课件第三行诗】冬去春来，可爱的小燕子也出现了。你看到了一只怎样的燕子呢？

瞧，乌黑的羽毛，剪刀似的尾巴，它灵巧地在田间、树林、屋檐下飞来飞去，多可爱啊！

【课件标红：飞】小燕子飞来飞去，在忙什么呀？哦，它正忙着为自己建一个温暖的家。

那它用什么筑巢呢？看，春风吹过，冬天被冻得坚硬的泥土也慢慢融化变软，【出示泥融的注释】聪明的小燕子就用湿润柔软的春泥筑巢呢！【出示春燕衔泥图】

同学们，联系小燕子的外形、生活习性，想象它飞翔的情景，一幅春燕衔泥图就展现在我们眼前了。

这就是，读——泥融飞燕子。

（4）沙暖睡鸳鸯

嘘——看，那是谁呀？【出示第四行诗和鸳鸯睡觉图】睡得多香甜！没有人来惊扰它们的美梦，嘴角都笑弯了！可它们睡在沙滩上，会不会着凉啊？别担心，沙滩被太阳晒得暖暖的，瞧，它们睡得多自在，多舒服呀！【标红睡】

小结：同学们，通过前面的学习，【出示全诗，标红四个字】我们抓住"丽、香"让画面丰富起来，抓住"飞、睡"让画面活起来了。我们一边读着诗，一边联系生活，调动阅读积累，展开丰富的想象，就读到了四幅春天的图画。

（5）配乐说诗意

不过，这都是单幅的图画，现在请闭上眼睛，我们一起走进春天。

【播放音乐】

师：春天，暖暖的阳光洒落下来。山明亮起来了，水涨起来了，江山如此明丽。忽然一阵微风吹过，深吸一口气，嗯，真香。是梨花、杏花的甜香，还有青草、泥土的气息。近些、再近些，屋檐下灵巧的小燕子，一会儿飞到泥地上啄一啄，一会儿又回到屋檐下忙碌起来。哈，温暖的沙滩上还有一对可爱的小生灵，羽毛多么鲜艳，是鸳鸯！你看，它们相互依偎着享受美好春光呢！

师：同学们，这么多景物融汇在一起，让我们感受到了浓浓的春意，而大诗人杜甫，也是如此情不自禁，挥笔写下这首《绝句》。

（6）背诵

现在，带着你的赞叹试着背一背这首诗吧！【课件提示：迟日＿＿＿＿＿，春风＿＿＿＿＿。泥融＿＿＿＿＿，沙暖＿＿＿＿＿。】

这次没有提示，请看着插图【出示课文插图】，想象画面，我们再背一背。【播放配乐】

4. 津津有味悟表达

（1）杜甫可是中国历史上鼎鼎有名的大诗人，我们再来读一读这首诗，你一定会有新的发现。【老师停顿3秒】

（2）看第一句，春天来了，在明媚的阳光映照下，山河无比秀丽。【诗歌"丽"变红，出示：看】是从视觉入手，引出整幅画面。第二句描写了风中飘散着各种花草的芳香。【诗歌"香"变红，出示：闻】是从嗅觉入手。这两句调动多种感官来观察生活、描写春天。【出示：多样观察】

（3）我们再看第3句，春日里，冰冻的泥土融化，小燕子们飞来飞去、衔泥筑巢，【"飞"变红】画面动起来了。【出示动】而最后一句，春光映照下，成对的鸳鸯卧在沙滩上，【"睡"变红】享受春天的温暖，则是一种安静自在。【出示静】

（4）这一飞一睡，一动一静，相映成趣。而这一切又全都沐浴在和煦的阳光下，由"迟日"统领全诗，成为一幅完整、和谐而优美的图画。

（5）看着这样的画面，屏幕前的你是什么心情？舒畅，愉悦，一切都如此美好，我想此时此刻杜甫也是这样的心情吧。【出示作者照片，介绍】他一生坎坷、饱经离别离乱之苦，长途跋涉后才来到成都，在西郊风景如画的浣花溪畔修建了几间茅屋，终于能够安稳度日，所以看着春天蓬勃的生机，多彩的山河，他的心情更是无比喜悦。

三、书写指导

过渡：孩子们，今天，我们领略了杜甫笔下的春日风光，知道了一边读文字一边想象画面，能够赋予诗更丰富的生命。接下来，我们关注这首诗中四个要求会写的字。【田字格中出现四个字】

1. 鸳鸯【放田字格里】

鸳鸯都是上下结构，各部分要写得均衡，舒展。请跟陈老师写一遍。（边写边说）"鸳"字的左上部分只有一点，右上部分是横折钩、竖弯钩。写鸟字底时要插入上部分的中间。（写"鸯"字时不讲解）

2. 燕【田字格中出现】

再看燕字。燕是四点底，我们知道四点底的字大多跟火有关，那燕字为什么是四点底呢，让我们跟着这个视频追根溯源。【播放"燕"字理演变视频】

了解了燕字的演变，我再教大家一个书写口诀【出示口诀】（边写边说）：上面草加横，口字站中间，北字分两边，燕尾要舒展，紧凑才美观。

3. 融【田字格中出现】

最后我们看看这个融字，请同学们跟我一起写，（边写边说）左右等宽，虫部略上，左边下面只有一横。【横画变红】课后，同学们还要多加练习。

四、拓展延伸

1. 唐代大诗人杜甫，用一首简短的小诗把自己对春天的热爱表现得淋漓尽致，为我们描绘了一幅美丽的春光图。同一时期表达同样的心境，他还写了这样一首诗【出示诗】

江畔独步寻花
【唐】杜甫

黄四娘家花满蹊，千朵万朵压枝低。
留连戏蝶时时舞，自在娇莺恰恰啼。

边读边想象画面，在杜甫的诗情画意里再次感受春光的明媚。

2. 课文学完了，陈老师还有几个小任务交给大家。【出示作业】

（1）请你正确、流利、有感情地背诵《绝句》，并和家人交流想象到的画面。

（2）请你正确、工整、美观地默写《绝句》。

这节课就上到这里，期待着春暖花开，我们再相见。

黑板板书（红色部分提前板书；黑色部分上课写；蓝色部分用黑板贴）

1　古诗三首
绝句
【唐】杜甫

| 鸳 | 鸯 |
| 融 | 燕 |

丽　香　飞　睡

抓关键词　联系生活　展开想象

附录二

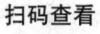

小学音乐学科微课教学实录

登鹳雀楼

湖南第一师范学院第一附属小学　陈　洁

【教学目标】

1. 寻找身边合适的生活用品,在音乐中生动模仿二胡的演奏,感受乐句中音的时值、旋律进行的呼吸感,掌握歌曲的节奏特点。

2. 在充满趣味的音乐游戏中,随星星谱的出现识读乐谱,巧妙加入填充式的二声部演唱,用连贯、饱满的气息,优美、抒情的情绪演唱歌曲。

3. 在亲身聆听与丰富的体验活动中,感受音乐与古诗融合的旋律美、韵律美和意境美。

4. 感受传统文化跨越时空的魅力、多元音乐文化的唯美,激发学生热爱音乐、弘扬中华经典文化的浓厚兴趣。

【教学重点】

1. 在丰富的音乐活动中,准确、连贯、有感情的演唱歌曲。

2. 感受传统文化的经典,多元音乐文化的唯美。

【教学难点】

感受歌曲的节奏特点,用二胡演奏时连贯而有呼吸感的动律来体味歌曲的意境美,声情并茂地唱好歌曲。

【教学过程】

一、初听诗乐,导入新课

(环节目标:在线上课教学模式下,创设师生互动体验的情境,为学生在家学习提供便捷有效的学习方式。以寻找生活中的物品模仿二胡的演奏来激趣,以直观的视频导入构建唯美的音乐意境,拉近线上课堂的距离感、亲近感、趣味感。)

1. 课前道具准备提醒:生活中可以模仿二胡的器具、文具。

课件播放:(画外音)同学们,请你提前准备好外形类似于下列道具的物品,可以是文具类,也可以是家里的生活用品,便于我们音乐课的学习。

2. 观看演唱视频

课件播放:果敢演唱视频

3. 新课导入

师:同学们好,一首优美的诗乐拉开了今天音乐课的序幕,很高兴和大家共同学习,我是天心区湖南一师一附小的陈老师。在刚才的音乐中我们听到了一首大家耳熟能详的唐诗,它是诗人王之涣的古诗名篇。今天,就让我们用音乐的语言,传唱中华民族的经典诗乐——《登鹳雀楼》。

二、学唱经典,感受意境

活动一:模拟二胡演奏

(环节目标:认识中国民族拉弦乐器二胡,并用生活中物品随乐模仿二胡的演奏,感受二胡演奏的动律与歌曲节奏之间的关联,为歌曲的旋律的学唱做好铺垫。)

1. 介绍二胡结构,学生体验二胡演奏姿势。

课件播放:二胡图片

师:同学们,一段空灵优美的二胡独奏把我们带入到千年前诗人登楼望远的画面,二胡是中国传统拉弦乐器,它那圆润柔美的音色像诗人时空穿越,近在咫尺、娓娓道来。

师:视频里的二胡演奏家是果敢,他手中演奏的二胡是我们常见的民族拉弦乐器,它包括琴身和琴弓,通过左手按弦、右手运弓发出不同的音高。今天我们也要来模仿二胡的演奏。

师:可是……没有二胡怎么办?别着急,赶紧找找你身边的物品,有什么是可以代替二胡做道具演奏的呢?瞧!你可以像图中的小朋友一样,文具盒里的笔、尺子或者是家里的晾衣竿、衣架、扫把等都可以当我们的道具呢!

课件播放:学生创意道具照片

师:那老师拿什么当二胡呢?就用这支翻页笔来做琴身吧!琴弓呢?诶,就是这只粉笔啦!

2. 模仿老师演奏基本节奏型。

师:为了便于大家的学习,老师接下来做的动作是镜面示范。来,我们先摆好演奏姿势,拿好二胡的琴身、架好琴弓。

课件播放:卡通人拉二胡图片

师:我们先来试一试往里拉、往外推,再长一点,当演奏连贯抒情的曲子时,我们就会像这样拉长弓。

师:要是遇到活泼轻快的曲子呢?我们可以试试拉得短促一点,这就是拉短弓。

师:接下来我们把长弓和短弓结合起来再来试试。

3. 第一次随乐模拟二胡演奏,关注节奏。(师节奏明显)

师:相信大家的演奏一定是有模有样的,我们赶紧跟上果敢叔叔的一起演奏吧!

课件播放:二胡伴奏音乐

4. 第二次随乐模拟二胡演奏,关注呼吸。(师动作夸张)

师:刚才我们跟着果敢叔叔演奏二胡,其实二胡的演奏就像唱歌一样也是要带上呼吸的。来,带上呼吸我们再来体验一次。

课件播放:二胡伴奏音乐

5. 边模拟演奏二胡,边用"wu"随乐模唱。

师:相信你一定完成得很棒!让我们加入 wu 母音的模唱,和上二胡的演奏一起歌唱吧!

课件播放:二胡伴奏音乐

6. 小结:相同节奏的乐句

课件播放:相同节奏型 X·X X XX |X - - -|

师:在刚才的模拟演奏中,同学们是不是发现了这四个乐句的节奏前三句是一样的:X·X X XX |X - - -|,这些简单重复的节奏带给了我们这么好听的音乐,其实歌曲里的五个音符也起着很重要的作用!

活动二:星星音符游戏

(环节目标:在直观闪现的星星谱游戏中,学生专注的随乐识读乐谱,在图谱中感受音的高低、时值的长短,做到准确唱歌。)

1. 五音上下行即兴出现,老师带学生唱准音。

课件播放:星星按五音上下行音阶顺序出现,星星自由排列

师:让我们来认识这些神奇的音符,和他们一起玩星星音符的游戏吧!请你仔细看,老师是怎么玩的?

2. 五音即兴出现,学生唱音。

课件播放:星星慢速到快速出现,音乐伴奏

师:你学会了吗? 请你来跟星星玩游戏吧!当星星出现时,你要唱准它的音高哦。(慢速演唱)

师:注意,星星出现的频率变快了哦!(快速演唱)

3. 生有节奏的点星星唱音名。

课件播放:星星成横排出现,音乐伴奏

师:现在星星有节奏地出现了,伸出你的手指我们来点一点、画一画。

4. 生有音高的点星星唱音名。

课件播放:星星按音高排列出现,音乐伴奏

师:你能跟上吗? 最后,让我们一起唱着音符摘星星吧!

5. 师生随音乐自由读歌词

师:重复的节奏、简单的五个音谱成了一首好听的歌曲,这独具中国DNA的五声音阶和歌词十分和谐,让我们随着音乐一起自由的读一读古诗。

课件播放:古诗

6. 观看果敢演唱视频

师:古时候,诗人都是吟诵诗词,而我们现代人则用演唱的方式来表达,让我们
一起再来听一听果敢叔叔的演唱吧!

课件播放:果敢演唱视频

7. 看星星歌谱,学生填词演唱

师:其实之前我们玩的星星游戏就是果敢叔叔谱曲的这首歌,看着星星谱,和老师一起唱唱歌词吧!

课件播放:播放歌谱,果敢演唱视频小窗口

活动三:填充式合唱

(环节目标:巧妙地通过五彩呼伦贝尔儿童合唱团的演唱,设计填充式的二声部,营造屏幕内外的合唱形式、师生间的合唱形式,丰富歌曲的情感表达,增添学生演唱的浓厚兴趣。)

1. 了解演唱形式,介绍五彩合唱团

师:在视频中除了果敢叔叔的独唱,我们还听到了一群小朋友也在其中合唱,他
们可是一支十分了不起的合唱团:五彩呼伦贝尔儿童合唱团。团员们都是来
自内蒙古大草原,他们经常在全国巡演、在国际上拿奖,获得了社会各界的
高度赞誉。

课件播放:演唱形式为果敢独唱、五彩呼伦贝尔儿童合唱团

2. 师示范加星星合唱,重复每个乐句最后三个音

课件播放:星星谱加填充声部

师:你也想来加入合唱吗? 其实一点都不难,像这样再加上几颗星星会让音乐更
好听哦,请听老师来唱一唱。

3. 生随老师加星星合唱

师:其实这就是填充式二声部合唱的方法,我们可以重复每个乐句的最后三个音,请你跟着老师加上歌词再来唱一唱。

4. 综合体验:第一段,师生和果敢合唱

第二段,拉二胡演唱

师:怎么样?听起来效果还不错吧!那我们就和视频里的果敢叔叔一起合唱吧!

第一段我们演唱填充式二声部,第二段我们边演奏二胡边演唱。

课件播放:二胡、果敢演唱、五彩合唱团视频

三、弘扬文明,多元交融

(环节目标:通过介绍"果敢 Duplessy 疯马乐队"的成员及他们演奏的乐器,让学生直观的感受、当下的听赏传统文化跨越时空、多元融合的艺术美。激发学生对中华传统文化的自信与传承之情。)

1. 简单介绍乐队成员组成及乐器

师:谢谢大家,相信我们的合作一定非常有默契!

师:同学们,二胡大师果敢在法国留学的时候,认识了三位音乐家朋友,他们各自都有自己拿手的演奏乐器,像蒙古的马头琴、印度的萨朗吉、法国的古典吉他,于是这四位音乐家就组成了一支具有中西合璧特色的果敢 Duplessy 疯马乐队,他们要用本民族的乐器来演绎我们中国的唐诗,这会是一个怎样的视听效果呢?让我们赶紧来欣赏他们精彩的表演吧!

2. 观看完整视频

课件播放:果敢乐队参加经典咏流传《登鹳雀楼》视频

师:同学们,一首中国的唐诗加上简单的五个音、重复的节奏,谱曲成一首好听的《登鹳雀楼》,使我们感受到传统文化跨越时空的魅力。这样一支具有中西合璧特色的国际乐队,他们将《登鹳雀楼》带到了经典咏流传的舞台,他们更是用中国二胡、蒙古马头琴、印度萨朗吉琴、西班牙弗拉门戈吉他进行了完美的演绎。

3. 全课小结

课件播放:果敢乐队与古诗图片

师:同学们,中国唐诗融汇中法印蒙四国乐风,这样多元的音乐融合、丰富的音乐形式、独特的语言文化,成了经典作品"国际化"最好的例证。人们常说,民族的就是世界的!千年经典融入多元音乐的表达,定能将人们对美的追求,在更广阔的天地里生根发芽!希望大家能喜欢上我国经典的传统文化,今天的音乐课就上到这里。同学们,再见!

主要参考文献

[1] 莫提默·艾德勒.如何听,如何说[M].吕捷,译.北京:商务印书馆,2008.

[2] 陈涵平.教师语言美[M].广州:中山大学出版社,2004.

[3] 程培元.教师口语教程[M].北京:高等教育出版社,2004.

[4] 丁艳丽.学会表达 懂得沟通[M].北京:企业管理出版社,2018.

[5] 冯增俊.把教学目标落实到位:名师优质课堂的效率管理[M].重庆:西南师范大学出版社,2008.

[6] 付程.播音主持教学法十二讲[M].北京:中国传媒大学出版社,2005.

[7] 国家教育委员会师范教育司组.教师口语(试用本)[M].北京:语文出版社,1998.

[8] 郭起明,赵林森.教师语言艺术(修订本)[M].北京:语文出版社,2002.

[9] 郭华.课堂沟通论[M].北京:北京师范大学出版社,2006.

[10] 何兆熊.新编语用学概要[M].上海:上海外语教育出版社,2000.

[11] 蒋蓉.口语[M].长沙:湖南科学技术出版社,2015.

[12] 戴尔·卡耐基.卡耐基演讲训练教程[M].刘佑,译.北京:中国财富出版社,2019.

[13] 克里斯·安德森.演讲的力量[M].北京:中信出版社,2016.

[14] 李晓华.新闻播音节律特征研究[D].北京:北京大学,2007.

[15] 李岩.中小学优秀班主任经典案例评析[M].北京:中国人事出版社,2007.

[16] 李元授.演讲与口才[M].武汉:华中科技大学出版社,2022.

[17] 许晋杭.演讲力:掌控人生关键时刻[M].北京:人民日报出版社,2020.

[18] 林素韵,胡敏.朗诵主持演讲[M].长沙:湖南师范大学出版社,1998.

[19] 刘丽群,石鸥.课堂讲授策略[M].北京:北京师范大学出版社,2010.07.

[20] 刘海涛,王林发.故事教学的规则与方式[M].福州:福建教育出版社,2016.

[21] 刘艳军.演讲口才艺术八讲[M].安徽:安徽大学出版社,2012.

[22] 路玉才,张海燕.教师口语训练教程[M].天津:南开大学出版社,2012:304.

[23] 茱迪斯·A.迪尔奥.师生沟通的技巧——当代西方教师教育译丛[M].潘琳,译.北京:北京师范大学出版社,2006.

[24] 斯蒂文·E.卢卡斯.演讲的艺术[M].北京:外语教学与研究出版社,2014.

[25] 王安白.辩论学[M].北京:法律出版社,2021.

[26] 王晓春.教育智慧从哪里来:点评100个教育案例(小学)[M].上海:华东师范大学出版社,2005.

[27] 吴雪青.小学教师口语[M].上海:华东师范大学出版社,2010.

[28] 叶蜚声,徐通锵.语言学纲要(修订版)[M].北京:北京大学出版社,2010.

[29] 叶亚玲.中小学教师资格考试面试通关教程[M].北京:北京大学出版社,2015.

[30] 鄢月钿.教师的语言艺术[M].长春:吉林大学出版社,2007.

[31] 张颂.朗读学[M].北京:中国传媒大学出版社,2010.

[32] 赵翕,邓霞,刘会明.辩论技巧教程[M].武汉:华中科技大学出版社,2022.

[33] 陈明光.教师要学会讲故事[J].中国培训,2007(10).

[34] 崔新月."情景再现法"在初中古诗词教学中的应用[J].辽宁教育,2013(1).

[35] 吴天德.批评也要讲点艺术[J].人民教育,2002(2).

[36] 辛旭东,冉艾灵.情景再现法在朗读教学中的运用——以《掌声》为例[J].语文建设,2020(18).

[37] 杨朝晖.艺术批评:批评的"恰当方式"——教育故事对教师进行艺术批评的启示[J].河北教育(综合版),2009(11).